RICHARD ASSUIED — DANIELLE BUSELLI — ANNE-MARIE RAGOT

Cycle 3
CE2

Parcours

Maîtrise de la langue

ATELIER DE LECTURE

GRAMMAIRE

CONJUGAISON

VOCABULAIRE

ORTHOGRAPHE

POUR ÉCRIRE ET POUR LIRE

HATIER

L'organisatic
une uni

OBSERVER, RÉFLÉCHIR, MANIPULER, JUSTIFIER

Atelier de lecture et Orthographe

S'entraîner en orthographe

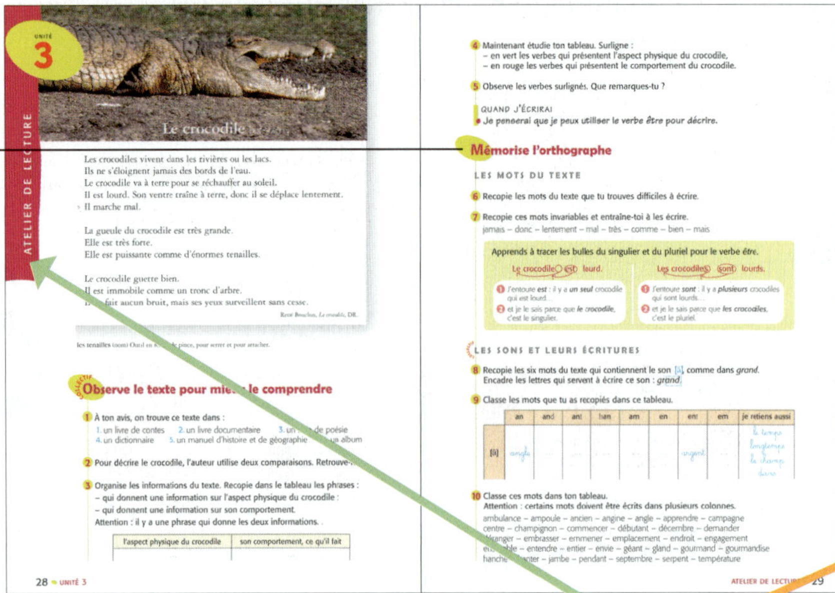
Unité 3 – Le crocodile
Observe le texte pour mieux le comprendre
Mémorise l'orthographe
Les mots du texte
Les sons et leurs écritures

Grammaire

Préparer le transfert des connaissances

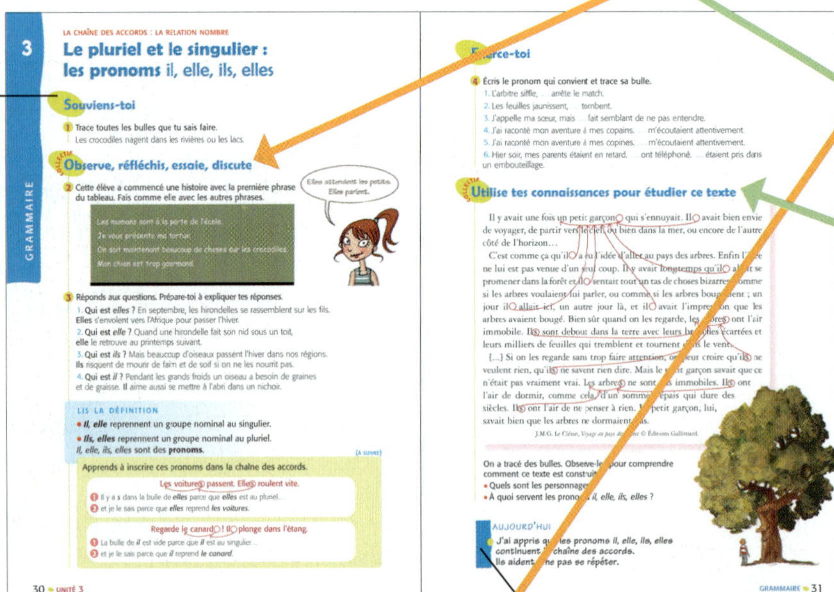
Le pluriel et le singulier : les pronoms il, elle, ils, elles
Souviens-toi
Observe, réfléchis, essaie, discute
Exerce-toi
Utilise tes connaissances pour étudier ce texte
Aujourd'hui

Reformuler pour mémoriser

Conjugaison

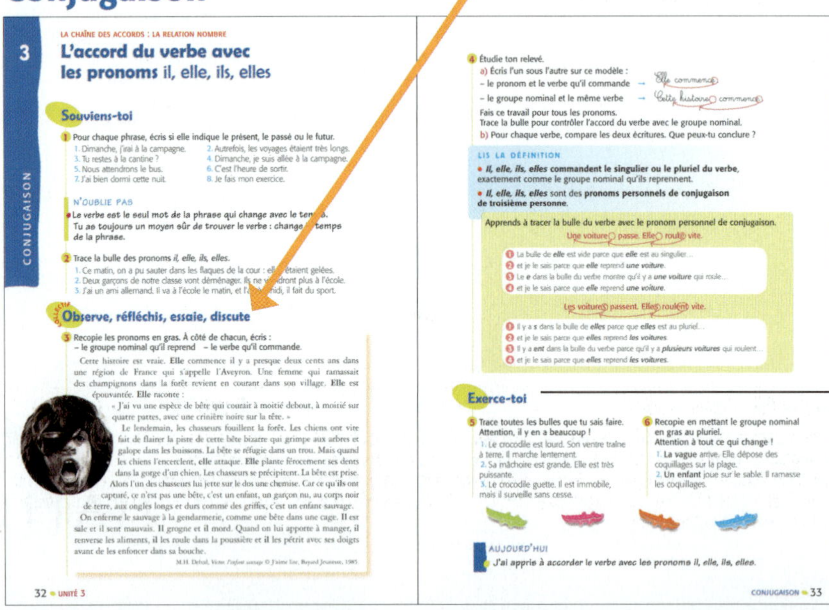
L'accord du verbe avec les pronoms il, elle, ils, elles
Souviens-toi
Observe, réfléchis, essaie, discute
Exerce-toi
Aujourd'hui

S'entraîner

de Parcours :
ype

Vocabulaire

3 L'ordre alphabétique et le dictionnaire (3)

VOCABULAIRE

Dictionnaire Super Major, CM1-CM2-6e © Larousse, 1994.

Souviens-toi

1 Recopie dans l'ordre alphabétique.
poisson – escargot – moustique – libellule – grenouille

Observe, réfléchis, essaie, discute (COLLECTIF)

2 Observe la double page de dictionnaire ci-dessus. Comment est-elle composée ?

3 Ouvre ton dictionnaire où tu veux.
a) Observe les mots qui sont écrits en haut des pages à gauche et à droite.
b) Cherche ces mots dans les pages. Recommence sur plusieurs pages.
c) Discute avec tes camarades : à quoi servent ces mots ?

LIS LA DÉFINITION
Quand on ouvre un dictionnaire, on trouve toujours :
– au sommet de la page de gauche, le premier mot de la page ;
– au sommet de la page de droite, le dernier mot de la page.
Ils encadrent tous les mots qui figurent dans les deux pages.
Ce sont des **mots-repères**. Ils t'aident à chercher plus vite.

34 • UNITÉ 3

4 Continue ton observation des pages du dictionnaire. Comment a-t-on fait pour ranger les mots de la colonne de gauche dans l'ordre alphabétique ? — Synthétiser et aboutir à des formulations

5 Vérifie : range dans l'ordre alphabétique. Encadre la lettre qui t'a renseigné.
1. alors – amorce – ange – article – accident
2. écrivain – écureuil – écharpe – éclairer – écorchure
3. camarade – caméra – cambriolage – camionnette – caméléon
4. fer – tour – féroce – chanson – fermeture – tourmenter – championnat
Contrôle ton rangement avec le dictionnaire.

LIS LA RÈGLE
• Quand des mots commencent par la même lettre, c'est la deuxième lettre qui donne l'ordre alphabétique : *nage – nettoyer – nid*.
• Quand des mots commencent par les deux mêmes lettres, c'est la troisième lettre qui donne l'ordre alphabétique : *rideau – rire – rivage*. — Confronter ses observations aux définitions et règles expertes
• Quand des mots commencent par les trois mêmes lettres, c'est la quatrième lettre qui donne l'ordre alphabétique : *plafond – plage – plan*.
Et ainsi de suite…

Exerce-toi

6 Dans ton dictionnaire, cherche et recopie les mots qui encadrent :
algue – marin – thon – vague

7 Relie chaque mot aux pages du dictionnaire où on le trouve.

ventriloque •	• solide – somptueux
solstice •	• son – sortir
auréole •	• vente – vérité
cahoter •	• rongeur – rouge
rostre •	• cadre – calamar
sorcier •	• auberge – aurore

8 Range dans l'ordre alphabétique.
1. miel – mèche – muguet – main – moto
2. œuf – oasis – outil – ombre – octobre

9 Même travail.
1. déformer – déchirer – déménager
2. inca – indice – insecte – inattendu

10 Même travail.
1. cour – coup – coût – couler – couver
2. décidé – décimer – décibel – décisif

11 Même travail.
1. tissu – turban – tuer – tube – tour
2. ranger – repos – repli – repu – repas

12 Où cherches-tu les mots suivants ?

tu cherches le mot	tu lis les mots-repères	tu dois chercher
1. judo	intriguer – invisible	dans ces pages – avant – après
2. lorgnette	moire – momie	dans ces pages – avant – après
3. cahoter	chaud – chemin	dans ces pages – avant – après
4. houx	hospitalisation – humain	dans ces pages – avant – après
5. plainte	placide – planer	dans ces pages – avant – après

AUJOURD'HUI
J'ai appris à chercher plus vite un mot dans le dictionnaire : je me sers des mots-repères.

VOCABULAIRE • 35

Pour écrire et pour lire

3 POUR ÉCRIRE ET POUR LIRE

Réinvestir les connaissances en cours d'acquisition dans une production brève — **Exercice d'écriture**

Écrire des devinettes. Utiliser les pronoms de 3e personne

• Voici une devinette très facile.
Il vit dans les pays chauds, au bord de l'eau. Il nage bien mais, à terre, il se traîne. Avec sa gueule grande et puissante, il croque, il croque.
Qui est-il ?

Tu as trouvé ? Alors à ton tour : choisis deux animaux, et écris une devinette pour chacun.
Tu peux t'aider de ton dictionnaire ou de livres.
Pose tes devinettes à tes camarades.

Chantier d'écriture

Développer des épisodes d'un texte narratif (1)

Le conte pressé

Il mangeait ses mots et ne reprenait jamais son souffle, son histoire il la racontait si vite qu'au bout d'une minute à peine il était déjà à la fin :
– … ils vécurent heureux et eurent beaucoup d'enfants.
C'était l'histoire d'un jeune homme qui disait à son père :
– Papa, je m'ennuie à la maison. Je m'en vais faire le tour du monde, comme ça je connaîtrai un tas de choses nouvelles, j'aurai beaucoup d'aventures, et je ne reviendrai qu'après avoir fait fortune…

À partir de là commençaient les fascinantes aventures du jeune homme.

Mais lui, le conte pressé, il les racontait ainsi :
– Salut papa, dit-il, et hop le v'là parti… Il rencontra un vieux sage qui lui dit : si tu veux faire fortune, etc., etc. D'accord, le rev'là parti… Alors il rencontra les bandits… Grande bagarre, pim, poum, pam !… Puis les sept génies du mal… Même topo… Mais paf, prisonnier, enchaîné… Le château de l'Ogre, bien sûr… Par chance la fille de l'Ogre… bref la vieille histoire d'amour… elle l'aidait à s'enfuir… Le rev'là encore par monts et par vaux, etc., etc. Allons bon, le royaume du terrible Tyran bleu !… Duel final, pim, poum, pam !… Comment ça finit, pas difficile à deviner… or et bijoux à gogo… Retour triomphal au bercail, la richesse, mariage avec la fille, ils vécurent heureux, etc.

Dès qu'il avait fini, le conte sautait dans un taxi pour aller répéter son histoire dans une autre maison.

M. Argilli, *Nouvelles d'aujourd'hui* © Argilli.

• Lis le texte et explique le titre.
• Fais la liste des épisodes de ce conte pressé.
• Choisis deux épisodes, imagine-les et raconte-les.
Tu as trois semaines pour faire ce travail.

36 • UNITÉ 3

Réaliser un projet d'écriture sur 2 à 4 semaines

D'un texte à l'autre (COLLECTIF) — Mettre les textes en réseau

L'Énorme Crocodile voudrait quelques enfants bien juteux pour son déjeuner. Mais comment les attraper ?

L'ÉNORME CROCODILE parvint à un endroit où il y avait de nombreux cocotiers.
Il savait que les enfants y venaient souvent chercher des noix de coco.
Les arbres étaient trop grands pour qu'ils puissent y grimper mais il y avait toujours des noix de coco à terre.
L'Énorme Crocodile ramassa à la hâte toutes celles qui jonchaient le sol ainsi que plusieurs branches cassées.
« Et maintenant, passons au piège subtil n° 1, murmura-t-il, je n'aurai pas à attendre longtemps avant de goûter au premier plat. »
Il rassembla les branches et les serra entre ses dents. Il recueillit les noix de coco dans ses pattes de devant. Puis il se dressa en prenant équilibre sur sa queue.
Il avait disposé les branches et les noix de coco si habilement qu'il ressemblait à présent à un petit cocotier perdu parmi de grands cocotiers.
Bientôt arrivèrent deux enfants : le frère et la sœur. Le garçon s'appelait Julien ; la fillette Marie.
Ils inspectèrent les lieux, à la recherche de noix de coco, mais ils n'en purent trouver aucune car l'Énorme Crocodile les avait toutes ramassées.
« Eh regarde ! cria Julien. Cet arbre, là-bas, est beaucoup plus petit que les autres et il est couvert de noix de coco ! Je dois pouvoir y grimper si tu me donnes un coup de main. »
Julien et Marie se précipitent vers ce qu'ils pensent être un petit cocotier. L'Énorme Crocodile épie à travers les branches, suivant des yeux les enfants à mesure qu'ils approchent. Il se lèche les babines. Le voilà qui bave d'excitation…

Roald Dahl, *L'Énorme crocodile*, traduction O. George et P. Jusserand © Gallimard.
© Roald Dahl Nominee Ltd, 1978.

• Compare ce texte avec celui de la page 28.
Dans lequel trouves-tu des renseignements scientifiques sur le crocodile ?
• Discute avec tes camarades : retrouvez-vous dans ce texte des informations sur l'aspect physique et sur le comportement du crocodile ?
Roald Dahl connaît-il bien les crocodiles ?

POUR ÉCRIRE ET POUR LIRE • 37

L'ORL AU SERVICE DE LA LECTURE ET DE L'ÉCRITURE

ISBN 978-2-218-92067-7

En route pour un Parcours sans fautes...

Tu sais parler,

Tu sais lire et écrire.

- Tu vas maintenant observer la langue comme tu sais déjà observer les choses :
  - en te posant des questions,
  - en réfléchissant pour chercher à expliquer comment elle est construite et comment elle s'écrit,
  - en partageant tes réflexions et remarques avec tes camarades.

- Pour cela, tu disposes d'un outil, la bulle ⌒○.

  Elle t'aidera d'abord :
  - à bien isoler ce que tu dois observer,
  - à comprendre les liens entre les mots dans la phrase,
  - à comprendre les liens entre les phrases dans le texte.

Tout au long de l'année tu apprendras à t'en servir de mieux en mieux.

- La bulle t'aidera aussi à écrire sans fautes :
  - à te souvenir des règles que tu as apprises et à bien les utiliser,
  - à relire tes écrits et à les vérifier en faisant attention à l'orthographe,
  - et, petit à petit, à prendre rapidement de bonnes décisions en orthographe.

- En connaissant mieux ta langue, tu sauras :
  - mieux lire,
  - mieux écrire.

Bon travail !

Les auteurs

Dans les unités 1 à 6, tu vas apprendre à :

- Accorder le nom avec son déterminant
- Reconnaître le verbe dans la phrase et l'accorder
- Chercher les mots dans le dictionnaire
  Reconnaître des familles de mots
- Mieux contrôler l'écriture des sons [e], [ã], [i], [ɛ]

Grâce à ce travail, tu sauras mieux :

- Lire des poèmes, comprendre comment ils sont construits
  Écrire comme les poètes
  Comprendre comment un récit est construit
- Raconter : écrire une lettre ; tenir ton carnet de lecture ; inventer les épisodes d'un récit et faire parler les personnages
  Décrire
- Dire des textes à haute voix pour les interpréter

Apprendre à observer la langue

COLLECTIF Observe, réfléchis, essaie, discute

1 Pour chaque dessin, note le numéro de la phrase qui lui correspond. Prépare-toi à justifier tes réponses.

A

B

C

1. Le lionceau chasse le zèbre. 2. Les lionceaux chassent le zèbre. 3. Les lionceaux chassent les zèbres.

2 Observe ce que disent les enfants puis fais comme eux. Dis ce que tu changes.

3 Compare les phrases deux à deux. Observe l'écriture des mots. Dis ce qui varie, et pourquoi.

1. La panthère chasse le zèbre. Les panthères chassent le zèbre.
2. Le lionceau chasse le zèbre. Le lionceau chasse les zèbres.
3. La girafe mange des feuilles. Les girafes mangent des feuilles.
4. Le chasseur observe le lion. Les chasseurs observent le lion.
5. Le chasseur observe l'animal. Le chasseur observe les animaux.

4 Classe les groupes de mots suivants en trois colonnes.

quatre buts – un but – zéro but – une voiture – des voitures – la voiture
plusieurs crayons – zéro crayon – mon crayon – quelques élèves – aucun élève
l'élève – le bruit – aucun bruit – les bruits – mes jeux – ce jeu – aucun jeu
tous les manteaux – ton manteau – le manteau

il n'y a aucune chose, aucune personne	il y a une chose, une personne	il y a plusieurs choses, plusieurs personnes
…	…	…

5 Étudie ton tableau : dans chaque colonne, surligne les mots qui t'ont permis de comprendre qu'on parle d'*un*, de *plusieurs*, d'*aucun*.

LIS LA DÉFINITION

- Quand on parle de plusieurs choses, de plusieurs personnes, c'est **le pluriel**.
- Quand on parle d'une seule chose, d'une seule personne, ou d'aucune, c'est **le singulier**.

Découvre la bulle

Avec la bulle, tu vas pouvoir écrire sans faire d'erreurs au singulier et au pluriel.
Suis bien les numéros et le sens de la flèche.
Dis les phrases qui expliquent l'écriture.

les zèbre(s)

1. Le *s* dans la bulle de ***zèbres*** me montre qu'il y a plusieurs zèbres…
2. et je le sais parce que c'est ***les*** qui me l'indique.

le zèbre◯

1. La bulle vide à la fin de ***zèbre*** me montre qu'il y a un seul zèbre…
2. et je le sais parce que c'est ***le*** qui me l'indique.

les lionceau(x)

1. Le *x* dans la bulle de ***lionceaux*** me montre qu'il y a plusieurs lionceaux…
2. et je le sais parce que c'est ***les*** qui me l'indique.

le lionceau◯

1. La bulle vide à la fin de ***lionceau*** me montre qu'il y a un seul lionceau…
2. et je le sais parce que c'est ***le*** qui me l'indique.

Exerce-toi

6 Trace toutes les bulles.

des ballon(s) – une forêt – ses chaussures – le renard – ma poupée

7 Recopie les groupes de mots au singulier et trace leur bulle.

mes billes – un verre – la tortue – plusieurs voitures – le chemin

8 Recopie les groupes de mots au pluriel et trace leur bulle.

cinq doigts – deux oreilles – une bouche – des cheveux – le cou

GRAMMAIRE

1

LA CHAÎNE DES ACCORDS : LA RELATION NOMBRE

Le pluriel et le singulier : le groupe nominal (1)

Souviens-toi

1 Recopie les groupes de mots qui sont au pluriel et trace leur bulle.

trois lionceaux – ces oiseaux – un bateau – une cerise
aucun papillon – plusieurs animaux – la chatte
beaucoup de jouets – les pommiers

COLLECTIF

Observe, réfléchis, essaie, discute

2 Trace les bulles. Dis les phrases qui expliquent l'écriture.
Puis surligne les groupes de mots qui sont au singulier.

un pantalon — le garage — tes livres — ma sœur — deux chaises
nos amis — l'oiseau — beaucoup de gâteaux — la télévision — une porte

3 Continue le tableau : classe les mots des exercices 1 et 2 qui te font savoir s'il s'agit du singulier ou du pluriel.

singulier	pluriel
un	trois
...	...

LIS LA DÉFINITION

- Les mots qui indiquent le singulier ou le pluriel s'appellent des **déterminants**.
- Les mots commandés par les déterminants s'appellent des **noms**.

(À SUIVRE)

Exerce-toi

4 Classe les déterminants.

plusieurs – un – sept – mon – des – la
ce – zéro – une – quelques – les
aucun – deux

déterminants du singulier	déterminants du pluriel
...	...

Continue ton tableau : ajoute les autres déterminants que tu connais.

5 Voici des groupes de mots formés avec un déterminant et un nom. Recopie-les. Sous chaque déterminant, écris D ; sous chaque nom, écris N. Puis trace la bulle.

un dé – des cartes – les chevaux – l'osselet
quelques pions – mon jeu – dix jetons
le domino – une toupie

6 Écris un nom après chaque déterminant. Dès que tu vois le déterminant, prépare-toi à écrire le nom au singulier ou au pluriel.
Puis vérifie avec la bulle.

les ... – mon ... – quelques ...
une ... – vingt ... – aucun ...

N'OUBLIE PAS

- **Quand j'écris un nom, je dois me demander s'il est au singulier ou au pluriel.**
- **Pour le savoir, je cherche le déterminant qui me l'indique. La bulle m'aide à le vérifier.**

7 **Écris un déterminant avant chaque nom. Vérifie avec la bulle.**

... chênes – ... baobabs – ... platane
... marronnier – ... cerisiers – ... orme

8 **Lis la petite annonce. Classe les groupes de mots dans le tableau.**

Pour cause de départ à l'étranger, je vends :

- *mon piano*
- *une table*
- *dix chaises*
- *beaucoup de livres*
- *quelques tableaux*
- *notre canapé*

un seul objet	plusieurs objets
...	...

Continue l'annonce. Écris dans le tableau :
- trois groupes de mots au singulier ;
- trois groupes de mots au pluriel.

9 **Écris au pluriel. Choisis le déterminant et trace la bulle.**

une pêche – une pomme – une poire
une datte – aucune prune – l'orange
un kiwi – la figue – le marron
la noisette – aucun abricot

10 **Écris au singulier. Choisis le déterminant et trace la bulle.**

les rochers – sept cailloux – des pierres
des rocs – quelques galets – des gravillons
deux pavés – plusieurs stalactites

11 **Récris ce début de poème. En mettant les groupes de mots au pluriel, tu retrouveras le texte exact.**

Tout brille : le quinquet, la fleur,
Le diamant et la turquoise,
La boucle, l'œil et la phrase,
Le candélabre, la couleur,
Le bracelet et la paillette,
L'étoile, l'épaulette.

V. Bénédictov, *La valse* in *101 poèmes 101 poètes*

12 **Explique pourquoi ces deux tableaux illustrent bien cette leçon.**

Ivan Generalić, *Cerf dans le bois*, 1956, DR.

Ivan Generalić, *Noces de cerfs*, 1959, DR.

LA CHAÎNE DES ACCORDS : LA RELATION NOMBRE

Le pluriel et le singulier : la notion de verbe (1)

Souviens-toi

1 Recopie les phrases en laissant un peu de blanc entre les mots.
Trace toutes les bulles que tu sais faire. Dis bien ce qui explique l'écriture.

1. Le chat attrape un oiseau .
2. Le chat attrape des oiseaux .
3. Trois garçons mangent des gâteaux .
4. Le garçon mange des gâteaux .
5. Des pierres tombent .
6. Une pierre tombe .

COLLECTIF Observe, réfléchis, essaie, discute

Dans les phrases de l'exercice 1, il reste des mots qui n'ont pas de bulle.

2 Les enfants réfléchissent sur la première phrase.
Observe ce qu'ils disent. Que font-ils ?

3 Transforme toutes les phrases de l'exercice 1 de la même façon.
Dis ce qui change.

4 Compare les phrases de chaque série. Que remarques-tu ?

1. Un avion décolle.
Hier, un avion a décollé.
Demain un avion décollera.
2. Le bateau largue les amarres.
Hier, le bateau a largué les amarres.
Demain, le bateau larguera les amarres.
3. Des camions démarrent.
Hier, des camions ont démarré.
Demain, des camions démarreront.
4. Les avions traversent les nuages.
Hier, les avions ont traversé les nuages.
Demain, les avions traverseront les nuages.

LIS LA DÉFINITION

- Les mots qui changent quand on commence la phrase avec *hier* ou *demain* s'appellent des **verbes**.
- Les verbes se mettent aussi au singulier ou au pluriel, mais pas comme les noms.

(À SUIVRE)

Apprends à tracer les bulles du singulier et du pluriel pour les verbes.
Suis bien les numéros et le sens de la flèche.
Dis les phrases qui expliquent l'écriture.

Une pierre◯ tomb(e).

1. Le ***e*** que j'entoure me montre que c'est une seule pierre qui tombe…
2. et je le sais parce que ***une pierre*** est au singulier.

Des pierre(s) tomb(ent).

1. Le ***ent*** que j'entoure me montre que ce sont plusieurs pierres qui tombent…
2. et je le sais parce que ***des pierres*** est au pluriel.

(À SUIVRE)

Exerce-toi

5 Recopie les phrases et encadre les verbes.

1. Les voitures roulent vite.
2. Au zoo, les singes grimpent dans les arbres.
3. Mon hamster aime les carottes.
4. Les voyageurs attendent le train sur le quai.
5. Notre classe va à la piscine.
6. Mon frère gonfle les pneus de mon vélo.

6 Trace toutes les bulles ◯ que tu as déjà apprises. À chaque fois, dis les phrases qui expliquent l'écriture.

Ces arbre(s) donn(ent) des fruit(s).

1. La pluie tombe.
2. Cinq abeilles butinent.
3. Mes amis fêtent mon anniversaire.
4. Notre équipe prépare le match.
5. Les maçons montent un mur.
6. Le lapin aime les carottes.
7. Certains animaux hibernent.

7 Choisis la bonne écriture. Trace les bulles pour vérifier.

1. *escalade* ou *escaladent* ?
La chèvre … les rochers.
Les grimpeurs … le rocher.

2. *traverse* ou *traversent* ?
Les barques … la rivière.
Le lièvre … le pré.

3. *dépasse* ou *dépassent* ?
La tortue … le lièvre.
Les voitures … les cyclistes.

8 Choisis la bonne écriture. Trace les bulles pour vérifier.

1. *L'arbitre* ou *les arbitres* ?
… siffle.

2. *L'entraîneur* ou *les entraîneurs* ?
… encouragent leurs joueurs.

VOCABULAIRE

1 L'ordre alphabétique et le dictionnaire (1)

COLLECTIF Observe, réfléchis, essaie, discute

1 Que sais-tu des dictionnaires ?
Observe le tien. Fais des remarques.

2 Recopie l'alphabet en lettres minuscules.
Écris une lettre par ligne, comme dans le modèle.

3 Recopie ces noms d'animaux à leur place dans ton alphabet.
Regarde bien la première lettre.
le loup – une fourmi – un ours – la tortue – le zèbre – un canard
un kiwi – le hérisson – la girafe – une abeille – un wapiti

4 Ajoute un mot par ligne pour chaque lettre de ton alphabet.

5 Conclus : que veut dire *ranger les mots dans l'ordre alphabétique* ?

A	a
B	b
C	c
D	d
E	e
F	f
G	g
H	h
I	i
J	j
K	k
L	l
M	m
N	n
O	o
P	p
Q	q
R	r
S	s
T	t
U	u
V	v
W	w
X	x
Y	y
Z	z

LIS LA DÉFINITION

• **L'alphabet**, c'est la liste des lettres qui permettent d'écrire tous les mots de la langue française.
L'ordre alphabétique, c'est l'ordre des lettres de l'alphabet.

• Dans le dictionnaire, on trouve l'écriture et le sens des mots.
Les mots y sont rangés dans l'ordre alphabétique.
Pour utiliser le dictionnaire, il faut connaître l'ordre alphabétique par cœur.

(À SUIVRE)

6 Sur ce clavier, retrouves-tu :
– l'alphabet ?
– l'ordre alphabétique ?

Exerce-toi

7 Suis l'ordre alphabétique pour écrire les lettres qui manquent.

a					
o					
			i		

	d				
			u		
		p	q		

		k	
		e	
e			

8 **Écris la lettre qui vient juste après dans l'ordre alphabétique.**

e… – q… – p… – u…
j… – f… – w… – x…
n… – h… – c… – r…
s… – l… – i… – v…

9 **Écris la lettre qui vient juste avant dans l'ordre alphabétique.**

…g – …s – …f – …i
…c – …w – …l – …m
…p – …j – …o – …t
…h – …v

10 **Écris les deux lettres qui encadrent.**

… m …	… d …	… g …
… o …	… y …	… h i …
… m n …	… r s …	

11 **Recopie chaque série de lettres dans l'ordre alphabétique.**

ebrol – toglp – rfjdau – pschit

12 **Décode ce message : chaque lettre a été remplacée par la suivante dans l'alphabet.**

ipvssb, k'bj uspvwf !

13 **Range ces mots dans l'ordre alphabétique.**

a) gel – hiver – frisson
b) thé – eau – sirop – boisson
c) lys – rose – souci – dahlia – camélia marjolaine

14 **Avec le nom des lettres, trouve la solution de ces charades.**

Mon premier est la douzième lettre de l'alphabet.
Mon second est entre M et O.
Mon tout est un prénom de fille.

Mon premier est entre Q et S.
Mon second est la cinquième lettre en commençant par la fin.
Mon tout est un prénom de garçon.

COLLECTIF

Utilise tes connaissances pour étudier ce texte

Aigle qui s'approche
Baleine qui baille
Cobra qui chante
Dauphin qui danse
Éléphant qui embrasse
Faon qui farfouille
Geai qui grelotte
Hyène qui se hâte
Ibis qui s'impatiente
Jars qui jongle
Kiwi qui klaxonne
Lynx qui louche
Marsupial qui mijote
Naja qui numérote
Ouistiti qui oublie
Panthère qui patine
Quéléa qui quadrille
Ragondin qui se rase
Serpentaire qui stationne
Tatou qui se tortille
Unau qui s'unit
Vison qui se vaccine
Wallaby qui « wagonne »
Xyphophore qui « xylophone »
Yéti qui yoyote
Zyzomys qui zappe !

Les CE1b, école André Chénier, Rabat, Maroc.

Comment les élèves qui ont écrit ce poème ont-ils travaillé ?

Exercice d'écriture

Établir une liste. Contrôler les accords (1)

Joan Steiner,
Trompe-l'œil
© Circonflexe,
1999.

• **Fais la liste des objets que tu reconnais et qui ont servi pour composer ce décor.**

Chantier d'écriture

Fabriquer un abécédaire (1)

Un abécédaire, c'est un livre de vingt-six pages.
Chaque page est consacrée à une lettre de l'alphabet.
On y trouve un ou plusieurs mots qui commencent par cette lettre, et leur illustration.

• **Tu vas fabriquer un abécédaire : choisis un thème.**
Voici quelques idées : l'abécédaire des fleurs, des fruits, des arbres, des animaux, des jouets, des personnages célèbres, du Moyen Âge, etc.
Tu peux aussi faire l'abécédaire des mots que tu aimes.

• **Pour chaque mot, demande-toi comment l'illustrer :** un dessin, une illustration découpée, une image, une photo, etc.

Il n'existe pas toujours un objet pour chaque lettre. Alors, invente-le, donne-lui un nom et dessine-le !

Pour t'aider, consulte des encyclopédies, des dictionnaires, des livres documentaires.

Tu as deux semaines pour faire ce travail.
Cette semaine, rassemble tes mots et ton matériel.

COLLECTIF D'un texte à l'autre

• Observe cet alphabet. Comment l'artiste a-t-il travaillé ? Que reconnais-tu ?

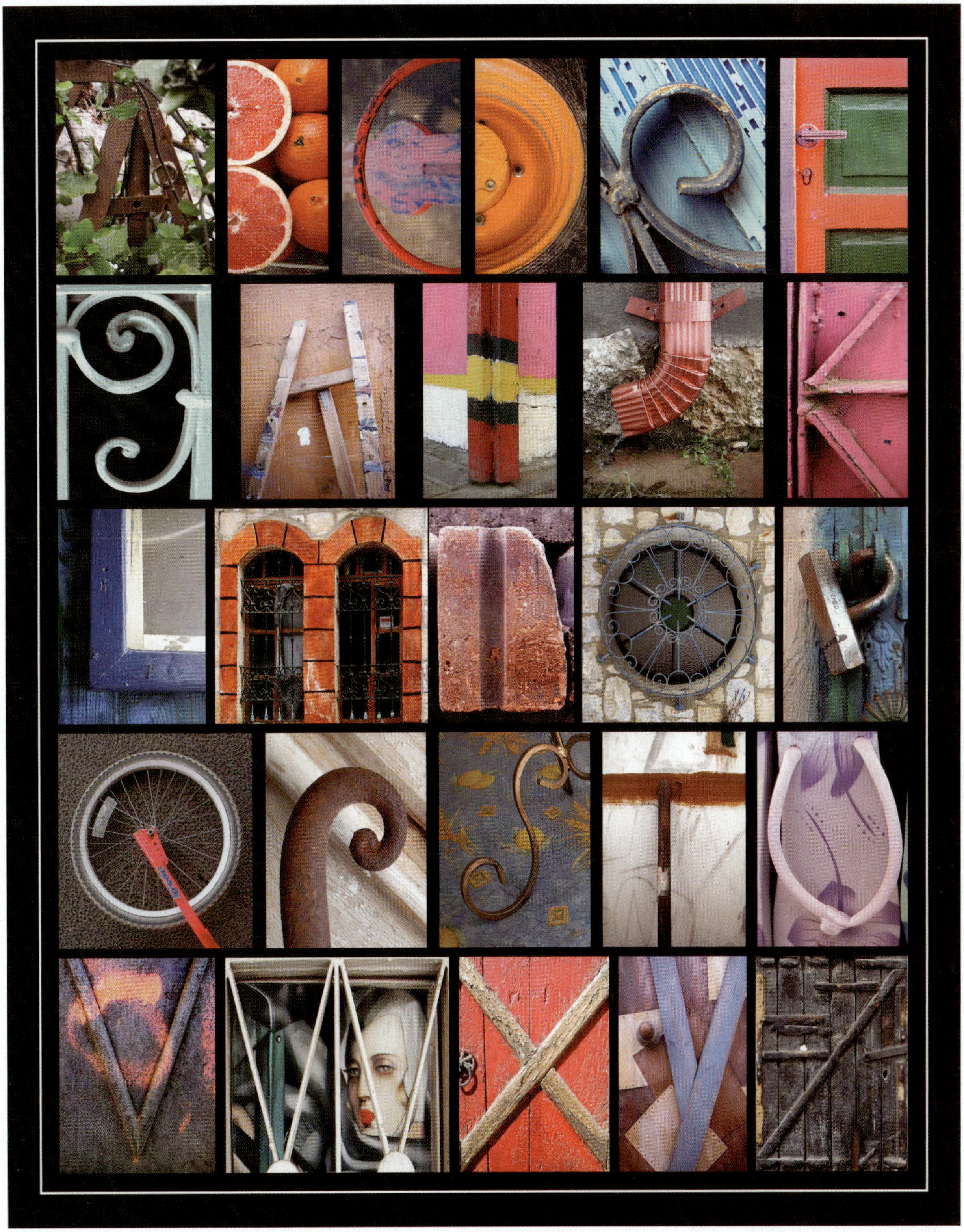

Abba Richman, *Coloured ABC.*

• À ton tour : cherche des objets ou des morceaux d'objets qui peuvent ressembler à des lettres.

– Que mettras-tu dans ton panier ?
– Moi ? je ne sais pas. J'y mettrai…
un violon,
trois moutons,

ton vélo
et mon chapeau ;
et encore j'y mettrai, j'y mettrai…

deux souliers
pour mes pieds,
des nuits d'été,
une cheminée et sa fumée,
un héron cendré,
le hérisson des buissons,
et des mots pour rêver.

un héron cendré Un grand oiseau, au plumage gris comme la cendre.

COLLECTIF

Observe le texte pour mieux le comprendre

1 Trouve un titre pour ce texte.

2 À ton avis, on trouve ce texte dans :
1. un livre de contes
2. un livre de recettes
3. un livre de poésie
4. un dictionnaire
5. un manuel d'histoire et de géographie

3 Relis bien : combien d'animaux y a-t-il dans le panier ?

4 Dans le texte, trace la bulle de tous les noms.
Que mettras-tu dans ton panier ?
…

5 Dans un poème, les sons sont importants !
Surligne, avec deux couleurs différentes, les deux sons qui se répètent le plus souvent.

6 Observe bien ton texte. Les bulles que tu as tracées et les sons que tu as surlignés t'aident à comprendre comment il est écrit.
Réfléchis et discute avec tes camarades.

Mémorise l'orthographe

LES MOTS DU TEXTE

7 Recopie les mots du texte que tu trouves difficiles à écrire.

8 Recopie ces mots invariables et entraîne-toi à les écrire :

dans – pas – pour – que

LES SONS ET LEURS ÉCRITURES

COLLECTIF

9 Recopie tous les mots du texte dans lesquels tu entends le son [e], comme dans *panier*.
Encadre les lettres qui servent à écrire ce son : *pani*[*er*].

10 Classe les mots que tu as recopiés dans ce tableau.

	é	er	es	ée	ez	hé	ai	je retiens aussi
[e]	…	panier	…	…	…	…	je mettrai	le pied – et

11 Classe ces mots dans ton tableau.
Attention : certains mots doivent être écrits dans plusieurs colonnes.

agréable – aiguille – aimer – assez – blé – boulanger – ces – chez – clé – crier
dé – décembre – décorer – découper – déjeuner – des – égal – éléphant
énorme – épée – escalier – étroit – fée – février – fusée – héros – janvier – j'aurai
je ferai – je serai – les – mes – métier – nez – préparer – ses – tes – vous avez

12 Cherche les mots qui correspondent aux définitions.

1. Il sert à respirer et à sentir les odeurs : le … | _ e z |
2. Quand il y a du désordre, il faut … | _ _ _ _ e r |
3. Il est fort, il réalise des exploits. C'est un … | h é _ _ _ |
4. Elle vole dans l'espace. C'est une … | _ _ _ é e |
5. C'est le mois le plus court de l'année … | _ é _ _ _ e r |

À ton tour !
Invente une définition pour faire deviner un mot qui contient le son [e].

GRAMMAIRE

2

LA CHAÎNE DES ACCORDS : LA RELATION NOMBRE

Le pluriel et le singulier : le groupe nominal (2)

Souviens-toi

1 Pour chaque groupe de mots, écris D sous le déterminant, N sous le nom.
Puis trace la bulle.

mes pieds – une cheminée – trois chapeaux
le hérisson – des buissons

LIS LA DÉFINITION

- La bulle montre le lien entre le nom et le déterminant qui le commande.
- Le groupe de mots formé par le nom et son déterminant s'appelle **le groupe nominal**.

une épée	un escalier	des aiguilles	les hérissons
D N	D N	D N	D N

Je comprends bien : un **groupe nominal**,
– c'est un **groupe**, car il y a plusieurs mots : le déterminant et le nom ;
– c'est un groupe **nominal** parce qu'il contient un nom.

(À SUIVRE)

COLLECTIF Observe, réfléchis, essaie, discute

2 Observe ce que disent les enfants et continue.

des vaches
quatre billes
les crayons
deux oiseaux
quelques enfants

beaucoup de fleurs
mes jouets
les manteaux
nos dessins

3 Écris maintenant ces groupes nominaux au singulier et trace les bulles.

4 Conclus : comment écrit-on le pluriel des noms ?

LIS LA RÈGLE

- **Au pluriel, presque tous les noms s'écrivent avec un *s* à la fin.**

une chanson○ des chanson(s) l'éléphant○ les éléphant(s)

- **Mais les noms qui se terminent par *au* ou *eau* au singulier s'écrivent avec un *x* au pluriel.**

un noyau○ des noyau(x) un panneau○ des panneau(x)

Il y a quelques exceptions que tu apprendras plus tard.

(À SUIVRE)

Exerce-toi

5 Remplis les bulles des groupes nominaux.

les bateau○ des violon○
trois fleur○ cinq manteau○
plusieurs rose○ les épine○

6 Écris un déterminant différent devant chaque nom. Aide-toi des bulles.

... assiette○ ... tasse(s)
... saladier○ ... nappe○
... fourchette(s) ... couteau(x)

7 Écris un nom qui convient. Vérifie avec la bulle.

plusieurs ... mes ...
quelques ... cette ...
le ... un ...
sept ... l' ...

8 *s* ou *x* ? Écris au pluriel.

un oiseau – le château
l'auto – le coquelicot
un chapeau – un tuyau
le capot – un domino
un bibelot – le sirop
un rideau – un veau

9 Lis le texte, puis classe dans le tableau les groupes nominaux en italique.

singulier	pluriel
...	...

Quand Élise a commencé à grandir et qu'elle ne s'est plus réveillée *la nuit*, papa et maman ont décidé qu'elle pouvait partager *ma chambre*. Ils ont installé *son lit* à *la place* de *mon coffre* à jouets.

– Tu es grand maintenant, a dit papa, *ces jouets* ne te servent plus.

Je n'ai pas osé lui avouer que je m'amusais souvent à organiser *des combats* entre *mon ours* en peluche et *mes robots*. [...] Déjà *l'appartement* était envahi par *sa chaise* haute, *sa poussette*, *son portique*, *ses cubes*...

C. Missonnier, *Le secret de Garou* © Rageot.

AUJOURD'HUI

J'ai appris que le groupe nominal, c'est le nom et son déterminant.

CONJUGAISON

2 Passé, présent, futur : la notion de verbe (2)

Souviens-toi

1 Encadre les verbes.

1. Le renard creuse son terrier.
2. Papa entrera et fermera la porte.
3. Nous terminons notre travail.
4. Le train arrivera en gare à l'heure exacte.
5. Vous dormez trop longtemps.
6. Les voitures circulaient rapidement.

COLLECTIF Observe, réfléchis, essaie, discute

2 Observe ce que disent les enfants.
À ton tour, commence chaque phrase avec un mot ou une expression qui dit quand ça se passe. Propose plusieurs solutions.

1. Nous irons visiter le musée.
2. Elle jouait quand ses amies sont arrivées.
3. Je serai au CM1.
4. Il a pris le train pour venir me voir.
5. Les feuilles des arbres ne bougent plus.
6. Je suis allé au bord de la mer.
7. Pierre cherche son crayon dans sa trousse.
8. Les hommes habitaient dans des grottes.

3 Réfléchis : comment as-tu fait pour choisir des mots qui conviennent ?
Échange tes idées avec tes camarades.

LIS LA DÉFINITION

- Quand on pense que c'est fini, terminé, c'est le **passé**.
- Quand on pense que cela va arriver, que c'est pour plus tard, c'est le **futur**.
- Quand on pense que c'est en ce moment, que ce n'est pas fini, c'est le **présent**.

Le verbe suffit souvent à dire et à faire comprendre quand ça se passe.

Le verbe est le seul mot de la phrase qui change avec le temps.

(À SUIVRE)

Exerce-toi

4 Dans chaque phrase, encadre le verbe.
Puis écris si la phrase parle du passé, du présent ou du futur.

1. Le vent souffle très fort.
2. Le maître avait fermé la porte.
3. Tu pourras venir dès le matin.
4. J'écoute la radio.
5. J'ai entendu le tonnerre.
6. Les trains vont de plus en plus vite.
7. Ils iront encore plus vite.
8. Il pleuvait fort.

5 Range ces événements sur la ligne chronologique : écris le numéro des phrases.

1. Nous avons planté un nénuphar au fond de l'aquarium.
2. Nous avons observé sa croissance.
3. Aujourd'hui ses feuilles s'étalent sur l'eau.
4. Il fleurira peut-être.

aujourd'hui

COLLECTIF

Utilise tes connaissances pour étudier ce texte

Le peintre Vincent Van Gogh vient d'être malade.
Comme il le fait souvent, il écrit à son frère pour lui parler de ses tableaux.

J'ai encore les yeux fatigués, mais enfin j'avais une nouvelle idée en tête et en voici le croquis [...] C'est cette fois-ci ma chambre à coucher tout simplement. [...] Les murs sont d'un violet pâle. Le sol est à carreaux rouges.

Les bois du lit et des chaises sont jaune beurre frais, le drap et les oreillers citron vert très clair.

La couverture rouge écarlate.

La fenêtre verte.

La table à toilette orangée, la cuvette bleue. Les portes lilas. [...]

Cela pour prendre ma revanche du repos forcé que j'ai été obligé de prendre.

J'y travaillerai encore toute la journée demain, mais tu vois comme la conception est simple. [...] Je ne t'écris pas longtemps, car je vais commencer demain fort de bonne heure avec la lumière fraîche du matin, pour finir ma toile. [...] J'espère que tu écriras ces jours-ci.

Je te ferai un jour des croquis des autres pièces aussi.

Je te serre bien la main. (Arles, octobre 1888)

Vincent Van Gogh, *Lettres à son frère Théo* © Grasset.

1 Surligne en rouge les verbes au passé, en bleu les verbes au présent, en vert les verbes au futur.

2 Dans une lettre, on trouve souvent le passé, le présent et le futur.
Explique pourquoi en t'aidant des surlignements.

3 Compare le croquis et le tableau. Vois-tu des différences ?

Van Gogh, *La Chambre à coucher*, 1888.

AUJOURD'HUI

J'ai appris qu'avec le verbe je peux savoir si on parle du passé, du présent ou du futur.

2

VOCABULAIRE

L'ordre alphabétique et le dictionnaire (2)

Souviens-toi

1 Complète ces morceaux d'alphabet. Vérifie avec l'alphabet de la page 14.

G	H					

		E			

		M			

2 Range les lettres dans l'ordre de l'alphabet : t – e – u – j – o – v – a.

Observe, réfléchis, essaie, discute

COLLECTIF

3 Range les mots *épinard – noix – riz – jambon – pizza* de trois façons :
- par ordre de préférence : de ce que tu aimes le plus à ce que tu aimes le moins
- par ordre de taille : du mot qui a le moins de lettres, à celui qui en a le plus
- dans l'ordre alphabétique.

l'ordre de mes préférences	l'ordre de taille des mots	l'ordre alphabétique
...	...	...

4 Compare tes rangements avec ceux de tes camarades. Que remarques-tu ?

5 Dans ton dictionnaire, cherche *pizza*. Explique comment tu as trouvé.

6 Voici des listes de mots rangés dans l'ordre du dictionnaire.
Trouve la règle du rangement.

1. caniche – chef – cible – coq
2. addition – ami – août – as
3. océan – ogre – opération – os
4. valise – vélo – violon – voiture – vue

LIS LA RÈGLE

- Quand deux mots ne commencent pas par la même lettre, c'est facile de les ranger dans l'ordre alphabétique : ***f**igure* – ***m**icrobe*.
- Quand deux mots commencent par la même lettre, je regarde la deuxième lettre, et je suis l'ordre alphabétique : *f**a**rine* – *f**o**ntaine*.

(À SUIVRE)

Exerce-toi

7 Range dans l'ordre alphabétique.

1. tronc – branche – feuille
2. larme – sourire – grimace

8 Range dans l'ordre alphabétique.

1. janvier – février – mars – avril
2. parc – allée – banc – grille
3. chercher – essayer – vérifier – observer

9 Range dans l'ordre alphabétique.

1. un – deux – trois – quatre – cinq
2. juillet – août – septembre – octobre novembre

10 Même si tu ne connais pas le sens de ces mots, tu peux les ranger dans l'ordre alphabétique.

1

une hémérocalle

un azalée

un fuchsia

un cyclamen

2

un élysiidé

un buccin

un tridacne

un spondyle

11 Range dans l'ordre alphabétique.

1. rire – ranger – rêver
2. manche – moisson – minuit – méduse
3. injuste – ignorer – image – île

12 Range dans l'ordre alphabétique.

1. danse – décider – éclair – dur – éditeur
2. pull – narine – neuf – pion – nocturne
3. hiver – grue – habiter – gare – huit – gui

13 Range dans l'ordre alphabétique.

1. zéro – âne – art – trésor – zèbre – toit
2. gant – bal – jeune – garçon – jouer – bol
3. juste – gris – jeu – hier – goût – herbe

14 Les mots sont dans l'ordre alphabétique, mais il y a un intrus. Recopie-le.

1. biche – cerf – renard – daim – faon – loup
2. avoine – blé – maïs – orge – seigle – riz
3. caméra – cinéma – chaise – comédien crime – curieuse

15 Si tu ranges ces mots dans l'ordre alphabétique, lequel vient en premier ? lequel vient en dernier ?

1. fleuve – canal – rivière – torrent – source
2. imaginer – découvrir – inventer – créer trouver
3. étonné – surpris – ahuri – ému – saisi

16 Recopie le mot en italique.
Écris-le entre le mot qui le précède et le mot qui le suit.

circuler : cacao – cercle – champ – clair
admirer : abri – acheter – affaire – aliment
gloire : garnir – germer – girafe – goûter

17 Remplace le nom en italique par un nom qui commence par la même lettre et qui vient après dans le dictionnaire.

Exemple : J'aime *la tarte.* → J'aime *le train.*

1. Je prends *une barque.* → …
2. Je regarde *la mer.* → …
3. Je pense à *mon chat.* → …

AUJOURD'HUI

J'ai appris à ranger les mots dans l'ordre alphabétique pour chercher plus vite dans le dictionnaire.

Exercices d'écriture

1 Établir une liste. Contrôler les accords (2)

- Tu ouvres une boîte magique.
Fais la liste de tout ce que tu aimerais y trouver.
Trace les bulles pour vérifier l'orthographe.
Puis illustre ton texte avec des dessins.

2 Écrire une lettre en employant les trois catégories du temps

- Écris une lettre à un ami ou une amie pour lui parler de ta vie à l'école.

date

formule de début : on salue son correspondant

corps de la lettre : on développe ce que l'on veut lui dire

formule de politesse ou d'affection

signature

- Tu présentes ta classe. Écris au présent.
- Tu racontes des choses que vous avez faites depuis le début de l'année. Écris au passé.
- Tu exposes un projet que tu as (seul, ou avec des copains, ou avec toute ta classe). Écris au futur.

N'oublie pas les retraits quand tu changes de paragraphe.

Chantier d'écriture

Fabriquer un abécédaire (2)

- Édite ton abécédaire.

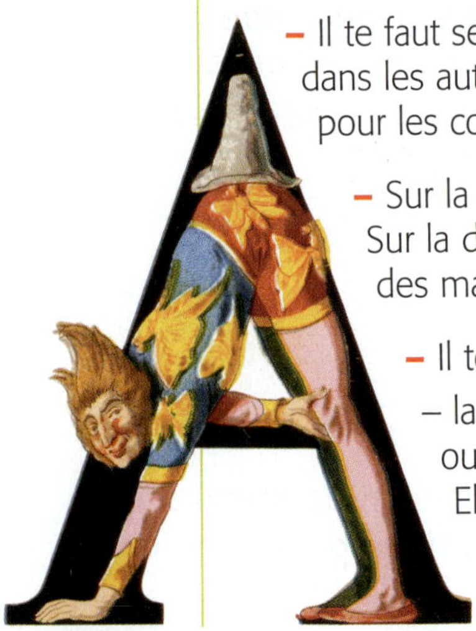

– Il te faut sept feuilles blanches. Plie-les en deux et mets-les les unes dans les autres. Demande à un adulte de t'aider pour les agrafer ou, mieux, pour les coudre ensemble.

– Sur la première page, inscris le titre de ton abécédaire, et ton nom. Sur la dernière, inscris l'année de ta publication. Tu peux aussi y mettre la table des matières : la liste des mots qui figurent dans ton abécédaire.

– Il te reste 26 pages. Sur chaque page on doit trouver :
– la lettre de l'alphabet. Elle peut être au sommet de la page, comme un titre ou mise en couleur dans le mot que tu as choisi (regarde page suivante). Elle peut aussi être décorée.
– le mot que tu as choisi.
– l'illustration que tu as choisie.

COLLECTIF

D'un texte à l'autre

De A à Z, vingt-six mots pour accompagner Vincent Van Gogh sur son chemin de lumière et de larmes.

V comme Van Gogh

Location

Cette maison jaune, c'est celle du rêve, de l'espoir.
Espoir pour Vincent de vivre enfin selon son cœur, de travailler avec d'autres peintres dans de vastes pièces lumineuses.
[...]
Il a invité Paul Gauguin à venir s'installer avec lui et attend sa réponse avec impatience.
Il est fou de joie lorsque, enfin, il accepte son invitation.
Fini la solitude !

Van Gogh, *La Maison jaune,* 1888.

Mobilier

Vincent dégote deux lits, des tables, des chaises, de la vaisselle, tout ce qu'il faut en somme pour se meubler.
Il aménage avec amour la chambre de Gauguin, « comme un boudoir réellement artistique », en décorant les murs de tableaux de tournesols.
La sienne, il la veut très simple : un lit, une petite table, deux chaises. Il est si content de son installation qu'il fait le portrait de ce lieu qui le rassure avec le lit bien bordé, les vêtements pendus et le nécessaire de toilette posé sur la table.

M. Sellier, *V comme Van Gogh*

- Comment est fait cet abécédaire ?
- Comment t'imagines-tu Van Gogh ?
À ton avis, de quoi a-t-il besoin pour être heureux ?

Le crocodile (EXTRAIT)

Les crocodiles vivent dans les rivières ou les lacs.
Ils ne s'éloignent jamais des bords de l'eau.
Le crocodile va à terre pour se réchauffer au soleil.
Il est lourd. Son ventre traîne à terre, donc il se déplace lentement.
Il marche mal.

La gueule du crocodile est très grande.
Elle est très forte.
Elle est puissante comme d'énormes tenailles.

Le crocodile guette bien.
Il est immobile comme un tronc d'arbre.
Il ne fait aucun bruit, mais ses yeux surveillent sans cesse.

René Bouclon, *Le crocodile*, DR.

les tenailles (nom) Outil en forme de pince, pour serrer et pour arracher.

COLLECTIF

Observe le texte pour mieux le comprendre

1 À ton avis, on trouve ce texte dans :
1. un livre de contes 2. un livre documentaire 3. un livre de poésie
4. un dictionnaire 5. un manuel d'histoire et de géographie 6. un album

2 Pour décrire le crocodile, l'auteur utilise deux comparaisons. Retrouve-les.

3 Organise les informations du texte. Recopie dans le tableau les phrases :
– qui donnent une information sur l'aspect physique du crocodile ;
– qui donnent une information sur son comportement.
Attention : il y a une phrase qui donne les deux informations.

l'aspect physique du crocodile	son comportement, ce qu'il fait
…	…

4 Maintenant étudie ton tableau. Surligne :
– en vert les verbes qui présentent l'aspect physique du crocodile,
– en rouge les verbes qui présentent le comportement du crocodile.

5 Observe les verbes surlignés. Que remarques-tu ?

QUAND J'ÉCRIRAI
- *Je penserai que je peux utiliser le verbe être pour décrire.*

Mémorise l'orthographe

LES MOTS DU TEXTE

6 Recopie les mots du texte que tu trouves difficiles à écrire.

7 Recopie ces mots invariables et entraîne-toi à les écrire.
jamais – donc – lentement – mal – très – comme – bien – mais

Apprends à tracer les bulles du singulier et du pluriel pour le verbe *être*.

Le crocodile est lourd.

1 J'entoure *est* : il y a ***un seul*** crocodile qui est lourd…
2 et je le sais parce que ***le crocodile***, c'est le singulier.

Les crocodiles sont lourds.

1 J'entoure *sont* : il y a ***plusieurs*** crocodiles qui sont lourds…
2 et je le sais parce que ***les crocodiles***, c'est le pluriel.

COLLECTIF

LES SONS ET LEURS ÉCRITURES

8 Recopie les six mots du texte qui contiennent le son [ã], comme dans *grand*.
Encadre les lettres qui servent à écrire ce son : *gr*[*and*].

9 Classe les mots que tu as recopiés dans ce tableau.

	an	and	ant	han	am	en	ent	em	je retiens aussi
[ã]	angle	…	…	…	…	…	argent	…	le temps longtemps le champ dans

10 Classe ces mots dans ton tableau.
Attention : certains mots doivent être écrits dans plusieurs colonnes.
ambulance – ampoule – ancien – angine – angle – apprendre – campagne
centre – champignon – commencer – débutant – décembre – demander
déranger – embrasser – emmener – emplacement – endroit – engagement
ensemble – entendre – entier – envie – géant – gland – gourmand – gourmandise
hanche – hanter – jambe – pendant – septembre – serpent – température

LA CHAÎNE DES ACCORDS : LA RELATION NOMBRE

Le pluriel et le singulier : les pronoms il, elle, ils, elles

Souviens-toi

1 Trace toutes les bulles que tu sais faire.
Les crocodiles nagent dans les rivières ou les lacs.

COLLECTIF Observe, réfléchis, essaie, discute

2 Cette élève a commencé une histoire avec la première phrase du tableau. Fais comme elle avec les autres phrases.

Les mamans sont à la porte de l'école.
Je vous présente ma tortue.
On sait maintenant beaucoup de choses sur les crocodiles.
Mon chien est trop gourmand.

3 Réponds aux questions. Prépare-toi à expliquer tes réponses.

1. **Qui est *elles* ?** En septembre, les hirondelles se rassemblent sur les fils. **Elles** s'envolent vers l'Afrique pour passer l'hiver.
2. **Qui est *elle* ?** Quand une hirondelle fait son nid sous un toit, **elle** le retrouve au printemps suivant.
3. **Qui est *ils* ?** Mais beaucoup d'oiseaux passent l'hiver dans nos régions. **Ils** risquent de mourir de faim et de soif si on ne les nourrit pas.
4. **Qui est *il* ?** Pendant les grands froids un oiseau a besoin de graines et de graisse. **Il** aime aussi se mettre à l'abri dans un nichoir.

LIS LA DÉFINITION

- ***Il, elle*** reprennent un groupe nominal au singulier.
- ***Ils, elles*** reprennent un groupe nominal au pluriel.

Il, elle, ils, elles sont des **pronoms**.

(À SUIVRE)

Apprends à inscrire ces pronoms dans la chaîne des accords.

Les voitures passent. Elles roulent vite.

1. Il y a **s** dans la bulle de ***elles*** parce que ***elles*** est au pluriel…
2. et je le sais parce que ***elles*** reprend ***les voitures***.

Regarde le canard ! Il plonge dans l'étang.

1. La bulle de ***il*** est vide parce que ***il*** est au singulier…
2. et je le sais parce que ***il*** reprend ***le canard***.

Exerce-toi

4 **Écris le pronom qui convient et trace sa bulle.**

1. L'arbitre siffle, ... arrête le match.
2. Les feuilles jaunissent, ... tombent.
3. J'appelle ma sœur, mais ... fait semblant de ne pas entendre.
4. J'ai raconté mon aventure à mes copains. ... m'écoutaient attentivement.
5. J'ai raconté mon aventure à mes copines. ... m'écoutaient attentivement.
6. Hier soir, mes parents étaient en retard. ... ont téléphoné. ... étaient pris dans un embouteillage.

COLLECTIF

Utilise tes connaissances pour étudier ce texte

Il y avait une fois un petit garçon qui s'ennuyait. Il avait bien envie de voyager, de partir vers le ciel, ou bien dans la mer, ou encore de l'autre côté de l'horizon…

C'est comme ça qu'il a eu l'idée d'aller au pays des arbres. Enfin l'idée ne lui est pas venue d'un seul coup. Il y avait longtemps qu'il allait se promener dans la forêt et il sentait tout un tas de choses bizarres, comme si les arbres voulaient lui parler, ou comme si les arbres bougeaient ; un jour il allait ici, un autre jour là, et il avait l'impression que les arbres avaient bougé. Bien sûr quand on les regarde, les arbres ont l'air immobile. Ils sont debout dans la terre avec leurs branches écartées et leurs milliers de feuilles qui tremblent et tournent dans le vent.

[…] Si on les regarde sans trop faire attention, on peut croire qu'ils ne veulent rien, qu'ils ne savent rien dire. Mais le petit garçon savait que ce n'était pas vraiment vrai. Les arbres ne sont pas immobiles. Ils ont l'air de dormir, comme cela, d'un sommeil épais qui dure des siècles. Ils ont l'air de ne penser à rien. Le petit garçon, lui, savait bien que les arbres ne dormaient pas.

J.M.G. Le Clézio, *Voyage au pays des arbres* © Éditions Gallimard.

On a tracé des bulles. Observe-les pour comprendre comment ce texte est construit.

- Quels sont les personnages ?
- À quoi servent les pronoms *il, elle, ils, elles* ?

AUJOURD'HUI

- J'ai appris que les pronoms *il, elle, ils, elles* continuent la chaîne des accords. Ils aident à ne pas se répéter.

3

LA CHAÎNE DES ACCORDS : LA RELATION NOMBRE

L'accord du verbe avec les pronoms il, elle, ils, elles

Souviens-toi

1 Pour chaque phrase, écris si elle indique le présent, le passé ou le futur.

1. Dimanche, j'irai à la campagne.
2. Autrefois, les voyages étaient très longs.
3. Tu restes à la cantine ?
4. Dimanche, je suis allée à la campagne.
5. Nous attendrons le bus.
6. C'est l'heure de sortir.
7. J'ai bien dormi cette nuit.
8. Je fais mon exercice.

N'OUBLIE PAS

- **Le verbe est le seul mot de la phrase qui change avec le temps. Tu as toujours un moyen sûr de trouver le verbe : change le temps de la phrase.**

2 Trace la bulle des pronoms *il, elle, ils, elles*.

1. Ce matin, on a pu sauter dans les flaques de la cour : elles étaient gelées.
2. Deux garçons de notre classe vont déménager. Ils ne viendront plus à l'école.
3. J'ai un ami allemand. Il va à l'école le matin, et l'après-midi, il fait du sport.

COLLECTIF

Observe, réfléchis, essaie, discute

3 Recopie les pronoms en gras. À côté de chacun, écris :
– le groupe nominal qu'il reprend – le verbe qu'il commande.

Cette histoire est vraie. **Elle** commence il y a presque deux cents ans dans une région de France qui s'appelle l'Aveyron. Une femme qui ramassait des champignons dans la forêt revient en courant dans son village. **Elle** est épouvantée. **Elle** raconte :

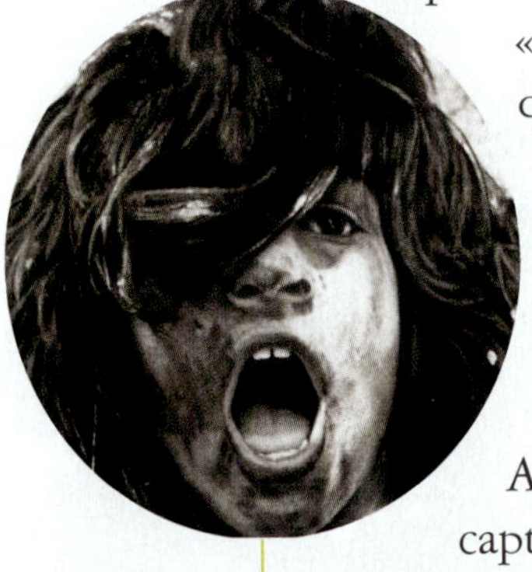

« J'ai vu une espèce de bête qui courait à moitié debout, à moitié sur quatre pattes, avec une crinière noire sur la tête. »

Le lendemain, les chasseurs fouillent la forêt. Les chiens ont vite fait de flairer la piste de cette bête bizarre qui grimpe aux arbres et galope dans les buissons. La bête se réfugie dans un trou. Mais quand les chiens l'encerclent, **elle** attaque. **Elle** plante férocement ses dents dans la gorge d'un chien. Les chasseurs se précipitent. La bête est prise. Alors l'un des chasseurs lui jette sur le dos une chemise. Car ce qu'**ils** ont capturé, ce n'est pas une bête, c'est un enfant, un garçon nu, au corps noir de terre, aux ongles longs et durs comme des griffes, c'est un enfant sauvage.

On enferme le sauvage à la gendarmerie, comme une bête dans une cage. **Il** est sale et **il** sent mauvais. **Il** grogne et **il** mord. Quand on lui apporte à manger, **il** renverse les aliments, **il** les roule dans la poussière et **il** les pétrit avec ses doigts avant de les enfoncer dans sa bouche.

M.H. Delval, *Victor, l'enfant sauvage* © J'aime lire, Bayard Jeunesse, 1985.

4 Étudie ton relevé.

a) Écris l'un sous l'autre sur ce modèle :

– le pronom et le verbe qu'il commande → *Elle commence.*

– le groupe nominal et le même verbe → *Cette histoire○ commenc(e).*

Fais ce travail pour tous les pronoms.
Trace la bulle pour contrôler l'accord du verbe avec le groupe nominal.

b) Pour chaque verbe, compare les deux écritures. Que peux-tu conclure ?

LIS LA DÉFINITION

- ***Il, elle, ils, elles*** **commandent le singulier ou le pluriel du verbe**, exactement comme le groupe nominal qu'ils reprennent.
- ***Il, elle, ils, elles*** sont des **pronoms personnels de conjugaison de troisième personne**.

Apprends à tracer la bulle du verbe avec le pronom personnel de conjugaison.

Une voiture○ passe. Elle○ roul(e) vite.

1. La bulle de *elle* est vide parce que *elle* est au singulier…
2. et je le sais parce que ***elle*** reprend ***une voiture***.
3. Le **e** dans la bulle du verbe montre qu'il y a ***une voiture*** qui roule…
4. et je le sais parce que ***elle*** reprend ***une voiture***.

Les voiture(s) passent. Elle(s) roul(ent) vite.

1. Il y a ***s*** dans la bulle de ***elles*** parce que ***elles*** est au pluriel…
2. et je le sais parce que ***elles*** reprend ***les voitures***.
3. Il y a ***ent*** dans la bulle du verbe parce qu'il y a ***plusieurs voitures*** qui roulent…
4. et je le sais parce que ***elles*** reprend ***les voitures***.

Exerce-toi

5 Trace toutes les bulles que tu sais faire. Attention, il y en a beaucoup !

1. Le crocodile est lourd. Son ventre traîne à terre. Il marche lentement.
2. Sa mâchoire est grande. Elle est très puissante.
3. Le crocodile guette. Il est immobile, mais il surveille sans cesse.

6 Recopie en mettant le groupe nominal en gras au pluriel.
Attention à tout ce qui change !

1. **La vague** arrive. Elle dépose des coquillages sur la plage.
2. **Un enfant** joue sur le sable. Il ramasse les coquillages.

AUJOURD'HUI

J'ai appris à accorder le verbe avec les pronoms *il, elle, ils, elles.*

L'ordre alphabétique et le dictionnaire (3)

aquarium

Histoire du mot ► Mot latin formé sur *aqua* qui signifie « eau ».

aquarium n.m. **1.** Bac en verre rempli d'eau dans lequel on fait vivre des plantes et des animaux aquatiques. **2.** Bâtiment dans lequel se trouvent de très grands aquariums où l'on peut voir toutes sortes de poissons. *L'aquarium de Québec, de Boulogne-sur-Mer.*
▸ Remarque. On prononce [-kwa-].

aquatique adj. Qui vit dans l'eau ou près de l'eau. *Les nénuphars sont des plantes aquatiques. Les oiseaux aquatiques, comme les flamants roses, aiment les marais et les étangs.*
▸ Remarque. On prononce [-kwa-].

Histoire du mot ► Vient du latin *aqua* qui signifie « eau » et *ductus* qui signifie « conduite ».

aqueduc n.m. Canal construit pour conduire l'eau d'un endroit à un autre ; pont que l'on construit pour permettre à ce canal de franchir une vallée. *L'aqueduc du pont du Gard.*

ara n.m. Perroquet d'Amérique du Sud, à longue queue et au plumage très coloré.

ara

arabe adj. et n. **1.** De l'Arabie et des peuples originaires de l'Arabie. **2.** *Chiffres arabes* : voir *chiffre*. ◆ n.m. **1.** Langue parlée d'abord en Arabie puis dans de nombreux pays conquis par les Arabes, en Afrique, au Moyen-Orient et en Asie. **2.** Écriture qui sert à transcrire l'arabe, le persan, etc. et qui s'écrit de droite à gauche.
▸ Remarque. Quand il désigne une personne, le mot prend une majuscule : *un Arabe, une Arabe.*

Histoire du mot ► Vient de l'italien *arabesco* qui signifie « ornement de style arabe ».

arabesque n.f. **1.** Ligne sinueuse et décorative. *Le givre avait dessiné de gracieuses arabesques sur la vitre.* **2.** Figure de danse, de gymnastique qui se réalise une jambe au sol, l'autre tendue en arrière.

arable adj. *Une terre arable* est une terre que l'on peut cultiver, labourer (syn. cultivable).

arachide

arachide n.f. Plante des pays chauds cultivée pour sa graine, appelée *cacahuète*, que l'on consomme grillée et dont on tire une huile très utilisée en cuisine. *De l'huile d'arachide.*

araignée n.f. Animal invertébré à huit pattes qui tisse une toile et sécrète un venin. *La mygale est une araignée à la morsure douloureuse.* • **Toile d'araignée :** réseau de fils tissés par l'araignée pour capturer ses proies. • **Araignée de mer :** crabe comestible aux longues pattes.
▸ Encyclopédie. Les araignées ne sont pas des insectes mais des *arachnides*, comme les scorpions. Toutes sont venimeuses et leur venin est foudroyant pour les insectes. Certaines espèces tropicales sont dangereuses pour l'homme. C'est à l'aide de la soie sécrétée par les glandes de leur abdomen qu'elles tissent leur toile et fabriquent les cocons qui entourent leurs œufs. Voir aussi noms propres, *Arachné*.

araignée

araméen n.m. Langue parlée pendant l'Antiquité dans tout le Proche-Orient. *L'araméen disparut avec la conquête arabe au VIIe siècle après J.-C.*

aratoire adj. *Les instruments aratoires*, ce sont les outils pour labourer, cultiver la terre.

◄ Histoire du mot. Vient du latin *arare* qui signifie « labourer », comme *arable*.

arbalète n.f. Arme faite d'un arc d'acier qui se bande avec un ressort et avec laquelle on envoie une sorte de flèche appelée *carreau*. *L'arbalète était une arme très répandue au Moyen Âge.*

arbitrage n.m. Le fait d'arbitrer un match ou un débat, un conflit.

arbitraire adj. **1.** Qui ne relève que du simple principe du choix et ne répond à aucune nécessité logique. *L'ordre des lettres de l'alphabet est arbitraire* (syn. conventionnel ; contr. logique). **2.** Qui ne relève que de l'autorité de quelqu'un sans souci de justice ou de vérité. *Depuis le coup d'État, on ne compte plus les arrestations arbitraires* (syn. illégal, irrégulier).

arbitrairement adv. D'une façon arbitraire.

arbalète

arbitre n.m. **1.** La personne chargée de veiller au bon déroulement d'un match, au respect du règlement. *L'arbitre a expulsé du terrain deux joueurs qui en étaient venus aux mains.* **2.** La personne choisie pour trancher une question, pour régler un désaccord à l'amiable. *On a fait appel à lui comme arbitre à cause de sa réputation d'impartialité* (syn. juge, médiateur).
▸ Remarque. Au Canada, ce mot s'emploie aussi au féminin.

arbitrer v. **1.** Veiller au bon déroulement d'un jeu, d'un match, d'une compétition, au respect du règlement. *Arbitrer un match.* **2.** Trancher une question, mettre différentes personnes d'accord par une décision équitable et définitive. *Le maire a arbitré le conflit entre les deux familles.*

arborer v. **1.** Élever en haut d'un mât, placer sur une façade, de manière très visible. *Le bateau arbore le pavillon panaméen. Pour la fête, les maisons arboraient les couleurs de la ville.* **2.** Porter sur soi de manière très visible, avec fierté ou par défi. *Elle arbore son insigne de scoute avec fierté.*

◄ Histoire du mot. Vient du latin *arborare* qui signifie « dresser comme un arbre ».

arborescent, -e adj. *Une fougère arborescente* a la taille et la forme d'un petit arbre.
▸ Remarque. Attention, *-sc-*.

◄ Histoire du mot. Vient du latin *arbor* qui signifie « arbre ».

64

Histoire du mot ► Vient du latin *arbor* qui signifie « arbre ».

arboricole adj. Qui vit sur les arbres. *Les singes et les écureuils sont des animaux arboricoles.*

arbre n.m. **1.** Nom donné à tous les végétaux de grande taille qui sont fixés en terre par des racines, et dont la tige principale ligneuse, appelée *tronc*, n'est garnie de branches et de feuilles qu'à partir d'une certaine hauteur. *Planter un arbre dans son jardin. Les enfants aiment grimper aux arbres.* Voir planche page suivante. **2.** Tige, axe de métal qui transmet un mouvement. *L'arbre d'un moteur.* • **Arbre généalogique :** dessin en forme d'arbre qui représente les liens de parenté des membres d'une famille, sur plusieurs générations.
▸ Encyclopédie. Il existe des arbres feuillus, qui portent des feuilles, et des conifères, qui portent des aiguilles ou des épines. Les arbres ont un rôle très important pour le sol, qu'ils empêchent de s'éroder ou qu'ils assèchent parfois (saules pleureurs), mais aussi pour toute la faune qu'ils abritent : les oiseaux qui y font leur nid, les animaux qui y trouvent leur nourriture, les insectes qui vivent dans leur écorce. Voir planche page suivante.

arbrisseau n.m. Petit arbre haut de un à quatre mètres qui porte des branches dès sa base. *L'aubépine, le noisetier sont des arbrisseaux.*

arbuste n.m. Petit arbre qui ne dépasse pas dix mètres. *Le lilas, la glycine sont des arbustes.*

arcs

arc n.m. **1.** Arme faite d'une corde tendue entre les deux extrémités d'une tige flexible, et avec laquelle on lance des flèches. *Pratiquer le tir à l'arc.* **2.** Portion de cercle déterminée par un angle dont le sommet se trouve au centre du cercle. **3.** Courbure, forme d'une voûte. *Les porches des églises romanes sont des arcs en plein cintre, leur voûte est courbe ; les églises gothiques ont des arcs brisés, leur voûte est pointue.* • **Arc de triomphe :** porte monumentale en forme d'arc, édifiée d'abord par les Romains pour célébrer une victoire ou un chef de guerre. • **Avoir plusieurs cordes à son arc :** plusieurs solutions pour se tirer d'affaire.

arcades

1. **arcade** n.f. • **Arcade sourcilière :** rebord proéminent de l'orbite de l'œil sur lequel sont implantés les sourcils. *Le boxeur avait l'arcade sourcilière fendue.* ◆ **arcades** n.f.plur. Galerie couverte dont les piliers sont reliés par des arcs. *Je me suis promenée sous les arcades de la place des Vosges, à Paris.*

2. **arcade** n.f. En Suisse, local commercial.

archéologie

arcanes n.m.plur. *Les arcanes de la politique*, ce sont les secrets, les mystères qu'elle comporte, qui ne semblent connus que des initiés.
▸ Remarque. Ce mot est du masculin.

◄ Histoire du mot. Vient d'un mot latin qui signifie « secret ».

arc-boutant n.m. Contrefort en forme d'arc qui soutient les murs d'un édifice de l'extérieur pour les empêcher de s'écarter sous la poussée de la voûte. *Les arcs-boutants d'une église gothique.*
▸ Remarque. Au plur. : *des arcs-boutants.*

arc-boutant

s'**arc-bouter** v.pron. Prendre fortement appui sur les pieds pour pousser de tout son corps sur quelque chose. *Ariane et Nils s'arc-boutent contre la porte pour empêcher Gilles d'entrer.*

arceau n.m. Pièce en forme de demi-cercle. *Les enfants ont planté les arceaux pour jouer au croquet.*

arc-en-ciel n.m. Bande lumineuse multicolore en forme d'arc que l'on voit parfois quand il pleut, à l'opposé du soleil. *L'arc-en-ciel naît de la décomposition de la lumière solaire par les gouttes de pluie, et l'on y distingue habituellement, de l'extérieur vers l'intérieur, le rouge, l'orangé, le jaune, le vert, le bleu, l'indigo et le violet.*
▸ Remarque. Au plur. : *des arcs-en-ciel.*

archaïque adj. Qui est très ancien et qui ne s'utilise plus dans le monde moderne. *Je me demande comment vous pouvez encore utiliser cette voiture, elle est franchement archaïque !* (contr. moderne).
▸ Remarque. Le *-ch-* se prononce [k].

archaïsme n.m. **1.** Le fait d'être trop ancien, périmé. *L'archaïsme d'un procédé de fabrication* (contr. modernité). **2.** Mot ancien qu'on utilise parfois en poésie, en littérature.
▸ Remarque. Le *-ch-* se prononce [k].

archange n.m. Ange qui, dans la classification des anges, commande aux autres, qui leur est supérieur. *L'ange Gabriel est un archange.*
▸ Remarque. Le *-ch-* se prononce [k].

1. **arche** n.f. • **L'arche de Noé :** voir noms propres, *Noé*.

2. **arche** n.f. Voûte qui relie les piliers d'un pont.

◄ Histoire du mot. Vient du latin *arca* qui signifie « coffre ».

archéologie n.f. Science qui étudie les civilisations anciennes à partir des vestiges qu'elles ont laissés, des objets qu'on a retrouvés.
▸ Remarque. Le *-ch-* se prononce [k].
▸ Encyclopédie. C'est à la Renaissance qu'on a commencé à inventorier toutes les œuvres antiques.
On entreprit les fouilles de Troie, puis celles de Pompéi et d'Herculanum

◄ Histoire du mot. Ce mot est formé à partir de deux éléments : *archéo-* qui signifie « ancien » et *-logie* qui signifie « étude ».

65

Souviens-toi

1 Recopie dans l'ordre alphabétique.
poisson – escargot – moustique – libellule – grenouille

COLLECTIF Observe, réfléchis, essaie, discute

2 Observe la double page de dictionnaire ci-dessus. Comment est-elle composée ?

3 Ouvre ton dictionnaire où tu veux.
a) Observe les mots qui sont écrits en haut des pages à gauche et à droite.
b) Cherche ces mots dans les pages. Recommence sur plusieurs pages.
c) Discute avec tes camarades : à quoi servent ces mots ?

LIS LA DÉFINITION

Quand on ouvre un dictionnaire, on trouve toujours :
– au sommet de la page de gauche, le premier mot de la page ;
– au sommet de la page de droite, le dernier mot de la page.
Ils encadrent tous les mots qui figurent dans les deux pages.

Ce sont des **mots-repères**. Ils t'aident à chercher plus vite.

4 Continue ton observation des pages du dictionnaire. Comment a-t-on fait pour ranger les mots de la colonne de gauche dans l'ordre alphabétique ?

5 Vérifie : range dans l'ordre alphabétique. Encadre la lettre qui t'a renseigné.

1. alors – amorce – ange – article – accident
2. écrivain – écureuil – écharpe – éclairer – écorchure
3. camarade – caméra – cambriolage – camionnette – caméléon
4. fer – tour – féroce – chanson – fermeture – tourmenter – championnat

Contrôle ton rangement avec le dictionnaire.

LIS LA RÈGLE

- Quand des mots commencent par la même lettre, c'est la deuxième lettre qui donne l'ordre alphabétique : *nage – nettoyer – nid.*
- Quand des mots commencent par les deux mêmes lettres, c'est la troisième lettre qui donne l'ordre alphabétique : *rideau – rire – rivage.*
- Quand des mots commencent par les trois mêmes lettres, c'est la quatrième lettre qui donne l'ordre alphabétique : *plafond – plage – plan.*

Et ainsi de suite…

Exerce-toi

6 Dans ton dictionnaire, cherche et recopie les mots qui encadrent :

algue – marin – thon – vague

7 Relie chaque mot aux pages du dictionnaire où on le trouve.

ventriloque •	• solide – somptueux
solstice •	• son – sortir
auréole •	• ventre – vérité
cahoter •	• rongeur – rouge
rostre •	• cadre – calamar
sorcier •	• auberge – aurore

8 Range dans l'ordre alphabétique.

1. miel – mèche – muguet – main – moto
2. œuf – oasis – outil – ombre – octobre

9 Même travail.

1. déformer – déchirer – déménager
2. inca – indice – insecte – inattendu

10 Même travail.

1. cour – coup – coût – couler – couver
2. décidé – décimer – décibel – décisif

11 Même travail.

1. tissu – turban – tuer – tube – tour
2. ranger – repos – repli – repu – repas

12 Où cherches-tu les mots suivants ?

tu cherches le mot	tu lis les mots-repères	tu dois chercher
1. judo	intriguer – invisible	dans ces pages – avant – après
2. lorgnette	moire – momie	dans ces pages – avant – après
3. cahoter	chaud – chemin	dans ces pages – avant – après
4. houx	hospitalisation – humain	dans ces pages – avant – après
5. plainte	placide – planer	dans ces pages – avant – après

AUJOURD'HUI

J'ai appris à chercher plus vite un mot dans le dictionnaire : je me sers des mots-repères.

Exercice d'écriture

Écrire des devinettes. Utiliser les pronoms de 3e personne

- Voici une devinette très facile.

Il vit dans les pays chauds, au bord de l'eau. Il nage bien mais, à terre, il se traîne. Avec sa gueule grande et puissante, il croque, il croque. Qui est-il ?

Tu as trouvé ? Alors à ton tour : choisis deux animaux, et écris une devinette pour chacun.
Tu peux t'aider de ton dictionnaire ou de livres.
Pose tes devinettes à tes camarades.

Chantier d'écriture

Développer des épisodes d'un texte narratif (1)

Le conte pressé

Il mangeait ses mots et ne reprenait jamais son souffle, son histoire il la racontait si vite qu'au bout d'une minute à peine il était déjà à la fin :
– … ils vécurent heureux et eurent beaucoup d'enfants.
C'était l'histoire d'un jeune homme qui disait à son père :
– Papa, je m'ennuie à la maison. Je m'en vais faire le tour du monde, comme ça je connaîtrai un tas de choses nouvelles, j'aurai beaucoup d'aventures, et je ne reviendrai qu'après avoir fait fortune…

À partir de là commençaient les fascinantes aventures du jeune homme.

Mais lui, le conte pressé, il les racontait ainsi :
– Salut papa, dit-il, et hop le v'là parti… Il rencontra un vieux sage qui lui dit : si tu veux faire fortune, etc., etc. D'accord, le rev'là parti… Alors il rencontra les bandits… Grande bagarre, pim, poum, pam !… Puis les sept génies du mal… Même topo… Mais paf, prisonnier, enchaîné… Le château de l'Ogre, bien sûr… Par chance la fille de l'Ogre… bref la vieille histoire d'amour… elle l'aidait à s'enfuir… Le rev'là encore par monts et par vaux, etc., etc. Allons bon, le royaume du terrible Tyran bleu !… Duel final, pim, poum, pam !… Comment ça finit, pas difficile à deviner… or et bijoux à gogo… Retour triomphal au bercail, la richesse, mariage avec la fille, ils vécurent heureux, etc.

Dès qu'il avait fini, le conte sautait dans un taxi pour aller répéter son histoire dans une autre maison.

M. Argilli, *Nouvelles d'aujourd'hui* © Argilli.

- Lis le texte et explique le titre.
- Fais la liste des épisodes de ce conte pressé.
- Choisis deux épisodes, imagine-les et raconte-les.

Tu as trois semaines pour faire ce travail.

COLLECTIF

D'un texte à l'autre

L'Énorme Crocodile voudrait quelques enfants bien juteux pour son déjeuner. Mais comment les attraper ?

L'ÉNORME CROCODILE parvint à un endroit où il y avait de nombreux cocotiers.
Il savait que les enfants y venaient souvent chercher des noix de coco.
Les arbres étaient trop grands pour qu'ils puissent y grimper mais il y avait toujours des noix de coco à terre.
L'Énorme Crocodile ramassa à la hâte toutes celles qui jonchaient le sol ainsi que plusieurs branches cassées.
« Et maintenant, passons au piège subtil n° 1, murmura-t-il, je n'aurai pas à attendre longtemps avant de goûter au premier plat. »
Il rassembla les branches et les serra entre ses dents. Il recueillit les noix de coco dans ses pattes de devant. Puis il se dressa en prenant équilibre sur sa queue.
Il avait disposé les branches et les noix de coco si habilement qu'il ressemblait à présent à un petit cocotier perdu parmi de grands cocotiers.
Bientôt arrivèrent deux enfants : le frère et la sœur. Le garçon s'appelait Julien ; la fillette Marie.
Ils inspectèrent les lieux, à la recherche de noix de coco, mais ils n'en purent trouver aucune car l'Énorme Crocodile les avait toutes ramassées.
« Eh regarde ! cria Julien. Cet arbre, là-bas, est beaucoup plus petit que les autres et il est couvert de noix de coco ! Je dois pouvoir y grimper si tu me donnes un coup de main. »
Julien et Marie se précipitent vers ce qu'ils pensent être un petit cocotier. L'Énorme Crocodile épie à travers les branches, suivant des yeux les enfants à mesure qu'ils approchent. Il se lèche les babines. Le voilà qui bave d'excitation…

Roald Dahl, *L'Énorme crocodile,* traduction O. George et P. Jusserand © Gallimard.

- Compare ce texte avec celui de la page 28.
Dans lequel trouves-tu des renseignements scientifiques sur le crocodile ?
- Discute avec tes camarades : retrouvez-vous dans ce texte des informations sur l'aspect physique et sur le comportement du crocodile ?
Roald Dahl connaît-il bien les crocodiles ?

Une nuit au grand magasin (EXTRAIT)

À l'heure de la fermeture, les parents de Béatrice l'ont oubliée dans le grand magasin.

FINALEMENT, c'est assez drôle d'avoir un grand magasin rien que pour soi !

« Il n'y a personne pour m'empêcher de toucher, se dit Béatrice, c'est le moment d'en profiter ! »

Elle essaye quelques jeux électroniques. Elle déshabille et rhabille une énorme poupée. Puis elle s'arrête devant un splendide vélo-cross jaune vif, avec des amortisseurs en caoutchouc noir.

– Juste un petit tour jusqu'au bout de l'allée ! Depuis le temps que j'en ai envie…

Aussitôt dit, aussitôt fait. Béatrice enfourche la bicyclette et s'élance sur le tapis de l'allée. Elle sent le vent délicieux de la vitesse, elle pédale encore plus fort.

On peut escalader les trottoirs avec des vélos comme ça, Béatrice décide d'essayer. Elle vise une sorte d'estrade et fonce dessus en soulevant le guidon de toutes ses forces… Patatras ! cinquante boîtes de dînette lui tombent sur la tête dans un bruit abominable.

J. Phipson, *Une nuit au grand magasin* © J'aime lire, Bayard Jeunesse, 1984.

COLLECTIF

Observe le texte pour mieux le comprendre

1. Avec quels jeux Béatrice joue-t-elle ?
2. Dans ce texte, l'auteur utilise trois noms pour parler du vélo. Recopie-les.
3. Relis le texte attentivement. Surligne :
   - en jaune, les passages qui disent ce que Béatrice pense, ce qu'elle se dit.
   - en vert, les passages qui disent ce qu'elle fait.
4. Étudie tes surlignements. Ils t'aident à comprendre comment le texte est construit. Échange tes remarques avec tes camarades.

QUAND J'ÉCRIRAI

- Je penserai que je peux raconter ce que fait mon personnage, mais aussi écrire ce qu'il pense, ce qu'il se dit à lui-même.

5 a) Étudie les phrases surlignées en vert.
Recopie les mots précis qui indiquent ce que fait Béatrice.

b) Compare ton travail avec celui que tu as fait page 28 sur le comportement du crocodile. Que remarques-tu ?

c) Conclus : quelles informations apportent les verbes ?

Mémorise l'orthographe

LES MOTS DU TEXTE

6 Recopie les mots du texte que tu trouves difficiles à écrire.

7 Recopie ces mots invariables et entraîne-toi à les écrire.
finalement – assez – en – jusqu'à – aussitôt – avec – dessus – sur – encore

Voici une nouvelle règle pour le pluriel des noms.

Les noms qui se terminent par ***s*** au singulier ne changent pas au pluriel.
Ce sont des **noms invariables**.

(À SUIVRE)

Apprends à tracer le lien entre le nom invariable et son déterminant.
Pour montrer l'accord entre le nom invariable et son déterminant, on ne fait pas de bulle, on souligne.

le tapis les tapis – le bras les bras

8 Souligne et trace les liens.
une souris, des souris – un autobus, des autobus – le héros, les héros – le fils, les fils

9 Écris ces groupes nominaux au pluriel. Trace les bulles ou souligne.
l'ananas – mon canari – un mois – le pays – le moineau – un ours – la tombola

COLLECTIF

LES SONS ET LEURS ÉCRITURES

10 Recopie six mots du texte qui contiennent le son [i] comme dans *nuit*.
Encadre les lettres qui servent à écrire ce son : *nuit*.

11 Classe les mots que tu as recopiés dans ce tableau.

	i	ie	is	it	hi	y	je retiens aussi
[i]	ici	…	…	…	…	…	nid – prix – gentil riz – pays – hypermarché

12 Classe ces mots dans ton tableau.
Attention : certains mots doivent être écrits dans plusieurs colonnes.
avis – copie – cygne – folie – fruit – hibou – récit – idéal – radis – voici
bougie – fourmi – ironie – isoler – mairie – sortie – souris – vernis – visite
cycliste – énergie – gratuit – mélodie – mystère – imaginer – interdit – ironique
symétrie – histoire – historique – hivernal – hirondelle – instituteur – inimaginable

4 La phrase

GRAMMAIRE

Souviens-toi

1 Trace toutes les bulles que tu sais faire.

La fillette enfourche une bicyclette.
Elle s'élance sur le tapis de l'allée.

COLLECTIF Observe, réfléchis, essaie, discute

Depuis l'école maternelle, tu as appris beaucoup de choses sur la phrase. Utilise tout ce que tu sais pour bien comprendre ce que c'est qu'une phrase.

2 Lis et observe ces suites de mots. Lesquelles sont des phrases ? Lesquelles ne sont pas des phrases ? Justifie ta réponse.

1. Les jouets sont dans.
2. Jeux envie plus
3. L'agaric pousse vite.
4. fonce sur.
5. caisse
6. Le maître interroge Sarah.
7. Je peux manger ?
8. Je demande à Julien de m'accompagner.
9. lapin le loup chasse le
10. Le lapin chasse le loup.
11. Sarah interroge le maître.
12. Viens !

3 a) Essaie de lire ce texte à haute voix. Est-ce facile ? Pourquoi ?

le train repartit la fillette commençait à avoir sommeil à force de regarder les flocons de neige voleter derrière la vitre le train avait l'air d'aller très vite elle appuya la tête sur le dossier de son siège et ferma les yeux quand elle les rouvrit le train était arrêté dans une petite gare tout le monde était en train de descendre elle sauta sur le quai et suivit la foule qui sortait

D'après R. Godden, *Prune et Fleur de Houx*, traduction T. Brisac © Gallimard.

b) Retrouve les phrases du texte : où faut-il mettre des majuscules ? des points ?

4 Conclus : comment reconnaît-on qu'une suite de mots est une phrase ?

LIS LA DÉFINITION

- Quand on parle, on fait des phrases.
Une phrase se compose de mots que l'on sait mettre en ordre parce qu'on sait parler.
Elle veut dire quelque chose.
Si on la dit à quelqu'un, il comprend.

- Ce qu'on sait faire quand on parle, il faut aussi le faire quand on écrit, mais c'est plus difficile.
En plus, à l'écrit, on met **une majuscule** au début de chaque phrase et **un point** à la fin.

(À SUIVRE)

5 a) Combien y a-t-il de lignes dans ce texte ?
Combien y a-t-il de phrases ?
b) Tu connais tous les points. Explique à quoi ils servent.

Lili attrape le gros livre de magie.
Il ne lui reste plus qu'à trouver un papier et un crayon pour prendre des notes !
– Voyons voir…
[…] Les formules magiques sont classées dans l'ordre alphabétique. Mais laquelle choisir ? C'est incroyable tout ce qu'il y a dans ce livre ! À la lettre F, par exemple, figurent tous les sortilèges concernant les fantômes ; et aussi les trucs de magie liés au feu. Puis, en suivant l'ordre alphabétique, on trouve fleurs, futur, et tout à la fin, FYXANOXEN, le dernier sortilège de la lettre F.
– F-Y-X-A-N-O-X-E-N, épelle Lili tout bas, perdue dans ses pensées.
Quel sens peut bien avoir ce mot bizarroïde ? Lili n'en a aucune idée, mais il ne lui inspire pas confiance ; il est peut-être dangereux. Comme elle sait parfaitement qu'en matière de magie, il faut être très prudent, elle lit le paragraphe avec beaucoup d'attention.
Carabistouille ! Que se passe-t-il ? Lili sent soudain que ses cheveux deviennent complètement fous : ils se dressent tout droits sur sa tête dans toutes les directions.
Lili est paniquée !

Knister, *Magic Lili, L'école en folie* © Hatier.

LIS LA RÈGLE

On peut utiliser différents points pour terminer la phrase :

– le **point d'interrogation ?** pour poser une question ;
– le **point d'exclamation !** pour montrer l'émotion, l'étonnement, pour s'exclamer ;
– les **points de suspension …** pour montrer que l'on n'a pas tout dit, pour laisser le temps de réfléchir ;
– le **point simple .** pour toutes les autres phrases.

Exerce-toi

6 Recopie ce texte. Sépare les phrases par un double trait.

Julien a huit ans. // Dans sa chambre, le train électrique est arrêté sur une voie de garage. La grue est immobile sur le bord de la table. Des soldats sont couchés dans les poils du tapis, d'autres guettent en attendant un ennemi qui pourrait surgir sous le lit de Julien. Une grosse coccinelle somnole à l'autre bout du lit. Et les crayons de couleur attendent en désordre le retour du soleil.

R. Hardy, *L'enfant et l'ordinateur* © Flammarion.

7 Mets les mots en ordre pour faire une phrase. N'oublie pas la majuscule.

les hommes – pierre – fabriquaient
en – préhistoriques – des outils

AUJOURD'HUI

J'ai récapitulé tout ce que je sais sur la phrase.

L'infinitif

Souviens-toi

1 **Surligne le verbe et trace sa bulle.**

Le quartier est en fête. Chaque année, l'école organise un défilé dans la rue.

COLLECTIF Observe, réfléchis, essaie, discute

2 **Surligne les verbes. Puis trace toutes les bulles que tu sais faire.**

1. Les enfants regardent des livres.
2. Mon père aime regarder des livres.
3. Ils décident de regarder des livres.
4. Il regarde des livres.
5. Elle entre dans la librairie pour regarder des livres.
6. Mon copain est en train de regarder des livres.
7. Le maître demande à ses élèves de regarder des livres.

Que remarques-tu ?

3 a) **Lis ces phrases. Qu'a-t-on transformé ? *Regarder* change-t-il ?**

Elle est entrée dans la librairie pour regarder des livres.
Elle entrera dans la librairie pour regarder des livres.

Mon copain était en train de regarder des livres.
Mon copain sera en train de regarder des livres.

b) **Continue oralement pour les phrases 2, 3, 7.**

4 **Utilise tes connaissances : *regarder* peut-il être un déterminant ? un nom ?**

LIS LA DÉFINITION

Tu connais maintenant deux formes du verbe :

- **une forme conjuguée**, c'est-à-dire une forme **qui varie :**
– avec le temps,
– avec le singulier et le pluriel,
– et avec les pronoms personnels de conjugaison.
- **l'infinitif,** une forme **qui n'est pas conjuguée, qui ne varie pas.**

Il regarde, elles regardaient, ils regarderont sont des formes conjuguées du verbe *regarder*.

Dans le dictionnaire, on trouve le verbe à l'infinitif.

(À SUIVRE)

5 **Termine ces phrases.**

1. Il faut …
2. Je m'entraîne chaque semaine pour …
3. Avec des jumelles on peut …
4. En ce moment nous sommes en train de …
5. J'ai réussi à …
6. Ne traversez pas sans …

Réfléchis : as-tu utilisé des verbes à l'infinitif ? Pourquoi ?
Pouvais-tu utiliser des verbes conjugués ?

LIS LA RÈGLE

- Dans la phrase, le verbe à l'infinitif est très souvent introduit par des mots ou par des expressions : **à, de, pour, en train de**...
- Il peut aussi être introduit par un verbe conjugué : **elle aime** *regarder* ; **je peux** *manger* ; **il faut** *observer*...

(À SUIVRE)

6 a) Relève les verbes à l'infinitif.

On peut escalader les trottoirs avec des vélos comme ça, Béatrice décide d'essayer. Elle vise une sorte d'estrade et fonce dessus en soulevant le guidon de toutes ses forces... Patatras ! cinquante boîtes de dînette lui tombent sur la tête dans un bruit abominable.

b) Voici d'autres infinitifs.
Retrouve leur forme conjuguée dans le texte.
décider – viser – foncer – tomber

c) Observe l'écriture de ces verbes à l'infinitif. Fais des remarques.

LIS LA RÈGLE

Beaucoup de verbes à l'infinitif se terminent par le son [e].
Ils s'écrivent toujours **-er**.

(À SUIVRE)

Exerce-toi

7 Écris l'infinitif de chaque série de verbes conjugués.

1. elle montra – on montrait – ils montreront – je montre → C'est le verbe ....
2. je fais – elles faisaient – vous ferez – il fera → C'est le verbe ....
3. vous finissez – ils finissaient – tu finiras – je finis → C'est le verbe ....

8 Écris l'infinitif de ces verbes conjugués.

ils tombent – je devinerai – nous attendons
tu arriveras – on regardait – vous oublierez
il est

9 Cherche les verbes conjugués et écris leur infinitif dans l'ordre du texte.

Les premiers hommes mangeaient des plantes et des fruits. Ils pêchaient et ils chassaient. Ils suivaient les troupeaux sauvages. Ils étaient nomades.

10 Dans chaque série, recopie les verbes à l'infinitif.

a) rendre – crier – tenir
panier – battre – lettre

b) montrer – plaisir – écouter
finir – fenêtre – mettre

AUJOURD'HUI

- J'ai appris que le verbe a plusieurs formes.
- Dans le dictionnaire, on trouve le verbe à l'infinitif.

4 Le nom propre et le nom commun

Souviens-toi

1 Recopie les groupes nominaux.

Dans la nature, les animaux laissent des traces de leur passage. Les chasseurs observent ces empreintes et suivent le gibier.

COLLECTIF Observe, réfléchis, essaie, discute

2 Lis ce texte. Tous les mots qui commencent par une majuscule sont-ils au début d'une phrase ?

Le film *Crin Blanc, cheval sauvage* raconte l'histoire d'une amitié entre un cheval et un jeune enfant. En Camargue, dans le sud de la France, là où le Rhône se jette dans la mer, Crin Blanc est le chef d'un troupeau de chevaux sauvages. Les hommes veulent le capturer mais il leur échappe. Folco, le petit pêcheur, va apprivoiser peu à peu ce bel animal fier et redoutable.

3 Dans ces documents, observe les mots qui commencent par une majuscule. Échange tes remarques avec tes camarades.

Mon père, contes des jours ordinaires

Aline Giono

Une petite fille, Aline, raconte son enfance, dans une maison de Manosque, auprès de sa sœur Sylvie, de sa mère et de son père, Jean Giono, qui fait le plus original des métiers : « il s'amuse à écrire des histoires pour grandes personnes. »

Folio junior

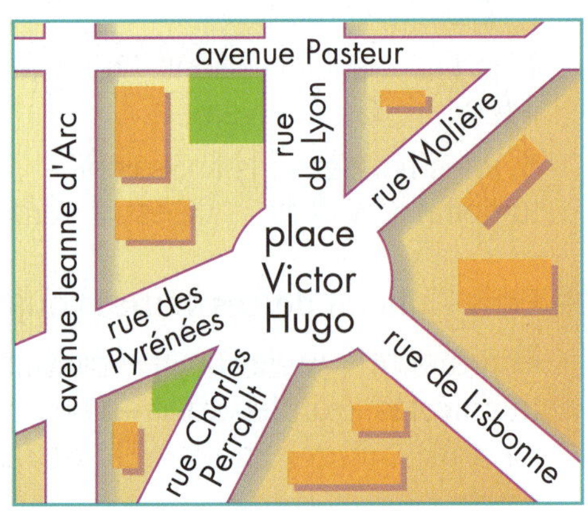

LIS LA RÈGLE

- **Les noms propres s'écrivent toujours avec une majuscule.**

Souvent, ils n'ont pas de déterminant : *Pierre, Pasteur, Victor Hugo.*
Mais quelquefois, ils en ont un : *la Camargue, le Rhône, les Pyrénées.*

- **Ce sont des groupes nominaux. Ils sont presque toujours invariables.**
- **Ils commandent l'accord du verbe.**

Aline raconte son enfance. Les Pyrénées sont des montagnes.

- **Tous les autres noms sont des noms communs.**

(À SUIVRE)

Exerce-toi

4 Recopie en deux colonnes les noms communs et les noms propres.

En 1883, le peintre Claude Monet achète une maison à Giverny, à l'ouest de Paris. Dans le jardin, il creuse un bassin où fleurissent les nénuphars. Le peintre aime la couleur de ces fleurs, les effets de la lumière sur l'eau. Pendant presque trente ans il les peint sur deux cent cinquante toiles, les Nymphéas.

5 Trace les bulles ou souligne.

1. L'Europe rassemble vingt-cinq pays.
2. Rome est la capitale de l'Italie.
3. La Manche sépare la France de l'Angleterre.
4. Le Rhône traverse la Suisse et la France.
5. La Méditerranée borde l'Espagne, la France, l'Italie et la Grèce.

COLLECTIF

Utilise tes connaissances pour étudier ce texte

La fondation de Marseille

Venus d'Asie, de jeunes navigateurs grecs arrivèrent à l'endroit de la côte où se jette le Rhône. Séduits par la beauté du lieu, les chefs de la flotte, Simos et Protis, allèrent trouver le roi pour lui demander l'autorisation de fonder une ville.

Le roi préparait alors les noces de sa fille Gyptis. Selon la coutume, il devait la donner en mariage à l'homme qu'elle choisirait durant le banquet. Le roi y invita les voyageurs. Lorsqu'il demanda à sa fille d'offrir de l'eau à celui qu'elle voulait pour mari, Gyptis présenta l'eau à Protis. Celui-ci devint donc le gendre du roi et reçut en cadeau un emplacement pour bâtir une ville. Marseille fut donc construite près de l'embouchure du Rhône.

D'après Justin (IIe siècle), *Histoire-Géographie CE2*, Hatier 1999.

1 Combien de personnages sont présentés dans ce texte ? De combien de personnages connais-tu les noms ?

2 Qui Gyptis a-t-elle épousé ?

3 Quel fleuve arrose Marseille ?

4 D'où venaient les navigateurs qui ont fondé Marseille ?

AUJOURD'HUI

J'ai appris :
– à distinguer le nom commun et le nom propre ;
– à accorder le verbe avec le nom propre qui le commande.

Exercices d'écriture

1 Écrire un acrostiche

Pour fabriquer un acrostiche :
– on écrit un mot verticalement ;
– chaque lettre de ce mot devient l'initiale d'un autre mot.
Le mot de départ donne son thème à l'acrostiche.

Lutins
Imaginer
Vampires
Roman
Epreuves

- **Observe cet acrostiche. Quel est le mot de départ ?**

a) **Avec ce même mot de départ, écris un autre acrostiche.**

b) **Écris un acrostiche avec ton prénom. Choisis des mots que tu aimes.**

2 Écrire à la manière de… (1)

L'arbre

Perdu au milieu de la ville,
L'arbre tout seul, à quoi sert-il ?
Les parkings, c'est pour stationner.
Les camions, pour s'embouteiller.
Les motos, pour pétarader.
Les vélos, pour se faufiler.
L'arbre tout seul, à quoi sert-il ?
Les télés, c'est pour regarder.
Les transistors pour écouter.
Les murs pour la publicité.
Les magasins pour acheter.
L'arbre tout seul, à quoi sert-il ?
Les maisons, c'est pour habiter.
Les bétons pour embêtonner.
Les néons pour illuminer.
Les feux rouges pour traverser.
L'arbre tout seul, à quoi sert-il ?
Les ascenseurs, c'est pour grimper.
Les présidents pour présider.
Les montres pour se dépêcher.
Les mercredis pour s'amuser.
L'arbre tout seul, à quoi sert-il ?
Il suffit de le demander
À l'oiseau qui chante à la cime.

© Jacques Charpentreau,
La Ville enchantée, 1976.

- **Étudie ce poème. Comment est-il composé ?**
- **À ton tour, écris un poème à la manière de Jacques Charpentreau.**

Chantier d'écriture

Développer des épisodes d'un texte narratif (2)

- **Reprends l'écriture de tes deux épisodes.**

Pour chaque épisode :
– as-tu présenté l'endroit où il se déroule ?
– as-tu décrit les personnages ?
– les fais-tu parler entre eux et se parler à eux-mêmes ?
– racontes-tu bien ce qu'ils font, ce qui arrive ?

COLLECTIF

D'un texte à l'autre

Le Camargue,
crinière au vent

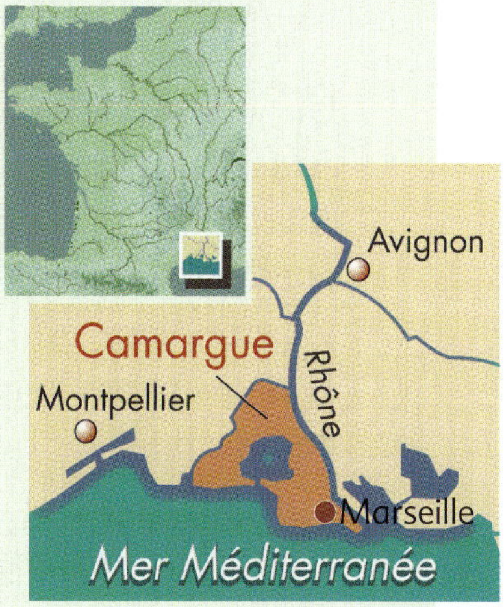

Le cheval de Camargue passe sa vie en semi-liberté dans des terrains marécageux et salés du sud de la France. Très résistant, il ne craint pas l'humidité, le vent, le froid, ni les grosses chaleurs.

Le cheval de Camargue n'a ni écurie ni avoine. Il doit donc parcourir, en toutes saisons, de grandes distances pour trouver sa nourriture.

Les pieds dans la boue

En ce matin d'octobre, après une nuit sous la pluie, un cheval de Camargue s'avance dans les marais. Ses pas s'enfoncent dans le sol détrempé. Mais ses larges sabots lui assurent un bon équilibre. Il se penche pour boire. Il aspire l'eau de pluie en surface pour ne pas avaler de boue.

Du sel sur la langue

Le cheval broute quelques hautes graminées desséchées par le vent. L'intérieur de sa bouche, couverte de solides muqueuses, résiste aux végétaux coriaces et salés par les embruns.

En 1953, le cheval de Camargue devient célèbre grâce au film « Crin Blanc » d'Albert Lamorisse.

Ce film raconte l'amitié d'un petit pêcheur pour un grand étalon sauvage.

QUI SERA LE CHEF DE LA MANADE ?

Ce cheval retrousse sa lèvre supérieure pour flairer les odeurs particulières émises par la femelle.

Un autre mâle tente de s'approcher. Le mâle dominant essaie de l'intimider par des mimiques et des hennissements.

Les menaces n'ont pas dissuadé son adversaire, l'étalon passe donc à l'attaque. Sa ruade peut causer de graves blessures.

Nathalie Tordjman, *Images Doc*, n° 178, octobre 2003 © Bayard Jeunesse.

• À l'aide de ces documents, imagine la vie de Crin Blanc.

Maradja et la pierre précieuse (EXTRAIT)

MARADJA est le roi d'un pays tout petit, mais très beau et très chaud.
Un jour qu'il se promène, il aperçoit une pierre verte qui brille et étincelle parmi les cailloux du chemin.
Aussitôt, il se penche et il la ramasse ; mais elle est si belle que Maradja dit :
– Cette pierre est bien trop belle pour moi.
Je ne peux pas la garder, je vais l'offrir à quelqu'un de plus puissant que moi.

En entendant cela, l'éléphant barrit :
– Regarde, Maradja, comme je suis plus puissant que toi.
Et levant lentement sa grosse patte carrée, il l'appuie contre le tronc d'un arbre qui craque, s'arrache et s'effondre.
– En effet, dit Maradja, tu es plus puissant que moi et je vais te donner ma pierre.

Mais, d'un seul bond, le tigre saute près d'eux et rugit :
– Tu le vois, Maradja, le plus puissant, c'est moi, il suffit que j'arrive pour que le gros éléphant s'en aille, il a peur de moi, de mes yeux jaunes, de mes dents et de mes griffes, c'est à moi que tu dois donner la pierre.

Chantal De Marolles, *Maradja et la pierre précieuse*,
Belles histoires de Pomme d'Api n°53, 1977.

COLLECTIF

Observe le texte pour mieux le comprendre

1 Qui sont les personnages de cette histoire ?

2 a) Choisis une couleur pour chaque personnage et surligne très exactement ce que chacun dit.
b) Sépare les phrases par un double trait.

3 Observe les surlignements, les séparations des phrases, la ponctuation. Que remarques-tu ?

QUAND J'ÉCRIRAI

- Je penserai que je peux faire parler mes personnages :
  – pour annoncer leurs paroles, j'utilise les deux points (:)
  – pour introduire ce qu'ils disent, j'utilise le tiret (–).

Mémorise l'orthographe

LES MOTS DU TEXTE

4 Recopie les mots du texte que tu trouves difficiles à écrire.

5 Recopie ces mots invariables et entraîne-toi à les écrire.
parmi – bien – si – trop – plus que – cela – en effet – près

Voici une nouvelle règle pour le pluriel des noms.

Les noms qui se terminent par **ou** au singulier s'écrivent avec un **s** au pluriel :
un sou – des sous

Il y a seulement sept noms qui s'écrivent avec un **x** au pluriel :
un caillou – des cailloux

6 Pour retenir ces noms,
a) apprends le début du poème de Robert Desnos :

Ce sont les mères des **hiboux**
Qui désiraient chercher les **poux**
De leurs enfants, leurs petits **choux**,
En les tenant sur les **genoux**.

Leurs yeux d'or valent des **bijoux**,
Leur bec est dur comme **cailloux**,
Ils sont doux comme des **joujoux**,
Mais aux hiboux point de **genoux** !

Robert Desnos, *Les hiboux* in *Chantefables et Chantefleurs* © Gründ.

b) écris ces sept noms au singulier.

COLLECTIF

LES SONS ET LEURS ÉCRITURES

7 Recopie six mots du texte qui contiennent le son [ɛ] comme dans *très*.
Encadre les lettres qui servent à écrire ce son : *très*.

8 Classe ces mots dans les tableaux.
a) adresse – assiette – baleine – billet – bouteille – cher – colère – complet
elle – escargot – espace – être – fillette – flèche – forêt – fourchette – guerre
juillet – lettre – lumière – même – mère – mètre – nouvelle – oreille – peine
problème – règle – reine – rêve – richesse – rivière – robinet – tempête
terminer – terrible – tristesse – verre – verser – violet

	è	ê	et	e(ll)	e(nn)	e(r)	e(rr)	e(ss)	e(tt)	ei	je retiens aussi
[ɛ]	…	…	…	…	…	…	…	…	…	…	l'herbe – très près

b) aide – aile – chaise – crayon – français – laine – lait – maire – mauvais
palais – parfait – payer – pays – saison – vrai

	ai	ais	ait	ay	je retiens aussi
[ɛ]	…	…	…	…	laid – la craie la paix – le maître

9 Classe les mots de l'exercice 7 dans ces tableaux.

LA CHAÎNE DES ACCORDS : LA RELATION NOMBRE

Les pronoms personnels de 3e personne dans le texte

Souviens-toi

1 Recopie ce texte. Termine la bulle des pronoms personnels de conjugaison.

Maradja est le roi d'un pays tout petit, mais très beau et très chaud.
Un jour qu'il○ se promène, il○ aperçoit une pierre verte qui brille et étincelle parmi les cailloux du chemin.
Aussitôt, il○ se penche et il○ la ramasse ; mais elle○ est si belle que Maradja dit :
– Cette pierre est bien trop belle pour moi.

COLLECTIF

Observe, réfléchis, essaie, discute

2 Lis le texte. Chaque fois que tu lis *il*, demande-toi : « qui est *il* ? ».
Explique tes réponses.

– Vous n'allez pas en classe ici ?
– Quelle idée ! Nous avons nos animaux.
– Vous êtes combien ?
– Nous sommes dix frères, pour l'instant. Voici les autres qui arrivent. Je suis Léon, j'ai un cheval, il nous apprend l'arithmétique. Voici Claude, il a un corbeau, il nous apprend la géographie. Voici Eugène, il a un castor, il nous apprend l'architecture. Voici Pierrot, il a un perroquet, il nous apprend la musique. Voici Gabriel, il a un renard, il nous apprend l'agriculture. Voici Barnabé, il a un lézard, il nous apprend le dessin. Voici Nicolas, il a un écureuil, il nous apprend la gymnastique. Voici Clotaire, il a un pingouin, il nous apprend l'histoire universelle. Voici Gilbert, il a un phoque, il nous apprend la natation. Voici Auguste, il a un essaim d'abeilles, elles nous apprennent la géométrie.

M. Butor, *Les petits miroirs*, DR.

Dans la dernière phrase, qui est *elles* ?

N'OUBLIE PAS

- **Quand on parle, on ne répète pas les mêmes noms plusieurs fois : on les reprend avec les pronoms personnels de 3e personne.**
- **Quand on écrit, on doit penser à faire pareil.**

Exerce-toi

3 Complète avec le pronom personnel de 3e personne qui convient.

De toutes les histoires que la grand-mère a racontées, celle que Brigitte préfère, qu'… aurait voulu vivre, celle qu'… s'est fait répéter déjà plusieurs fois, c'est l'histoire du martinet.

… était comme mort sur le chemin lorsque grand-mère l'avait ramassé. Or, comme grand-mère sait tout, … savait bien que le martinet a de courtes pattes entre ses longues ailes. Aussi, lorsque blessé, … tombe au sol, … manque de points d'appui et ne peut plus repartir. La grand-mère n'avait pas hésité ; rassemblant toutes ses forces, … avait lancé l'oiseau le plus haut possible et … avait assisté à cette magie : retrouvant le ciel, le martinet avait ouvert ses ailes ; … était reparti vers la vie.

G. Coulonges, *La grand-mère aux oiseaux*, DR.

4 *Voici un texte sans ses pronoms personnels de 3e personne. Bien sûr, son auteur, Marcel Aymé, ne l'a pas écrit comme cela !*

Quand tu penses qu'un pronom personnel de 3e personne irait mieux qu'un groupe nominal, remplace le groupe nominal.

Caché derrière la haie, le loup surveillait patiemment les abords de la maison. Le loup eut enfin la satisfaction de voir les parents sortir de la cuisine. Comme les parents étaient sur le seuil de la porte, les parents firent une dernière recommandation.

– Souvenez-vous, disaient les parents, de n'ouvrir la porte à personne, qu'on vous prie ou qu'on vous menace. Nous serons rentrés à la nuit.

Lorsque le loup vit les parents bien loin, au dernier tournant du sentier, le loup fit le tour de la maison en boitant d'une patte, mais les portes étaient bien fermées. Du côté des cochons et des vaches, le loup n'avait rien à espérer. Ces espèces n'ont pas assez d'esprit pour qu'on puisse les persuader de se laisser manger. Alors, le loup s'arrêta devant la cuisine, posa ses pattes sur le rebord de la fenêtre, et regarda l'intérieur du logis.

Delphine et Marinette jouaient aux osselets devant le fourneau.

Marcel Aymé, « Le loup » in *Contes du chat perché* © Éditions Gallimard.

Contrôle ton texte : relis-le entièrement avec tes modifications. Pour vérifier, et savoir la suite, lis le conte de Marcel Aymé.

AUJOURD'HUI

- **J'ai mieux compris comment on utilise les pronoms dans un texte.**

LA CHAÎNE DES ACCORDS : LA RELATION NOMBRE

Les pronoms personnels de conjugaison je et tu

Souviens-toi

1 Écris, dans l'ordre du texte, l'infinitif des verbes conjugués.

Un bon conducteur roule sur la file de droite. Il respecte les limitations de vitesse, il ralentit à l'entrée des villes et des villages. Il s'arrête aux feux rouges et devant les passages pour piétons. Il est patient dans les embouteillages.

N'OUBLIE PAS

- **Pour trouver l'infinitif d'un verbe conjugué, tu peux t'aider d'un mot ou d'une expression qui introduit l'infinitif. C'est très facile avec *je peux, il faut…***

COLLECTIF Observe, réfléchis, essaie, discute

Maradja dit :
– Cette pierre est bien trop belle pour moi. Je ne peux pas la garder, je vais l'offrir à quelqu'un de plus puissant que moi.
En entendant cela, l'éléphant barrit :
– Regarde, Maradja, comme je suis plus puissant que toi.
Et levant lentement sa grosse patte carrée, il l'appuie contre le tronc d'un arbre qui craque, s'arrache et s'effondre.
– En effet, dit Maradja, tu es plus puissant que moi et je vais te donner ma pierre.
Mais, d'un seul bond, le tigre saute près d'eux et rugit :
– Tu le vois, Maradja, le plus puissant, c'est moi.

2 Surligne les phrases qui contiennent les mots *je* et *tu*. Que remarques-tu ?

3 Discute avec tes camarades : quand utilise-t-on les mots *je* et *tu* ?

4 Recopie dans les tableaux les verbes du texte conjugués avec *je* et *tu*.

je peux	tu peux	pouvoir
je …	tu …	…

je …	tu vas	…
je vois	tu …	…

LIS LA DÉFINITION

***Je* et *tu* sont des pronoms.** Ils commandent l'écriture du verbe au singulier.

– ***Je*** est le **pronom personnel de conjugaison de 1re personne du singulier.**
– ***Tu*** est le **pronom personnel de conjugaison de 2e personne du singulier.**

(À SUIVRE)

5 Écris tous les pronoms personnels de conjugaison que tu connais maintenant.

Exerce-toi

6 **Marc et Anne discutent. Écris à chaque ligne le nom de l'enfant qui parle.**

… – Tu as fini ton puzzle ?
… – Non, je n'y arrive pas.
… – Je vais t'aider. Tiens, j'ai trouvé un morceau qui va au bord.
… – Tu me le donnes ? Je vais le mettre.
… – Tu en veux un autre ? J'ai trouvé la cheminée de la maison. Je vais vite.

Compare ton travail avec celui de tes camarades.

COLLECTIF

Utilise tes connaissances pour étudier ce texte

Transforme cet extrait du *Petit Prince* en un dialogue de théâtre.

– Bonjour, dit le renard.
– Bonjour, répondit poliment le petit prince, qui se retourna mais ne vit rien.
– Je suis là, dit la voix, sous le pommier…
– Qui es-tu ? dit le petit prince. Tu es bien joli…
– Je suis un renard, dit le renard.
– Viens jouer avec moi, lui proposa le petit prince. Je suis tellement triste…
– Je ne puis pas jouer avec toi, dit le renard. Je ne suis pas apprivoisé.
– Ah ! pardon, fit le petit prince.
Mais, après réflexion, il ajouta :
– Qu'est-ce que signifie « apprivoiser » ?
– Tu n'es pas d'ici, dit le renard, que cherches-tu ?
– Je cherche les hommes, dit le petit prince. Qu'est-ce que signifie « apprivoiser » ?
– Les hommes, dit le renard, ils ont des fusils et ils chassent. C'est bien gênant ! Ils élèvent aussi des poules. C'est leur seul intérêt. Tu cherches des poules ?
– Non, dit le petit prince. Je cherche des amis. Qu'est-ce que signifie « apprivoiser » ?
– C'est une chose trop oubliée, dit le renard. Ça signifie « créer des liens ».

Antoine de Saint-Exupery, *Le Petit Prince* © Éditions Gallimard.

a) Supprime tout ce que vous ne direz pas en jouant la scène.
– Bonjour, ~~dit le renard~~.

b) Recopie le dialogue. Écris à chaque fois le nom du personnage qui parle.
Le Renard : Bonjour.
Le Petit Prince : Bonjour.

c) Utilise les parties du texte que tu as supprimées pour bien jouer la scène.

AUJOURD'HUI

J'ai compris que :
– ***je***, **c'est toujours la personne qui parle,**
– ***tu***, **c'est toujours la personne à qui on parle.**

Les familles de mots (1) : verbes et noms

Souviens-toi

1 Range dans l'ordre alphabétique.
charger – piloter – pilotage – augmenter – chargement – augmentation

Observe, réfléchis, essaie, discute

COLLECTIF

2 Dans chaque article, recopie la phrase qui indique le cri de l'animal.
Puis encadre le verbe de la phrase.

CHAT : petit mammifère carnassier souvent domestique. Le chat miaule (le miaulement).

Avoir un chat dans la gorge : être enroué.
Donner sa langue au chat : renoncer à trouver la solution.

POULE : volaille élevée pour ses œufs. La poule glousse et caquète (le gloussement et le caquètement).

Avoir la chair de poule : avoir des frissons.
Être une poule mouillée : être peureux.

CHEVAL : grand mammifère domestique. Le cheval hennit (le hennissement).

Une fièvre de cheval : une grosse fièvre.

RENARD : mammifère carnivore vivant dans les champs et les forêts. Le renard glapit (le glapissement).

Rusé comme un renard : malin.

LOUP : mammifère carnivore à pelage gris jaunâtre, vivant dans les forêts. Le loup hurle (le hurlement).

Être connu comme le loup blanc : être connu de tout le monde.
Se jeter dans la gueule du loup : s'exposer à un danger.

MOUTON : mammifère herbivore couvert d'une toison de laine. Le mouton bêle (le bêlement).

Revenons à nos moutons : revenons à notre discussion.

3 Complète les tableaux.

	le nom du cri	l'infinitif du verbe
le chat	le miaulement	miauler
la poule	...	...
le cheval	...	...

	le nom du cri	l'infinitif du verbe
le renard	...	...
le loup	...	...
le mouton	...	...

4 **Pour trouver le nom qui manque, sers-toi du verbe à l'infinitif.**

1. Pour arroser le jardin, on a besoin d'un tuyau d' ….
2. On va lancer la fusée demain. Elle est déjà sur sa rampe de ….
3. On va construire un immeuble dans la rue. La … durera un an.
4. Quand il y a match nul il faut prolonger la partie. On joue les ….
5. Un tableau d'… sert à afficher.

5 **Pour trouver le verbe à l'infinitif qui manque, sers-toi du nom.**

dépassement interdit

passage d'animaux sauvages

stationnement interdit

1. Il est interdit de …. 2. Des animaux sauvages risquent de …. 3. Il est interdit de ….

LIS LA DÉFINITION

- À partir d'un verbe, on peut souvent former un nom.
On dit alors que ce nom est dérivé du verbe.
- **Le verbe et le nom dérivé appartiennent à la même famille de mots.**

(À SUIVRE)

Exerce-toi

6 **Complète. Vérifie avec ton dictionnaire.**

1. Le merle siffle.
L'infinitif du verbe : … → le nom du cri : ….
2. Le lion rugit.
L'infinitif du verbe : … → le nom du cri : ….
3. Le lapin couine.
L'infinitif du verbe : … → le nom du cri : ….

7 **Écris l'infinitif à partir duquel le nom en gras est dérivé.**

1. Notre voiture a été accidentée.
Les **réparations** vont coûter cher.
2. Avant de réaliser le **tournage** d'un film, on fait le **repérage** des lieux.
3. La météo annonce un **changement** de temps pour demain.
4. J'aimerais bien changer la **décoration** de ma chambre.
5. Dans une bibliothèque, le **rangement** des livres, c'est très important.
6. Dans une machine à laver il y a trois programmes : le **lavage**, le **rinçage** et l'**essorage**.

AUJOURD'HUI

J'ai appris qu'il y a des noms formés à partir de verbes.

Exercices d'écriture

Éric Sablé/Ginette Hoffmann, *Un ami pour la vie* © Bayard Poche.

1 Écrire un dialogue

- **Observe l'image. Qui sont les personnages ? Où sont-ils ?**
- **Imagine et écris ce qu'ils peuvent se dire.**
Fais attention à la ponctuation.

2 Rédiger son carnet de lecture (1)

Depuis le début de l'année, tu as déjà lu un livre, ou peut-être même plusieurs.

- **Commence ton carnet de lecture.**

– Indique d'abord le titre du livre et le nom de l'auteur.
– Puis présente les personnages : dis leur nom et qui ils sont.
– Raconte ensuite un passage que tu as aimé. Il faut qu'on puisse comprendre ce qui s'est passé, même si on n'a pas lu le livre.

Ton carnet de lecture t'aidera à te souvenir de tes lectures et à en parler avec tes camarades.

Titre :
Auteur :
Personnages :
Je raconte un passage que j'ai aimé.

Chantier d'écriture

Développer des épisodes d'un texte narratif (3)

- **C'est la fin du chantier d'écriture. Relis ce que tu as écrit.**
Demande-toi si tu peux encore l'améliorer :
– As-tu donné un nom à ton héros ?
– As-tu utilisé les pronoms de 3e personne pour éviter de te répéter ?
– Si tu fais parler tes personnages, as-tu vérifié la ponctuation ?
- **Recopie ton texte, et illustre-le si tu en as envie.**

COLLECTIF

D'un texte à l'autre

L'estomac

PAR UNE BELLE ET FROIDE NUIT D'HIVER, la lune se pavanait dans le ciel, toute ronde et éclatante. Elle disait aux étoiles qui voulaient bien l'entendre :
– Regardez comme je suis la plus grande et la plus belle, plus grande même que l'astre du jour.
Un tout petit lac, perdu au milieu des immensités, l'entendit :
– Pas du tout ! Mais pas du tout ! répliqua-t-il. Regarde-moi et tu verras qui est le plus grand !
La lune se pencha et alla se refléter dans les eaux dormantes.
– Tu vois bien que je suis le plus grand, dit le lac. Regarde, je te contiens tout entière.

Leur dispute fit grand bruit et réveilla une petite souris qui sommeillait sur la rive. Elle ouvrit l'œil, regarda la lune et le lac, et s'exclama :
– Le plus grand de tous, c'est mon œil, puisqu'il contient à la fois le lac, la lune et toutes les étoiles du ciel.
Mais un oiseau de nuit qui rôdait dans les parages aperçut la petite souris. Il plongea sur elle et l'avala.
– Moi seul sais bien qui est le plus grand de tous : c'est mon estomac… car il contient à la fois la souris, son œil, le lac, la lune et toutes les étoiles du ciel.

D'après un conte inuit, M. Piquemal, *Les Philo-fables* © Albin Michel.

- Quelles ressemblances y a-t-il entre ce conte et l'histoire de *Maradja et la pierre précieuse*, page 48 ?
- Inspire-toi de ce conte : imagine une fin pour l'histoire de Maradja.

Les ours blancs

Nous sommes en juillet. Cette mère enseigne à ses deux petits comment chasser. Normalement les oursons aiment jouer et ne restent pas tranquilles une minute ; mais la mère leur a fait comprendre qu'ils doivent être attentifs quand elle essaie de capturer leur repas. C'est pourquoi ils demeurent immobiles, à une certaine distance, pendant qu'elle se traîne lentement sur la glace, tenant les yeux fixés sur un trou où les phoques viennent respirer. Voyant leur mère aussi tendue, les oursons retiennent leur souffle, par crainte de faire un mouvement brusque.

Soudain, deux narines noires apparaissent, et les oursons entendent respirer un phoque. Puis hop ! La mère se retourne, tenant un gros phoque entre ses solides mâchoires. Les petits, incapables de rester immobiles plus longtemps, accourent vers elle. Ce phoque annelé fera un bon festin pour les ours, qui doivent manger beaucoup afin d'être gras et en bonne santé avant le début de l'hiver.

À la fin du mois d'octobre, la mère s'était construit une tanière. Avec ses dents puissantes, elle a cassé la neige glacée et, par la chaleur de son corps, elle a raffermi et poli la paroi intérieure ; elle a creusé et pressé ainsi jusqu'à construire un abri en forme d'igloo et un tunnel pour y entrer. Quand la première tempête de neige a fermé le tunnel, elle s'est endormie pour se reposer jusqu'à la naissance de ses deux petits, un jour sombre de décembre.

La tempête faisait rage dehors. Bien installée dans sa tanière, elle mit au monde deux oursons gros comme des cobayes. Pour tenir au chaud ses bébés aveugles, sourds et sans poil, elle les serrait entre ses pattes, afin qu'ils se nourrissent de son lait riche, qui favorise une croissance rapide.

En mars, les oursons découvraient leur environnement… Pendant que leur mère fouillait sous la neige pour trouver des plantes, ils faisaient des pirouettes et glissaient sur la neige scintillante…

Errant sur la glace avec leur mère, les oursons passent leur première année à l'observer pour apprendre différentes façons de capturer les phoques. L'été suivant ils commenceront à chasser… Quand la mère saura qu'ils peuvent survivre, vers l'âge de deux ans et demi, elle les quittera. Alors le temps sera venu pour elle de préparer une nouvelle tanière, tandis que ses premiers oursons passeront encore un an ou deux à se promener sur la glace, continuant leur croissance jusqu'au moment de s'accoupler.

COLLECTIF

Observe le texte pour mieux le comprendre

1 À ton avis, on trouve ce texte dans :
1. un livre de contes
2. un livre documentaire
3. un livre de poésie
4. un roman
5. un manuel d'histoire et de géographie

2 Combien la mère ourse a-t-elle eu d'oursons ?

3 À leur naissance, les bébés ours voient-ils leur mère ?

4 À quoi ressemble la tanière ?

5 Que font les oursons pendant leur première année ?

6 Pourquoi les oursons doivent-ils rester immobiles pendant que leur mère chasse ?

7 Fabrique un tableau chronologique en deux colonnes pour situer les moments les plus importants de la vie des oursons et de leur mère.
Pour ce travail, tu dois faire bien attention aux temps des verbes.

Dans cette colonne de gauche, reporte les dates (mois, années).

Dans cette colonne de droite, écris une phrase pour chaque événement.

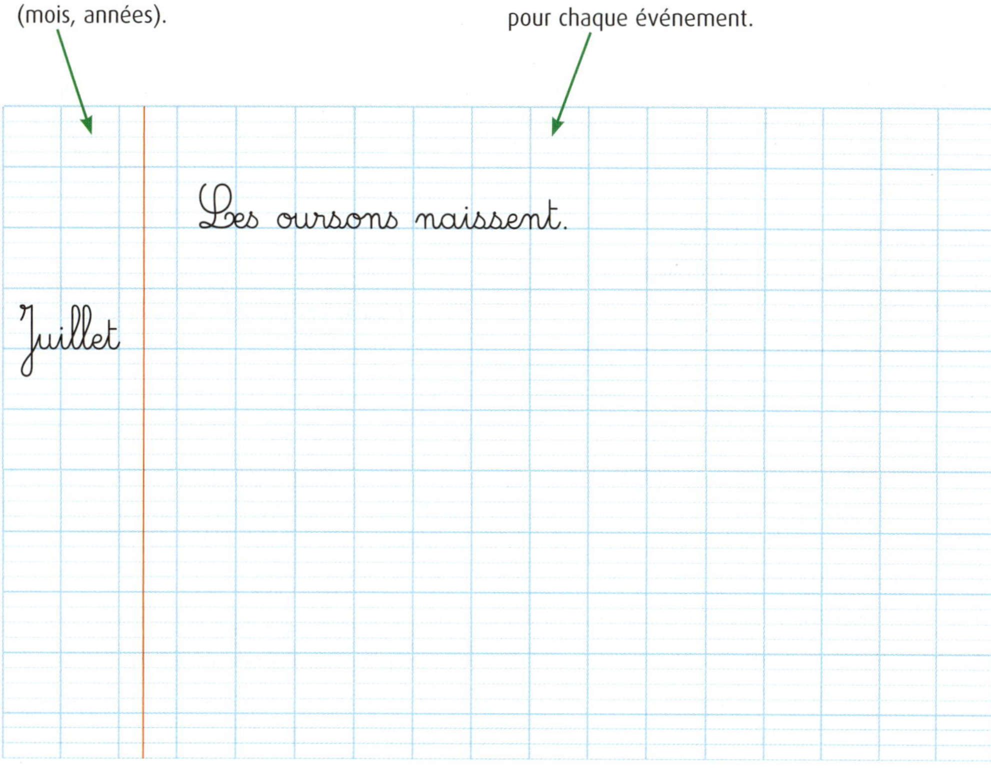

1 **Trace la bulle des groupes nominaux.
Puis écris D sous le déterminant,
N sous le nom.**

trois canards – la tanière – deux oursons
son berceau – quelques billes – des cheveux
cinq agneaux – l'éléphant – quatre pattes

2 **Écris quatre groupes nominaux au singulier et quatre groupes nominaux au pluriel.**

3 **Écris :**
– au pluriel les groupes nominaux qui sont au singulier,
– au singulier les groupes nominaux qui sont au pluriel.
Utilise bien tous les déterminants que tu connais.

ma poupée – une souris – une girafe
quelques chats – des bureaux – l'oreille
aucune feuille – le caillou

4 **Recopie ces groupes nominaux.
Remplis les bulles, quand c'est nécessaire.**

dix table○ – une poupée○ – des chien○
plusieurs caillou○ – des cou○ – une dent○
des hibou○ – mon bateau○ – des fou○
quelques fleur○

5 **Écris au pluriel.**

un autobus – un compas – le roi – un colis –
le mois – un balai

6 **Écris les pronoms personnels de 3ᵉ personne qui conviennent.
Trace leur bulle.**

1. La chatte ferme ses yeux, … ronronne.
2. Les pompiers attaquent le feu ; … sont courageux.
3. L'actrice est sur la scène ; … salue les spectateurs.
4. C'est l'automne. Les arbres sont jaunes. … perdent leurs feuilles.
5. Le cuisinier sort les plats du four ; … fument.
6. Les élèves cherchent la solution du problème ; … est difficile.

7 **Trace toutes les bulles.
Puis écris D sous les déterminants,
N sous les noms, et V sous les verbes.**

1. Le chat miaule.
2. Les tigres rugissent.
3. L'oiseau chante.
4. Mon frère pleure.

8 **Même travail.**

1. Le joueur marque le but. L'arbitre siffle. Le public hurle.
2. La tempête casse les branches des arbres.
3. La nuit, les hiboux chassent les souris.

9 **Même travail.**

1. Le panda mange des bambous.
2. Éric invite ses amis pour son anniversaire.
3. Deux oursons jouent sur la glace.
4. Le facteur distribue les lettres.

10 a) **Remets les mots en ordre et recopie les phrases.
N'oublie pas la majuscule et le point.**

1. courageuse – était – fille – fois – il – petite – très – une – une
2. bois – chercher – dans – de – du – forêt – jour – la – lui – mère – ordonna – sa – un

b) **Continue l'histoire. Écris une troisième phrase et présente-la en désordre, comme les autres : en rangeant les mots dans l'ordre alphabétique.**

1 **Pour chaque phrase, écris si elle indique le passé, le présent ou le futur.**

1. Quand je serai grand, je choisirai mon métier.
2. Le loup mangea les sept chevreaux.
3. Il pleut.
4. Autrefois il y avait des dinosaures sur la Terre.
5. Le chien aboie.
6. Je regarderai le film à la télévision.
7. Le roi Louis XIV habitait à Versailles.
8. L'inspecteur a arrêté le coupable.

2 **Même travail.**

1. Aujourd'hui, papa n'est pas dans un état normal.
2. Hier soir, déjà, penché sur sa table à dessin, ses yeux se fermaient tout seuls.
3. Il a douze illustrations à finir d'urgence.
4. Mais à dix heures hier, il n'a pas eu la force de continuer.
5. Il s'assied sur une chaise.
6. – Je ne me sens pas très bien.
7. – Il faut appeler le docteur.
8. C'est bien la première fois que le docteur viendra chez nous pour papa.
9. – Tu as raison, si je veux finir ces dessins samedi, j'ai besoin d'un remède de cheval, soupire papa en prenant le téléphone.

Catherine Missonnier, *L'homme à la veste à carreaux* © Rageot.

3 **Remplis les bulles et trace les liens.**

1. Florent regard○ à droite et à gauche, puis il○ travers○ la rue.
2. Le vent souffl○ . Il○ amèn○ des nuages.
3. Les gardes escort○ le président. Il○ veill○ sur sa sécurité.
4. J'aime regarder les abeilles quand elle○ butin○ les fleurs.
5. N'énerve pas la chatte, sinon elle○ risqu○ de te griffer !

4 **Choisis la bonne écriture. Trace les bulles pour vérifier.**

1. *commence* ou *commencent* ?
Le film … à 21 heures.
2. *étale* ou *étalent* ?
Les commerçants … leurs marchandises.
3. *regarde* ou *regardent* ?
Mes parents … la télévision.
4. *recherche* ou *recherchent* ?
Le collectionneur … des timbres rares.

5 **Écris l'infinitif des verbes conjugués.**

il rentrait – vous sautez – on avait
je prends – elle est – nous partirons

6 **Recopie les verbes à l'infinitif.**

boucher – un jouet – donner – être
le boucher – j'ai marché – mes souliers
lentement – ranger – jouer – une dictée
partir – rêver – une rangée – nous mangeons

7 **Surligne les verbes. Puis trace leur bulle et écris leur infinitif.**

1. Les marmottes dorment.
2. Le piano est un instrument de musique.
3. Les oiseaux picorent les graines.
4. Les enfants marchent au soleil, ils transpirent.

8 **Qui dit je ? Qui est tu ?**
Écris tes réponses dans l'ordre du texte.

Mes parents sont dans le jardin. Je m'approche d'eux avec mon vélo poussiéreux qui grince à chaque tour de roue.
Quand maman me voit, elle s'exclame :
– Tu as sorti ton vélo, quelle bonne idée !
– Oui, j'aimerais bien que tu m'apprennes.
– Les pneus sont complètement à plat, je vais les regonfler, dit papa.
Tandis qu'il s'active sur ma bicyclette pour la rendre comme neuve, maman attache mon casque.
Je me sens bizarre. Mes mains transpirent. Je crois que j'ai le trac.

Elsa Devernois, *Un pique-nique à vélo* © Rageot.

1 Écris les lettres qui viennent juste avant et juste après dans l'ordre alphabétique.

	F			M			J	
	T			O			R	

2 Recopie dans l'ordre alphabétique.

1. deux – ours – igloo – phoque – tanière
2. oie – lame – oiseau – courage – téléphone

3 Recopie dans l'ordre alphabétique.

1. onze – orage – opéra – otarie – olivier
2. sel – sirop – saumon – soulager – scaphandre

4 Recopie dans l'ordre alphabétique.

1. gant – garde – galon – gauche – gâteau – gazelle
2. bien – bison – bibelot – bicolore – bienvenue

5 Voici les mots-repères de trois pages qui se suivent dans le dictionnaire.

FLAIR	FLÉTRIR
FLEUR	FLOTTE
FLOTTEMENT	FOND

Range les mots suivants dans ces pages :
flûte – flan – flèche – foire – flocon – fleuve folklore.

6 Dans ton dictionnaire, cherche et recopie les mots qui encadrent :
crocus – narcisse – tulipe – primevère

7 Écris la bonne réponse.

tu cherches le mot	tu lis les mots-repères	tu dois chercher
kimono	KÉPI – KOALA	dans ces pages – avant – après
verglas	VENT – VERGER	dans ces pages – avant – après
passerelle	PASTEL – PATIN	dans ces pages – avant – après

8 Écris l'infinitif des verbes qui ont servi à former ces noms. Tu peux utiliser ton dictionnaire.
le ronflement – le miaulement – le dérapage
le dressage – l'adoration – la pollution

9 Écris les noms des bruits qui dérivent de ces verbes.
grincer – claquer – ronronner – siffler

10 Recopie les noms propres.

Pierrot et Claire Delune
ont la joie de vous annoncer
la naissance de
Marie
le 7 septembre 2005
18 rue Pasteur, 34000 Montpellier

11 Mets la majuscule aux noms propres.
Dans la maison de sophie, la chatte musette vient d'avoir des chatons. Ils s'appellent calin, malin et jardin. Ils sont roux comme des petits lions et ils sautent sur la table et les chaises. Hier, madame louet, la boulangère de la rue de paris, leur a apporté des restes de pain sec.

Dans les unités 7 à 12, tu vas apprendre à :

- Reconnaître, utiliser et accorder l'adjectif qualificatif
  Reconnaître le genre des noms et des pronoms de conjugaison
- Classer les verbes dans leur groupe et les conjuguer au présent
- Mieux utiliser le dictionnaire
  Faire attention au contexte pour comprendre précisément le sens des mots
- Mieux contrôler l'écriture des sons [k], [ɔ], [o], [j], [t], [z], [s]

Grâce à ce travail, tu sauras mieux :

- Étudier les textes pour vérifier ce que tu comprends
  Comprendre avec quelle règle un auteur a travaillé, et écrire avec la même règle
- Raconter : développer un récit entier ;
  présenter les personnages ; faire leur portrait ;
  dire ce qu'ils font, ce qu'ils pensent ; les faire parler
  Imaginer à partir des mots
- Dire des textes à haute voix pour les interpréter

Le chacal berné (EXTRAIT)

a – Dis donc, toi là-bas ! Ne m'avais-tu pas promis de revenir me voir pour te faire manger ?

b – Que fais-tu ici ?

c Le chacal se dit que l'idée était bonne de laisser d'abord engraisser son repas, et qu'il était avantageux d'attendre l'année suivante. Aussi laissa-t-il repartir l'agneau.

d – Moi ? Promis ? Je ne me souviens absolument pas d'avoir promis quoi que ce soit de ce genre-là ! De toute façon, à présent, j'ai des cornes.

e Le chacal un jour rencontra un agneau et lui dit :

f – Mon Oncle, tu veux me manger, je le sais. Mais accorde-moi, s'il te plaît, un an pour grandir et grossir. Alors je serai gros et gras, et davantage à ton goût. Je te promets de revenir ici-même, dans un an, jour pour jour.

g L'agneau répondit :

h L'an écoulé, le chacal retrouva son agneau qui broutait sur la ferme, et il le héla :

Jan Knappert, *Fables d'Afrique*, « Castor Poche » © Flammarion.

COLLECTIF Observe le texte pour mieux le comprendre

1 Remets ce texte dans l'ordre. Prépare-toi à justifier l'ordre que tu as choisi. Appuie-toi sur les pronoms personnels de conjugaison, sur les mots qui indiquent le temps et sur le sens du texte !

2 Examine très attentivement le texte. L'agneau a-t-il renié sa promesse ? Échange tes idées avec tes camarades.

3 *Berner*, c'est se moquer de quelqu'un, en le trompant ou en le laissant se tromper. À ton avis, qu'a fait l'agneau ?

4 Combien y a-t-il de personnages dans ce texte ?
Combien faut-il d'élèves pour le lire ?
Répartissez-vous les rôles. Réfléchissez au caractère des personnages.

Mémorise l'orthographe

LES MOTS DU TEXTE

5 Recopie les mots du texte que tu trouves difficiles à écrire.

6 Recopie dans le texte un groupe nominal au singulier, et un au pluriel. Trace les bulles.

7 Recopie dans le texte trois verbes à l'infinitif.

8 Recopie ces mots invariables et entraîne-toi à les écrire.
là-bas – ici – d'abord – absolument – davantage – même

COLLECTIF

LES SONS ET LEURS ÉCRITURES

9 Écris les huit mots du texte qui contiennent le son [k], comme dans *cornes*.
Encadre les lettres qui servent à écrire ce son : *cornes*.

10 Classe les mots que tu as recopiés dans ce tableau.

	c	cc	ch	q	qu	k	je retiens aussi
[k]	…	…	…	…	…	…	un stock – un ticket

11 Classe ces mots dans ton tableau.
Attention : certains mots doivent être écrits dans plusieurs colonnes.
accuser – aucun – bouquet – chacun – chaque – chorale – cinq – cirque – clé
comique – coq – coquille – courir – craquer – crayon – donc – équilibre – escargot
fabriquer – kilo – kilomètre – manquer – occasion – occuper – orchestre – parc
pourquoi – quand – quelquefois – quelqu'un – sec – ski – victime

12 Écris les six mots du texte qui contiennent le son [ɔ], comme dans *cornes*.
Encadre la lettre qui sert à écrire ce son : *cornes*.

13 Classe les mots que tu as recopiés dans ce tableau.

	o	je retiens aussi
[ɔ]	…	le restaurant – l'alcool

14 Recopie ces mots dans ton tableau.
alors – automne – colle – docteur – grotte – homme – honnête – horaire – horreur
nord – ordinaire – possible – récolte – sonner – total – violet

LA CHAÎNE DES ACCORDS : LA RELATION GENRE ET LA RELATION NOMBRE

L'adjectif (1) : masculin et féminin

Souviens-toi

1 Écris au pluriel. Trace la bulle.
un caillou – la pierre – le galet – un pavé – le rocher – une dalle

COLLECTIF Observe, réfléchis, essaie, discute

2 Observe ce que disent les enfants.
Puis, à ton tour, fais des phrases en utilisant *grand* et *grande*.

Quand tu parles, tu ne te trompes pas.
Explique comment on choisit entre *grand* et *grande*.

3 Choisis des groupes nominaux qui conviennent pour compléter les phrases.
1. … est vert. – … est verte. – … sont verts. – … sont vertes.
2. … est curieux. – … est curieuse. – … sont curieux. – … sont curieuses.
3. … est intéressant. – … est intéressante. – … sont intéressants.
… sont intéressantes.

Continue ton observation. Comment as-tu choisi les groupes nominaux ?

4 Trouve plusieurs déterminants qui conviennent pour ces groupes nominaux.
… maison ancienne – … meuble ancien
… bruit léger – … valise légère
… chant joyeux – … chanson joyeuse
… robe longue – … long moment

5 Trace toutes les bulles que tu sais faire.
Le camion est vert.
Les camions verts roulent.
La voiture est verte.
Les voitures vertes roulent.

Il reste des mots qui n'ont pas de bulle et qui se transforment.
Comment comprends-tu leur transformation ?
Échange tes idées avec tes camarades.

LIS LA DÉFINITION

- Tous les noms commandés par les déterminants *le*, *un*, *mon*, etc. sont **masculins**.
- Tous les noms commandés par les déterminants *la*, *une*, *ma*, etc. sont **féminins**.
- Les **adjectifs** sont des mots qui ont deux formes,
– une forme quand ils accompagnent un groupe nominal masculin,
– une autre forme quand ils accompagnent un groupe nominal féminin.

(À SUIVRE)

6 Vérifie : c'est bien le déterminant qui commande !
Les noms sont cachés. Mais tu peux quand même choisir l'adjectif qui convient. On a commencé. Continue.

1. Le ______ est < grande. / grand.
2. J'aime ce ______ < gris. / grise.
3. Ma ______ est < blond. / blonde.
4. La ______ est < forte. / fort.
5. J'ai vu un ______ < savant. / savante.
6. La ______ est < prêt. / prête.

Exerce-toi

7 Complète avec des groupes nominaux.
À chaque fois, trouve trois solutions.

1. … est bon.
2. Je connais … amusantes.
3. … sont froids.
4. … est prête.

8 Recopie les groupes nominaux et surligne les adjectifs.

1. la haute montagne – le vent glacial
la neige épaisse – des sapins noirs
2. une rue bruyante – la porte ouverte
des murs peints – des haies piquantes
3. un passage secret – une longue journée
des perroquets bavards – des explications précises

9 Recopie les phrases et surligne les adjectifs.

1. La route est étroite.
2. Le sentier est étroit.
3. Le vent violent souffle.
4. La tempête est violente.
5. Le maître raconte une histoire effrayante.
6. La petite souris gourmande grignote des graines.

AUJOURD'HUI

J'ai appris ce qu'est un adjectif : un mot qui accompagne un groupe nominal et qui a deux formes, le masculin et le féminin.

LA CHAÎNE DES ACCORDS : LA RELATION NOMBRE

Les pronoms personnels de conjugaison nous et vous

Souviens-toi

1 **Recopie les verbes avec le pronom personnel de conjugaison qui convient. Puis écris leur infinitif.**

Quand le feu passe au rouge, les voitures s'arrêtent. Les piétons traversent la rue. Au feu vert, les voitures démarrent. Les piétons attendent sur le trottoir.

COLLECTIF Observe, réfléchis, essaie, discute

Quand tu parles, tu sais utiliser nous, vous *et* on.

2 **Observe ces dessins et réponds aux questions.**

a) Qui parle ? b) Qui est **nous** ? c) Qui parle ? d) Qui est **vous** ? Qui est **on** ?

envie de vous rencontrer.

e) Qui écrit ?

f) Dans cette lettre, qui désigne :
- le mot *nous* ? → *Nous*, c'est ....
- le mot *vous* ? → *Vous*, c'est ....
- le mot *on* ? → *On*, c'est ....

Conclus :
Quand utilise-t-on *nous*, *vous*, *on* ?

Chers correspondants,

À l'école, le samedi matin, nous jouons au foot. Nous avons le droit d'utiliser le stade.
Si vous aimez le foot, nous invitons votre classe à faire un match avant les vacances.
On attend votre réponse.

Les Ce2

3 **Surligne tous les verbes des documents de travail de l'activité 2.**

4 Complète avec les verbes que tu as surlignés.

5 Observe l'écriture des verbes. Que remarques-tu ?

nous	vous	on	infinitif
...	jouez	joue	...
...	avez	a	...
cherchons	cherchez	...	...
aimons	...	aime	...
...	invitez	invite	...
attendons	attendez	...	...
connaissons	...	connaît	...

LIS LA DÉFINITION

- ***Nous*** et ***vous*** commandent l'écriture du verbe au pluriel.

– *Nous* est le pronom personnel de conjugaison de 1re personne.
Avec ***nous***, il y a presque toujours ***-ons*** à la fin du verbe : nous regardons.

– *Vous* est le pronom personnel de conjugaison de 2e personne.
Avec ***vous***, il y a presque toujours ***-ez*** à la fin du verbe : vous aimez.

- ***On*** commande le verbe à la troisième personne du singulier, comme ***il*** ou ***elle*** : on regarde.

(À SUIVRE)

6 Tu connais maintenant tous les pronoms personnels de conjugaison. Écris-les.

Exerce-toi

7 Relève les pronoms personnels de conjugaison. Pour chacun, écris qui il désigne.

Quel bonheur d'enfoncer les pieds dans la neige ! Je ne résiste pas au plaisir de la goûter. Brrr ! Toujours aussi froide.
– Eh, Marion, regarde ! s'écrie Nicolas.
Il écarte les bras et se laisse tomber en arrière. Puis il se relève avec précaution.
– Tu as vu ? Je suis le roi de l'empreinte !
En guise de réponse, je lui lance une boule de neige. Il réplique aussitôt. Je me lance à sa poursuite quand Valériane arrive.
– Vous avez commencé sans moi ! s'exclame-t-elle en se mêlant à la bataille sans attendre.
Un quart d'heure plus tard, rouge et essoufflée, je propose :
– On commence un bonhomme de neige ?
– Hou hou, Marion !
Maxime, notre voisin, m'appelle depuis la fenêtre de sa chambre. Il se déplace en fauteuil roulant parce qu'il a les jambes paralysées. Maxime a emménagé à côté de chez nous à la rentrée scolaire et nous sommes vite devenus amis.

J.-M. Mulot, *Maxime des neiges* © Rageot.

AUJOURD'HUI

Je connais tous les pronoms personnels de conjugaison. Ils commandent le verbe et ils le font varier.

Les familles de mots (2)

Souviens-toi

1 **Écris l'infinitif à partir duquel le nom en gras est dérivé.**

1. Pour que notre pièce soit au point, il nous faut encore plusieurs **répétitions**.
2. Je ne me suis pas réveillée ce matin, la **sonnerie** du réveil n'a pas fonctionné !
3. La **construction** de cette maquette nécessite l'**assemblage** de mille pièces.

COLLECTIF Observe, réfléchis, essaie, discute

2 **Tous les mots de chaque série font partie d'une même famille.
Lis leur définition et explique pourquoi ils appartiennent à la même famille.**

tousser : avoir un accès de toux.
toussotement : petite toux.
toussoter : tousser d'une petite toux, peu bruyante.
toux : expulsion brusque et bruyante de l'air due à une irritation des voies respiratoires.

souple : qu'on peut plier facilement sans casser.
souplesse : propriété de ce qui est souple.
assouplir : rendre souple.

cuire : faire chauffer un aliment pour le rendre mangeable.
cuisine : pièce dans laquelle on prépare et fait cuire les aliments.
cuisson : action de cuire.
cuisinière : appareil de cuisine qui sert à cuire les aliments.

Pour chaque famille, quel est le mot à partir duquel les autres mots sont formés ?

3 **Complète ces phrases. Tous les mots appartiennent à la famille de *voir*.**

1. De notre balcon nous avons une belle … sur le parc.
2. Sur notre poste de … nous recevons toutes les chaînes.
3. Par temps de brouillard, la … sur la route est très réduite.
4. Le … d'essence clignote : attention à la panne !

4 **Trouve les mots qui correspondent à ces définitions.
Ils font tous partie de la famille de *jour*.**

1. Publication consacrée à l'actualité qui paraît chaque jour.
2. Partie du jour qui s'écoule entre le lever et le coucher du soleil.
3. Tout le temps, tous les jours.
4. Mot que l'on dit chaque jour pour saluer.

5 **Conclus : comment sont formées les familles de mots ?**

LIS LA DÉFINITION

Tous les mots dérivés d'un même **mot de base** forment une **famille de mots**.

Exerce-toi

6 Dans chaque famille de mots, quel est le mot de base ?

1. barrage – barre – barreau – barrette – barrière
2. contraire – contrarier – contraste – contre – rencontrer
3. désigner – insigne – signalement – signaler – signalisation – signature – signe – signer

7 Trouve un nom dérivé à partir de chaque adjectif.

long – fragile – frais – responsable – rouge

8 Trouve un verbe dans la famille de chaque nom.

l'arme – le fil – une lance – le choc – un pli une roue – le clou

9 Trouve un nom dans la famille de chaque verbe.

guérir – opérer – peindre – travailler – venger

10 À quel mot de leur famille peux-tu penser pour écrire sans fautes les mots suivants :

confort – tas – bavard – dos – respect

COLLECTIF

Utilise tes connaissances pour étudier ce texte

MANIÈRES DE RANGER LES LIVRES

classement alphabétique
classement par continents ou par pays
classement par couleurs
classement par date d'acquisition
classement par date de parution
classement par formats
classement par genres
classement par grandes périodes littéraires
classement par langues
classement par priorité de lecture
classement par reliures
classement par séries

G. Perec, *Penser/Classer* © Hachette.

1 De quelle manière Georges Perec a-t-il classé les *Manières de ranger les livres ?*

2 Invente un autre classement. Où se placerait-il dans la liste de Perec ?

AUJOURD'HUI

J'ai appris ce qu'est une famille de mots.

Exercice d'écriture

Dégager une règle d'écriture et la respecter

• Lis ce début de poème.
Comment est-il construit ?

Tourner comme un manège,
Sauter comme le kangourou,
Rougir comme une tomate,

• Continue avec d'autres verbes (par exemple *chanter, flotter, pleurer, dormir, courir, rire, rêver,* etc.).
Puis imagine une phrase pour conclure ton poème.

Chantier d'écriture

Écrire un récit à partir d'une image (1)

• À partir de cette image, on peut inventer beaucoup d'histoires ! Imagines-en une.

Pour commencer à imaginer, observe bien la scène.
Qui sont les personnages ?
Où se trouvent-ils ?
Que se passe-t-il ?
Utilise bien tous les détails de l'image.
Tu as trois semaines pour faire ce travail.

Merghen et ses amis, Conte populaire nanaï, DR.

COLLECTIF

D'un texte à l'autre

Les trois boucs

IL ÉTAIT une fois trois boucs. Le plus petit c'était Poilu, le moyen c'était Velu et le plus grand c'était Barbu.
Et voilà qu'un jour, ils sont partis pour la montagne.
La montagne où l'herbe est très, très haute et bien meilleure qu'ailleurs. Seulement voilà : pour arriver là, ils devaient franchir un torrent, pour franchir ce torrent, passer un pont de bois... et sous ce pont de bois vivait un troll. Le plus horrible des trolls ! [...] et ceux qui passaient sur le pont, il les mangeait tout crus.
Quand les trois boucs ont vu le pont, Barbu s'est arrêté, puis il a dit :
– Attention ! Il y a du danger là-dessous ; je vais vous expliquer ce qu'il faut faire, écoutez bien...
Les deux autres ont écouté bien comme il faut, et voilà Poilu qui s'avance tout seul sur le pont : trip, trap, trip, trap...
– Holà ! dit le troll, qui trotte et sabote sur mon pont de bois ?
– C'est Poilu, le petit bouc, je vais dans la montagne où l'herbe est tellement bonne...
– Ça m'étonnerait beaucoup, parce que je vais te manger !
– Non, Troll, ne me mange pas ! je suis tout maigrichon. Attends plutôt mon frère qui vient derrière, celui-là est gros et gras.
– Si c'est comme ça, dit le troll, passe ton chemin, je préfère manger ton frère.
Et voilà Velu qui s'avance tout seul sur le pont : trip, trop, trip, trop...
– Holà ! dit le troll, qui trotte et sabote sur mon pont de bois ?
– C'est Velu, le frère de Poilu, dit le moyen bouc, je vais dans la montagne où l'herbe est tellement bonne...
– Ça m'étonnerait beaucoup, parce que je vais te manger !
– Non, Troll, ne me mange pas ! je ne fais pas encore le poids. Attends plutôt mon frère qui vient derrière, celui-là est gros et gras.
– Si c'est comme ça, dit le troll, passe ton chemin, toi aussi ; je préfère manger ton frère.
Et voilà Barbu qui s'avance tout seul sur le pont : trip, troup, trip, troup !...
– Holà !, dit le troll, qui trotte et sabote sur mon pont de bois ?
– C'est Barbu, le frère de Velu, dit le grand bouc, je vais dans la montagne où l'herbe est tellement bonne...
– Ça m'étonnerait beaucoup, parce que je vais te manger !
– Vilain Troll, dit Barbu, si c'est là ton idée, approche toujours, on verra bien.
Le troll en colère monte sur le pont, mais Barbu n'est pas la moitié d'un bouc : il fonce les cornes en avant, perce le ventre du troll, et d'un grand coup de sabots, il le balance dans l'eau, plouf !
Puis Barbu a rejoint Poilu et Velu sur l'autre bord, ils sont allés dans la montagne où l'herbe est tellement bonne, ils en ont tant brouté qu'ils sont devenus gros et gras...
Et si depuis leur gras n'a pas fondu, ils sont toujours aussi dodus.

J.-L. Le Craver, ill. R. Saillard, *Les trois boucs*, conte norvégien © Didier jeunesse.

- Compare ce conte avec celui du chacal berné, page 64.

UNITÉ 8

ATELIER DE LECTURE

La plus belle main du monde (EXTRAIT)

EN CE TEMPS-LÀ, les noms des personnes étaient empruntés aux objets usuels et élémentaires, ou bien aux détails caractéristiques de la faune, de la flore ou de n'importe quoi. On pouvait s'appeler Tison, Plume, Rameau, Rateau, Aiguille, Cendre, Braise, Épine, Poussière, Lin ou Timbale. Certains de ces noms se sont d'ailleurs conservés mystérieusement jusqu'à nos jours dans les familles. Mais à cette époque il arrivait que l'on en changeât selon les âges de la vie ou les circonstances, si l'on était par exemple fiancé, ou si l'on avait un accident, si l'on faisait fortune, ou encore… Assez sur cette question.

Notre histoire commence dans une haute vallée presque déserte. Sur le bord d'une rivière qui coulait doucement au pied d'une montagne très haute et très longue, s'élevait un village que l'on nommait Aigly, je ne sais pas pourquoi.

André Dhôtel, *La plus belle main du monde* D.R.

COLLECTIF

Observe le texte pour mieux le comprendre

1 Relève tous les noms propres du texte.

2 Que te dit ce texte sur l'origine des noms de famille ?
Que se passe-t-il quand un nom commun devient un nom propre ?

3 Cherche dans ton dictionnaire les noms communs qui correspondent aux noms propres du texte, puis classe-les selon les indications de l'auteur.

objets usuels	faune	flore	n'importe quoi
…	…	…	…

4 a) Ajoute deux noms communs à chaque colonne de ton tableau.
b) Connais-tu des noms propres qui sont aussi des noms communs ? Ajoute-les.

5 « Aigly, je ne sais pas pourquoi », dit André Dhôtel. Et toi, as-tu une idée ? Discute avec tes camarades.

Mémorise l'orthographe

LES MOTS DU TEXTE

6 Recopie les mots du texte que tu trouves difficiles à écrire.

7 Recopie ces mots invariables et entraîne-toi à les écrire.
d'ailleurs – mystérieusement – selon – doucement

Voici une nouvelle règle pour le pluriel des noms.

Les noms qui se terminent par ***-al*** au singulier s'écrivent presque tous ***-aux*** au pluriel.
un animal – des animaux *un cheval – des chevaux*
Tu connais déjà une exception : *le chacal – les chacals*.

(À SUIVRE)

8 a) Écris au pluriel :
le canal – mon journal – un rameau – un râteau – un oiseau

b) Écris au singulier :
les hôpitaux – des signaux – des bocaux – des noyaux

9 Mets le groupe nominal en gras au pluriel. Trace les bulles.
Attention à tout ce qui change !
Le pinceau sèche dans le verre. – **Le local** abrite plusieurs associations.

COLLECTIF

LES SONS ET LEURS ÉCRITURES

10 Recopie les sept mots du texte où tu entends le son [o], comme dans *haute*.
Encadre les lettres qui servent à écrire ce son : *hau*te.

11 Classe les mots que tu as recopiés dans ce tableau.

	o	os	ot	ô	au	eau	je retiens aussi
[o]	…	…	…	…	…	…	trop – bientôt – haut haute – saut – chaud crapaud – aux – faux

12 Classe ces mots dans ton tableau.

abricot – aucun – aujourd'hui – autant – automne – autour – autrefois
beaucoup – bravo – château – chose – côté – domino – dos – drapeau
drôle – eau – escargot – euro – faute – gros – grossir – héros – idiot
manteau – miauler – nouveau – noyau – numéro – oser – ôter – pauvre
peau – pot – repos – robot – sauvage – sauver – stylo – tableau

LA CHAÎNE DES ACCORDS : LA RELATION GENRE ET LA RELATION NOMBRE

L'adjectif (2) : l'accord

Souviens-toi

1 À côté de chaque groupe nominal, écris M pour *masculin*, F pour *féminin*.

le tison – trois plumes – ce rameau – mon râteau – l'eau – des personnes
ma famille – les aiguilles – cette question – nos pieds – un âge – la braise

N'OUBLIE PAS

- Le problème : savoir si un groupe nominal au pluriel est masculin ou féminin.
- La règle : les noms masculins sont commandés par *un*, *le* ;
  les noms féminins sont commandés par *une*, *la*.
- La procédure : je mets le groupe nominal au singulier.
  Si je peux dire *un*, *le*, le nom est masculin.
  Si je peux dire *une*, *la*, le nom est féminin.

COLLECTIF

Observe, réfléchis, essaie, discute

2 Compare les deux textes.
Surligne tout ce qui change.

Autrefois, quand nos arrière-grands-parents voyaient apparaître au loin un petit nuage de fumée, long, blanc, léger, ils savaient que le train arrivait. Ils écoutaient le rythme régulier des roues, ils regardaient les wagons pleins de voyageurs et ils rêvaient de partir, comme eux, vers des régions lointaines.

Autrefois, quand nos arrière-grands-parents voyaient apparaître au loin une petite traînée de fumée, longue, blanche, légère, ils savaient que le train arrivait. Ils écoutaient la chanson régulière des roues, ils regardaient les voitures pleines de voyageurs et ils rêvaient de partir, comme eux, vers des pays lointains.

3 Étudie ce que tu as surligné. Que remarques-tu ?

4 Classe dans ce tableau les adjectifs que tu as surlignés.

	Quand le groupe nominal est			
	masculin singulier	masculin pluriel	féminin singulier	féminin pluriel
j'écris	petit	…	petite	…

5 Avec tes connaissances, tu peux compléter ton tableau.
Écris la forme des adjectifs si l'on dit : des nuages – des traînées
les rythmes – les chansons – un wagon – une voiture – une région – un pays

6 Conclus : comment les adjectifs se transforment-ils ?

GRAMMAIRE

LIS LA DÉFINITION

Les adjectifs qui accompagnent un groupe nominal masculin sont mis au masculin.
Les adjectifs qui accompagnent un groupe nominal féminin sont mis au féminin.

Les adjectifs varient avec le groupe nominal qu'ils accompagnent, au masculin et au féminin, au singulier et au pluriel.

Apprends à inscrire les adjectifs dans la chaîne des accords.

La voiture◯ est vert(e).

1. Il y a **e** dans la bulle de ***verte*** parce que ***verte*** va avec ***la voiture***...
2. et le déterminant de *voiture*, c'est ***la***.

La voiture est un groupe nominal féminin.

→ Dans la bulle de l'adjectif, au féminin et au singulier, il y a toujours un **e**.

Les voiture(s) sont vert(es).

1. Il y a **e** dans la bulle de ***vertes*** parce que ***vertes*** va avec ***les voitures***...
2. et ***la voiture*** est un groupe nominal féminin.
3. Il y a **s** dans la bulle de ***vertes*** parce que ***vertes*** va avec ***les voitures***...
4. et ***les voitures*** est un groupe nominal au pluriel.

→ Dans la bulle de l'adjectif, au féminin et au pluriel, il y a le **e** du féminin et le **s** du pluriel.

Le camion◯ vert◯ roule.

1. La bulle de ***vert*** est vide parce que ***vert*** va avec ***le camion***...
2. et le déterminant de ***camion***, c'est ***le***.

Le camion est un groupe nominal masculin. ***Le*** commande la bulle vide de ***vert***.

→ Au masculin et au singulier, la bulle de l'adjectif est vide.

Les camion(s) vert(s) roulent.

1. Il y a **s** dans la bulle de ***verts*** parce que ***verts*** va avec ***les camions***...
2. et le déterminant de ***camions***, c'est ***les***. ***Les*** commande le pluriel de ***verts***.

→ Dans la bulle de l'adjectif, au masculin et au pluriel, il y a un **s** ou un **x**.

Le pluriel des adjectifs, c'est toujours s ou x, comme le pluriel des noms.

Exerce-toi

7 La bulle de l'adjectif est tracée. Remplis-la.

Pendant la classe◯ vert◯ nous avons fait des activité(s) passionnant◯.

J'avais un poney◯ noir◯ avec des poil(s) très long◯.

AUJOURD'HUI

J'ai appris que, pour accorder un adjectif, il faut se demander :
– est-ce que le nom qu'il accompagne est masculin ou féminin ?
– est-ce que le nom qu'il accompagne est au singulier ou au pluriel ?

LE PRÉSENT DE L'INDICATIF

Le présent des verbes être et avoir

Souviens-toi

1 **Écris l'infinitif des verbes conjugués.**
Les moineaux sont des oiseaux originaires d'Afrique.
On distingue facilement les mâles et les femelles :
les mâles ont une bavette noire sur le cou,
les femelles ont un plumage brun.

COLLECTIF Observe, réfléchis, essaie, discute

2 **Reconnais-tu ces paroles de chansons ?**
Surligne les verbes conjugués, et recopie-les dans la bonne colonne avec le pronom personnel de conjugaison qui convient.

- Je ne suis pas si vilaine avec mes sabots.
- Cadet Rousselle a trois maisons !
- Ils ont des chapeaux ronds, vive la Bretagne !
- Ma chandelle est morte, je n'ai plus de feu.
- Nous sommes les carabiniers.
- Jeune tambour, tu n'es pas assez riche !
- Dans le jardin de mon père, les lilas sont fleuris.
- Mais nous, pauvres canuts, n'avons pas de chemise.
- Qu'as-tu, ma sœur, qu'as-tu donc à pleurer ?
- Fille du roi, vous êtes si jolie !

être	avoir
...	...
...	...
...	...
...	...
...	...
...	...
...	...
...	nous avons
...	...
...	...

3 **Tu peux maintenant compléter le tableau des verbes *être* et *avoir* au présent.**

être			
je	...	nous	...
tu	...	vous	...
il, elle	...	ils, elles	...

avoir			
j'	...	nous	...
tu	...	vous	...
il, elle	...	ils, elles	...

LIS LA RÈGLE

Le verbe ***être*** et le verbe ***avoir*** ont une conjugaison particulière.

On les inscrit entièrement dans la bulle : je suis – j'ai.

4 **Il n'est pas toujours facile de reconnaître les verbes *être* et *avoir*.**
Surligne-les dans les phrases suivantes.

1. C'est un problème.
2. Est-ce que tu sais ta leçon ?
3. Il y a beaucoup de vent.

N'OUBLIE PAS

- *C'est, est-ce que, il y a* sont des expressions que l'on dit et que l'on écrit souvent. Apprends à bien les reconnaître et à bien les écrire.

Exerce-toi

5 Trace les bulles des verbes *être* et *avoir*.

Chers amis,

Nous sommes les élèves de CE2 de l'école Jean Jaurès.

Notre classe est grande. Chaque enfant a une table et on a le droit de déplacer les tables pour travailler en groupe. C'est facile parce qu'elles sont légères. Nous avons aussi des tables en bois, très vieilles et très lourdes. Elles sont juste à côté de la bibliothèque et comme ça, on a un coin lecture dans la classe.

Est-ce que vous avez aussi votre bibliothèque ? Si vous êtes d'accord, on vous parlera des livres qu'on aime le plus.

COLLECTIF

Utilise tes connaissances pour étudier ces textes

1 Voici trois définitions des *sources naturelles de lumière*.
Dans chacune, surligne le mot qui est défini. Puis encadre le verbe *être*.

Le Soleil est une gigantesque boule de gaz située dans l'espace, très loin de la Terre.
Comme il est très chaud, il est incandescent : il produit beaucoup de lumière.

Les éclairs sont de gigantesques étincelles électriques qui jaillissent entre les nuages et le sol. Ils sont très lumineux, mais ils durent très peu de temps.

La lave est de la roche en fusion qui jaillit du volcan. Cette roche est si chaude qu'elle est liquide et incandescente.

Tournesol CE2, Hatier.

2 Pour comprendre comment ces définitions sont construites, utilise tes connaissances en grammaire et en conjugaison.
Échange tes idées avec tes camarades, puis complète.

Les phrases de définition ont souvent la forme suivante : d'abord ..., puis ..., puis ....

AUJOURD'HUI

- J'ai appris à conjuguer le verbe *être* et le verbe *avoir* au présent.
Je savais déjà le faire en parlant.

Noms masculins et noms féminins

Souviens-toi

1 À côté de chaque groupe nominal, écris M pour *masculin* ou F pour *féminin*.
des abricots – l'eau – un héros – la peau – des sauces – trois fautes – un drapeau

2 Vérifie : c'est bien le déterminant qui commande !
Même si tu ne connais pas ces noms, écris s'ils sont masculins ou féminins.
un doge – la glèbe – ce luthier – une polka – un zeste – une ineptie – un grimoire

COLLECTIF

Observe, réfléchis, essaie, discute

3 Observe ce que se disent les enfants.
Toi aussi, trouve des noms de métiers ou d'animaux qui vont par deux.

4 Dans ces articles de dictionnaire, observe *l'entrée* écrite en majuscule.
Comment la comprends-tu ? Quelle information t'apporte-t-elle ?

ÉQUIPIER, IÈRE
Membre d'une équipe sportive.

COUSIN, INE
Enfant, descendant de personnes qui sont frères et sœurs.

SPECTATEUR, TRICE
Témoin d'un évènement, personne qui regarde ce qui se passe.

PAYSAN, ANNE
Homme, femme vivant à la campagne et s'occupant des travaux agricoles.

5 *Aujourd'hui, la loi impose d'ouvrir tous les métiers aux hommes et aux femmes.*
Comment le vois-tu dans ces offres d'emploi ?

La ville de Lyon
recrute pour les services de la mairie un(e) informaticien(ienne).
Poste à pourvoir immédiatement.

Devenez représentant(e) commercial(e)
pour notre société de fabrication de jouets.
Débutant(e) accepté(e).

Société de transport
recherche un(e) conducteur(trice) d'autocar.
Expérience exigée.

LIS LA RÈGLE

- **Quand on parle des personnes ou des animaux, il y a souvent deux noms : un masculin et un féminin.**
- **Parfois, ce sont des mots très différents :**
un papa, une maman – un cerf, une biche – un garçon, une fille
- **Parfois, c'est le même mot :**
un automobiliste, une automobiliste
- **Parfois, on forme le nom féminin en transformant la fin du nom masculin :**
un directeur, une directrice – un boulanger, une boulangère

Quand tu parles, tu ne te trompes pas.

(À SUIVRE)

Exerce-toi

6 Récris les noms suivants avec un déterminant masculin et un déterminant féminin.
- marchand, -e
- passager, -ère
- maître, -esse
- patineur, -euse
- patron, -onne

7 Écris le nom masculin qui va avec chaque nom féminin.
- une charcutière
- une cuisinière
- une journaliste
- une dessinatrice
- une vendeuse
- une coiffeuse
- une épicière
- une boulangère
- une fleuriste
- une admiratrice
- une nageuse
- une acrobate

8 Voici des noms d'animaux femelles.
Écris le nom du mâle correspondant.
une lionne – une tigresse – une ourse
une jument – une louve – une renarde

9 *En Provence, les santons de Noël représentent la vie provençale traditionnelle.*
Beaucoup de santons sont en couple.
Pour chaque couple :

a) écris le nom des deux personnages
le danseur ... – la boulangère ... –
le marchand ... – l'homme à la chèvre ...

b) écris le numéro auquel il correspond.

❶ ❷ ❸ ❹

AUJOURD'HUI

J'ai appris que pour les personnes, les métiers, les animaux, il y a souvent deux noms : un nom masculin et un nom féminin.
Le nom féminin est souvent formé à partir du nom masculin.

Exercices d'écriture

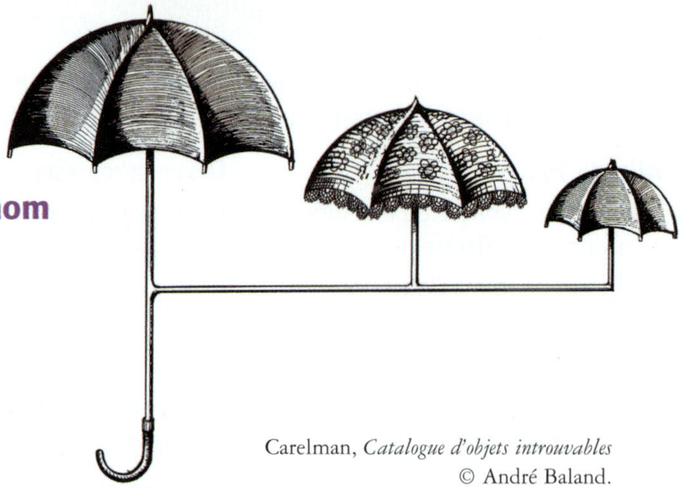

Carelman, *Catalogue d'objets introuvables*
© André Baland.

1 Décrire un objet et inventer un nom

- Observe bien cet *objet introuvable* imaginé par Carelman.
- Décris-le et invente-lui un nom.

2 Écrire à la manière de… (2)

- Recopie les six premiers vers du poème.
- Puis continue : invente, à la manière de Jacques Prévert, une autre chaîne de métiers.
Pense à employer des noms de métiers masculins et féminins.

Chanson du vitrier

Comme c'est beau
ce qu'on peut voir comme ça
à travers le sable à travers le verre
à travers les carreaux
tenez regardez par exemple
comme c'est beau
ce bûcheron
là-bas au loin
qui abat un arbre
pour faire des planches
pour le menuisier
qui doit faire un grand lit
pour la petite marchande de fleurs
qui va se marier
avec l'allumeur de réverbères
qui allume tous les soirs les lumières
pour que le cordonnier puisse voir clair
en réparant les souliers du cireur
qui brosse ceux du rémouleur
qui affûte les ciseaux du coiffeur
qui coupe le ch'veu au marchand d'oiseaux
qui donne ses oiseaux à tout le monde
pour que tout le monde soit de bonne
humeur.

Jacques Prévert, in *Histoires* © Gallimard.

Chantier d'écriture

Écrire un récit à partir d'une image (2)

L'écriture de ton histoire est déjà avancée.

- **Échange ton travail avec ton voisin, et réfléchissez ensemble :**
– Sait-on qui sont les personnages, où et quand l'histoire se déroule ?
– Que s'est-il passé ? Quel problème le héros doit-il résoudre ?
– Que pense-t-il ? Que fait-il ? A-t-il des ennemis, des amis qui l'aident ?
– À la fin de l'histoire, le problème est-il résolu ? Que devient le héros ?
- **Ensuite, reprends ton travail pour l'améliorer.**

COLLECTIF D'un texte à l'autre

Les rues de ma ville

Voici des noms de vieux métiers
Les Vitriers, les Mulatiers

Des noms qui disent le bonjour
Nous appelant dans la nature :
Bel Air, Beauregard, Beauséjour
Beauvallon et Bonne Aventure

Voici des arbres et des fleurs :
Les Deux Ormes, les Rosiers,
Les Amandiers, les Peupliers
Non loin de la rue des Flâneurs,

Des rues sans aucun agent
Pour sauvegarder leurs trésors
Rue de la Fontaine d'Argent
Du Bras d'Or et de l'Aigle d'Or

Des rues qui ne font pas la fière
La Louvière, la Poudrière

Pour moi, il est des noms étranges
Rue de la Commanderie
Des Allumettes et des Granges
Du Four et de la Fonderie

Enfin voici les poètes
André Chénier, Blaise Cendrars
Devant vous, je baisse la tête,
Victor Hugo, Paul Eluard.

Jean Lestavel, in *Jouer avec les poètes*

- Relève tous les noms de rue qui sont aussi des noms communs.
- Comment le poète a-t-il regroupé les noms des rues de sa ville ?
- Y a-t-il dans ta ville, dans ton village, des noms de rues qui sont aussi des noms communs ?

Un fantôme en classe verte (EXTRAIT)

Le CE2 de Mme Frimous est en classe verte en Corrèze.
Alice, une élève, raconte la visite à l'épicerie.

– Vous avez dix minutes pour acheter vos bonbons, lance Mme Frimous. Ne vous bousculez pas à la caisse pour payer. Vous faites la queue. Sans hurler. Compris ?

– Oui ! hurle-t-on, comme à Guignol.

On entre. […] Jamais je n'aurais cru que cette minuscule boutique pouvait contenir autant de délices. Manda m'offre un rouleau géant de réglisse exactement au moment où Clément me bouscule.

– Attention !

– Quoi, « attention » ?

– Tu m'as bousculée !

– Je ne l'ai pas fait exprès.

Je hausse les épaules et je lui tourne le dos. […] J'achète deux grosses fraises en sucre et des boules de guimauve.

– Terminé ! annonce Mme Frimous.

On se croirait à un contrôle de confiserie.

Au moment où nous partons, une vieille femme franchit la porte de l'épicerie, poussant une brouette pleine de livres.

– Vous arrivez du bibliobus, à ce que je vois, mademoiselle Camomille ?

Mandarine, pourtant très polie, pouffe de rire. Je me serais retenue si elle n'avait pas commencé. Mais là, j'éclate à mon tour. L'une entraînant l'autre, on finit pliées en deux au milieu des bocaux […].

– Mon nom vous fait rire mes petites ? dit une voix douce et chevrotante. La camomille, vous savez, c'est une plante dont on fait une bonne tisane. Et ses fleurs sont bien jolies. Mais riez, mes enfants, riez ! C'est de votre âge ! J'aimerais tant avoir deux belles petites filles comme vous, qui riraient de leur vieille grand-mère Camomille…

– Alors ? fulmine Mme Frimous. Vous êtes encore là, vous deux ? On vous attend, enfin !

S. Pernusch, *Un fantôme en classe verte* © Rageot.

COLLECTIF — Observe le texte pour mieux le comprendre

1 Pourquoi Alice et Mandarine éclatent-elles de rire ?

2 **Explique :** « On se croirait à un contrôle de confiserie. »

3 Quels bonbons Alice a-t-elle en sortant de l'épicerie ?

4 Qui désigne le pronom personnel *vous* dans les phrases suivantes ?

1. Vous avez dix minutes pour acheter vos bonbons.
2. Vous arrivez du bibliobus, à ce que je vois, mademoiselle Camomille.
3. Vous êtes encore là, vous deux ? On vous attend, enfin !

5 Relève les phrases du texte qui contiennent le pronom *on*.
Qui désigne-t-il à chaque fois ?

6 Attribue chaque phrase à l'enfant qui la prononce :

– Attention !
– Quoi, « attention » ?
– Tu m'as bousculée !
– Je ne l'ai pas fait exprès.

7 Dresse la liste des personnages.
Combien faut-il d'élèves pour lire ce texte ?
Prépare-toi à lire. Imagine comment chaque personnage parle.

Mémorise l'orthographe

LES MOTS DU TEXTE

8 Recopie les mots du texte que tu trouves difficiles à écrire.

9 Recopie ces mots invariables et entraîne-toi à les écrire.
pourtant – autant – tant – exactement – attention – quoi – exprès – là
au milieu de – enfin

LES SONS ET LEURS ÉCRITURES

COLLECTIF

10 Recopie les neuf mots du texte où tu entends le son [j], comme dans *fille*.
Encadre les lettres qui servent à écrire ce son : *fi[lle]*.

11 Classe les mots que tu as recopiés dans ce tableau.

	i	il	ill	ille	ll	lle	y	je retiens aussi
[j]	…	…	…	…	…	fille	…	hier – les aïeux

12 Classe ces mots dans ton tableau.
abeille – bataille – billet – bouteille – briller – caillou – citrouille – combien
coquille – crayon – fermier – gardien – grille – joyeux – métier – mieux
mouiller – noyer – œil – oreille – oublier – paille – papillon – payer – piano
pied – plusieurs – portail – premier – rail – récréation – réveil – rivière – tablier
travail – travailler – veille – viande – vieille – vieux – violet – voyage – yeux

9

L'adjectif (3) : l'adjectif qualificatif

GRAMMAIRE

Souviens-toi

1 Recopie le poème de Victor Hugo.
La bulle des adjectifs est prête.
Trace les liens.

L'été, la nuit bleue et profonde
S'accouple au jour limpide et clair ;
Le soir est d'or ; la plaine est blonde ;
On entend des chansons dans l'air.

V. Hugo, *Les voix intérieures*.

E. Munch, *Nuit d'été sur la plage,* 1895.

COLLECTIF

Observe, réfléchis, essaie, discute

C'était un vieil homme fort et courageux, au visage brun, durci et couturé comme les rochers des montagnes. Ses cheveux presque blancs pendaient sur ses épaules.

Les montagnes les plus enneigées (les Alpes du Nord et les Pyrénées centrales) abritent des grandes stations de sports d'hiver.
Les moyennes montagnes (les Vosges, les Alpes du Sud et le Jura), moins enneigées car moins élevées en altitude, possèdent des stations plus petites, plus familiales.

2 Pour répondre aux questions, observe bien les bulles des textes.
Justifie tes réponses.
1. Que sait-on du caractère du vieil homme ?
2. Que sait-on de son visage ?
3. Il y a deux sortes de stations de sports d'hiver. Lesquelles ?
Où sont-elles situées ?

3 Discute avec tes camarades et conclus : à quoi servent les adjectifs ?

LIS LA DÉFINITION

Les adjectifs apportent toujours des précisions.

L'adjectif qui précise un groupe nominal s'appelle un **adjectif qualificatif**.

(À SUIVRE)

Exerce-toi

4 **Grâce aux adjectifs qualificatifs, tu vas pouvoir reconnaître des feuilles d'arbres. Pour chaque feuille écris le nom de son arbre : houx, platane, ou marronnier ?**

1

2

3

- La feuille du platane est large et plate. Son bord est dentelé.
- La feuille du houx est verte, dure et luisante. Son bord est épineux.
- Le marronnier a une feuille composée de plusieurs folioles.

5 **Dessine cet épouvantail de façon très précise.**

Sa tête était faite d'un gros sac de paille. On lui avait mis un petit chapeau marron où flottaient trois plumes noires de corbeau. Sur les bords du chapeau, le vent agitait des bandes de papier multicolores. Des brins de paille, jaunes et raides, lui servaient de cheveux. Il portait un pantalon rouge déchiré et troué, et une veste de coton bleu aux manches trop longues pour lui.
Il surveillait un champ de blé encore vert.

6 **Recopie ces phrases en supprimant les adjectifs qualificatifs. Que constates-tu ?**

Mon petit frère a des chaussures usées.
Mon grand frère a des chaussures neuves.

Le vieux loup a des griffes usées.
Le jeune loup a des griffes pointues.

7 **Remplace *magicien* par *magicienne*. Attention à tout ce qui change.**

Mesdames et messieurs, voici le célèbre magicien Alexandre le Grand, surprenant, étonnant, inquiétant, si drôle aussi, fabuleux, merveilleux, reconnu comme le roi des magiciens sur les cinq continents !

8 **Trace la bulle de tous les adjectifs qualificatifs.**

Fleurs de camomille.

Les tisanes sont des boissons agréables et désaltérantes.
Elles peuvent être préparées avec des herbes séchées, des fruits variés, ou des fleurs, comme la camomille.
Elles ont été pendant longtemps les seuls médicaments.
Aujourd'hui encore elles peuvent aider à conserver une bonne santé.

AUJOURD'HUI

J'ai appris qu'on peut préciser un groupe nominal avec un ou plusieurs adjectifs qualificatifs.

LE PRÉSENT DE L'INDICATIF

La notion de groupe de verbes
Le présent des verbes du 1er groupe

Souviens-toi

1 Écris l'infinitif de ces verbes.
je veille – nous baillons – vous ronflez – elle rêve – ils dorment – tu bouges

Observe, réfléchis, essaie, discute

COLLECTIF

2 Écris l'infinitif de tous les verbes conjugués dans l'ordre du texte.

Le mercredi, maman soigne particulièrement le goûter. Elle apporte un gâteau au chocolat accompagné d'une crème anglaise [...]

Entre deux bouchées, Cathy nous raconte l'histoire du village. Elle connaît tout le monde.

Ensuite, je lui montre mes arbres qui fleurissent [...] et les poules qui s'obstinent à ne pas pondre. Elles ont pourtant l'âge requis mais le nid du poulailler reste toujours vide.

– Tu crois qu'elles vont pondre à l'endroit que tu as choisi ? [...] Elles pondent où elles veulent et quand elles veulent. Tu ne peux pas les obliger à déposer leurs œufs dans leur petit nid ! [...]

Cathy vient tous les mercredis chez nous. Elle a des idées plein la tête, et pas seulement des idées de filles. Elle aime autant que moi grimper dans le pommier. Théo, lui, reste en bas. Adossé contre le tronc, il nous récite ses poésies et nous l'écoutons dans le silence des feuilles. C'est si beau que les oiseaux se posent sur les branches pour entendre sa voix qui prononce des mots si doux.

Geneviève Senger, *Les patates magiques* © Rageot.

3 Dans le texte, il y a aussi des verbes à l'infinitif. Recopie-les.
Observe l'écriture des verbes à l'infinitif. Que remarques-tu ?

4 Utilise ce que tu sais déjà : conjugue le verbe *montrer* au présent.

montrer	
je montre	nous ...
tu montres	vous ...
il, elle ...	ils, elles ...

LIS LA DÉFINITION

- **Un groupe de conjugaison**, c'est l'ensemble des verbes
– qui se terminent de la même façon à l'infinitif,
– et qui varient tous de la même façon avec le temps, et avec les pronoms personnels de conjugaison.
- Les verbes qui se terminent par ***-er*** à l'infinitif forment le **premier groupe de conjugaison**.
Il n'y a qu'une exception : le verbe ***aller***.

(À SUIVRE)

5 Quels sont les verbes du premier groupe du texte ?

6 Écris la conjugaison du verbe *chanter* au présent.

Exerce-toi

7 Complète avec le verbe conjugué au présent. Trace la bulle du verbe.

1. *(préparer)* Nous … une fête.
2. *(ranger)* Tu … tes livres.
3. *(recopier)* Vous … les phrases au tableau.
4. *(hiberner)* Les ours … dans une grotte.
5. *(manger)* Je … avec appétit.
6. *(rouler)* Ta voiture … vite.

8 Complète les phrases avec un pronom personnel de conjugaison. Pour vérifier, trace la bulle des verbes.

Avec mes amis, … recherche des galets blancs. … espérons en faire une collection. Même s'ils sont tous blancs, … sont très différents les uns des autres. Si … aimez cette idée, faites comme nous.

COLLECTIF

Utilise tes connaissances pour étudier ce texte

Un soir d'octobre, mon père révise mes devoirs sur la table de la cuisine. Les mathématiques, ça va. Le français, c'est autre chose. Papa relit ma dictée.

– Tu as oublié deux S après des TU…

– Ce n'est pas ma faute ! Pourquoi on écrit « j'aime » avec un E et « tu aimes » avec un S ?

– Je ne sais pas, dit mon père. C'est comme ça.

Quand j'étais petit, je croyais que papa savait tout.

Je me trompais.

Mon père gagne sa vie en jouant avec des chiffres au ministère des Finances. Sa vraie passion, pourtant, ce sont ses inventions. Dans son laboratoire du grenier, il fait des expériences. En plus, c'est un maniaque d'histoire et de savants. Galilée, Copernic, Newton, Einstein… Il connaît leur prénom, le lieu et la date de leur naissance et de leur mort. Il peut aussi nommer les titres de leurs livres. Même en latin.

ET POURTANT !
IL NE SAIT PAS POURQUOI ON MET UN S APRÈS UN TU !

Je reviens à la charge :

– Pourquoi on met un S après un TU ?

Mon père porte des lunettes. Quand il pense, il les remonte sur son nez avec son doigt.

– Dans la vie, il y a plein de choses qu'on ne comprend pas.

J. Lemieux, *Pas de S pour Copernic* © Les éditions de la courte échelle.

1 Quelles erreurs l'enfant a-t-il faites dans sa dictée ? Quelle règle voudrait-il comprendre ?

2 Pourquoi certaines parties du texte sont-elles écrites en majuscules ?

AUJOURD'HUI

J'ai appris que tous les verbes du même groupe se conjuguent de la même façon.

9

VOCABULAIRE

Le dictionnaire : comprendre les abréviations

Souviens-toi

1 Classe les mots de ces phrases dans le tableau.

Sur le pont du bateau, les plongeurs enfilent une combinaison étanche, un masque et des palmes. Ils portent deux lourdes bouteilles sur le dos.

déterminant	nom	adjectif	pronom	verbe	autres mots
…	…	…	…	…	…

COLLECTIF

Observe, réfléchis, essaie, discute

2 Observe ces définitions du dictionnaire.

a) Avec ce que tu sais maintenant en grammaire, tu peux découvrir ce que veulent dire les lettres soulignées. Échange tes idées avec tes camarades.

L lymphatique — lys

Lynx

lymphatique adj. Une personne **lymphatique** est peu énergique (= mou, nonchalant, indolent ; ≠ actif, vif).

lymphe n.f. La **lymphe** est un liquide incolore du corps.

lyncher v. 1er groupe. *L'assassin a failli se faire* ***lyncher*** *par la foule*, se faire tuer (= écharper).

illustr. p. 494 **lynx** n.m. Le **lynx** est un mammifère carnivore qui ressemble à un grand chat sauvage.

lyre n.f. La **lyre** est un instrument de musique à cordes utilisé depuis l'Antiquité.

lyrique adj. SENS 1. Un style **lyrique** est plein de poésie, d'émotion, de passion SENS 2. Un artiste **lyrique** est un chanteur d'opéra.

■ **lyrisme** n.m. [SENS 1] *Jean et Martine m'ont décrit leur voyage au Mexique avec* ***lyrisme***, de manière lyrique (= enthousiasme).

lys ⟶ ***lis***

b) Écris entièrement le sens des abréviations.

1. adj. veut dire … – 2. n.f. veut dire … – 3. n.m. veut dire … – 4. v. veut dire …

c) Continue : à ton avis que veulent dire les abréviations suivantes ?

1. ciseaux n.m.plur. – 2. elle pron.pers.f. – 3. nez n.m.invar.

LIS LA DÉFINITION

Dans le dictionnaire, les entrées sont suivies par des **abréviations**.

Les abréviations donnent des **indications grammaticales** sur les mots.

Au début de ton dictionnaire, il y a une page qui explique toutes les abréviations. Tu peux la regarder pour en découvrir de nouvelles.

Exerce-toi

3 **Écris entièrement les renseignements que te donnent les abréviations.**

piloter v. – **carte** n.f. – **danseur, -euse** n.
amical, e adj. – **environs** n.m.plur.

4 **Écris des abréviations pour ces mots. Si tu hésites, aide-toi de ton dictionnaire.**

éclairer – éclairage – étrange – étranger
coupure – couper – coupant – mammouth
archives – vivre

5 **Pour chaque mot, trouve un mot de sa famille. On te donne son abréviation grammaticale et sa définition.**

flèche → … n.f. Petite flèche.

nerf → … v. Exciter quelqu'un, lui faire perdre son calme.

peigner → … n.m. Objet muni de dents qui sert à démêler les cheveux.

parfum → … v. Remplir d'une odeur agréable.

laver → … adj. Que l'on peut laver.

6 **Même travail : il faut trouver plusieurs mots de la même famille.**

inquiet
→ … adj. Qui inquiète.
→ … v. Rendre inquiet.
→ … n.f. Ce que ressent une personne qui se fait du souci.

sucre
→ … n.m. Petit récipient où l'on met le sucre.
→ … adj. Qui a le goût du sucre.
→ … v. Mettre du sucre.
→ … n.m. Endroit où l'on fabrique le sucre.

oublier
→ … n.m. Quelque chose que l'on aurait dû faire et que l'on a oublié de faire.
→ … n.f. Cachot où l'on enfermait les prisonniers autrefois.
→ … adj. Que l'on ne peut pas oublier.

7 **Utilise les abréviations pour retrouver le nom des parties du corps de cet animal.**

8 **Entraîne-toi à chercher rapidement dans le dictionnaire.**

a) **Où cherches-tu les mots suivants ?**

mot cherché	mots-repères	tu dois chercher
ombrelle	geai – général	avant – entre – après
député	déposer – dérivé	avant – entre – après
menhir	rabot – radiateur	avant – entre – après
méninge	menacer – menu	avant – entre – après

b) **Recopie dans ton dictionnaire les mots qui encadrent :**

ombrelle – député – menhir – méninge

c) **Range dans l'ordre alphabétique.**

1. papier – parade – paquet – paquebot – papillon – parachute
2. dodu – doigt – domino – dompter – domaine – domicile
3. geai – garage – glisser – géométrie – gladiateur – géographie
4. menu – noyer – limite – notice – limpidité – menuisier

AUJOURD'HUI

J'ai appris que, dans le dictionnaire, les abréviations indiquent si le mot est un nom, un verbe, un adjectif, si le nom est masculin ou féminin.

9

POUR ÉCRIRE ET POUR LIRE

Exercices d'écriture

1 Écrire en respectant une contrainte (1)

Voici le début d'une fable de La Fontaine.
On a souligné des noms et un verbe à l'infinitif.

- **Remplace chaque nom souligné par le deuxième nom qui le suit dans le dictionnaire.**
Attention : change les déterminants si c'est nécessaire, et accorde bien les adjectifs !

- **Remplace le verbe à l'infinitif par le deuxième verbe qui le suit dans le dictionnaire.**
Ce sera plus drôle avec des dictionnaires différents.

La Cigale et la Fourmi

La cigale ayant chanté
Tout l'été
Se trouva fort dépourvue
Quand la bise fut venue :
Pas un seul petit morceau
De mouche ou de vermisseau.
Elle alla crier famine
Chez la fourmi sa voisine…

Jean de La Fontaine, *Fables*.

2 Écrire la suite d'un récit

Il s'appelait *goupil* avant que nos vieux conteurs l'aient baptisé Renard. Ses mauvais tours amusaient les bonnes gens d'autrefois, ils vous amuseront bien encore…
Attention ! Qui vient là ? Le vent lui apporte, avec le bruit lointain d'une voiture, une exquise odeur de poisson. Aucun doute : c'est la charrette des poissonniers qui vont vendre leur chargement à la ville.
Des poissons ! Des anguilles ! Renard en bave d'envie. Il jure d'en avoir sa part. Il se couche en travers du chemin, raidit ses pattes, ferme les yeux, retient son souffle, fait le mort.

Trois tours de Renard, Album du Père Castor © Flammarion.

- **Imagine la fin de cet épisode.**
Si tu connais cette histoire, tu peux reprendre sa fin.
Mais tu peux aussi en inventer une autre.

Chantier d'écriture

Écrire un récit à partir d'une image (3)

Ton histoire est terminée. Pour en faire un texte lisible par tous :

- **Découpe ton texte en paragraphes.**
- **Contrôle l'orthographe** (aide-toi de la bulle et du dictionnaire) ; **vérifie la ponctuation.**
- **Recopie-le soigneusement ou saisis-le sur l'ordinateur.**
- **Illustre-le si tu en as envie.**

COLLECTIF

D'un texte à l'autre

On se demande pourquoi, l'épicière n'était pas toujours très aimable quand papa et ses copains entraient tous dans son magasin en faisant sonner le petit carillon au-dessus de la porte… Papa était pourtant un bon client ! En consommateur averti, il aimait comparer et choisir en rapport avec son budget, même si d'autres clients attendaient. Il devait donc parfois tenir tête à l'impatiente épicière pour obtenir ce qu'il désirait vraiment.

Il y en avait pour tous les goûts et pour tous les prix :

5 balles*
le gros caramel,

5 balles
un Carambar,

10 balles la boule
de noix de coco.

Gilles Bonotaux, Hélène Lasserre, *Quand papa avait mon âge* © Autrement Jeunesse.

* *Balle* était un mot familier pour dire *franc*. Aujourd'hui, 5 balles, c'est à peu près 5 centimes d'euro.

- Compare ce texte avec celui de la page 84.
À ton avis, pourquoi l'épicière n'était-elle pas toujours très aimable ?
- Quels bonbons reconnais-tu ?

UNITÉ 10

ATELIER DE LECTURE

Quatre du cours moyen (EXTRAIT)

Le maître a demandé aux élèves de faire le portrait d'un de leurs camarades.

L'Etincelle fit ainsi le portrait de Placide : « Placide a onze ans. Il est resté petit pour son âge, mais il s'est rattrapé en largeur. Sa figure est ronde. Sa peau lisse, très bien tendue comme celle d'un concombre, est brunie par le soleil [...] Ses yeux sont ronds [...] Il a des dents qui brillent comme de la faïence et un petit nez relevé en pied de marmite. Sa voix est menue et criarde. Quand son père veut lui couper ses cheveux châtains, il lui dit : « Viens, je vais te faire une tête de veau » ; et il le tond de si près que sa casquette lui coule jusqu'aux oreilles. Quand on se bat, Placide est très fort. Il mugit et, en secouant seulement les épaules, il répand ses ennemis autour de lui, comme des noix. Mais bien que beau, gras et fort, il n'est pas méchant. Il aime la tranquillité. Il ne parle pas beaucoup. Il a toujours l'air de dormir. »

Léonce Bourliaguet, *Quatre du Cours Moyen* © Magnard.

faïence n.f. Terre cuite, recouverte de vernis, et qui brille. On en fait des assiettes, du carrelage.
le nez en pied de marmite Le nez retroussé, comme les pieds recourbés des anciennes marmites que l'on mettait dans les cheminées.
répandre v. Disperser autour de soi.

COLLECTIF

Observe le texte pour mieux le comprendre

1 Explique : « Sa voix est menue et criarde ».

2 Surligne :
– en jaune les phrases qui décrivent l'aspect physique de Placide ;
– en vert les phrases qui décrivent son comportement et son caractère.

3 Cherche et encadre les verbes du texte. Que remarques-tu ?

4 Recopie les adjectifs qui apportent des précisions sur :
sa figure – sa peau – ses yeux – son nez – sa voix – ses cheveux

5 Placide porte-t-il bien son nom ? Lis dans le dictionnaire l'article *placide*.

6 Conclus : comment l'auteur a-t-il écrit son portrait de Placide ? Échange tes idées avec tes camarades.

QUAND J'ÉCRIRAI

- Je penserai que pour faire le portrait de quelqu'un, je peux :
  - le décrire physiquement : j'utilise le verbe *être* et des adjectifs ;
  - présenter son caractère : j'utilise aussi des adjectifs ;
  - présenter son comportement : je cherche des verbes qui disent exactement ce qu'il fait.

Mémorise l'orthographe

LES MOTS DU TEXTE

7 Recopie les mots du texte que tu trouves difficiles à écrire.

8 Recopie ces mots invariables et entraîne-toi à les écrire.

ainsi – quand – seulement – autour de – beaucoup – toujours

Tu sais déjà que les noms qui se terminent par s sont invariables.

Voici une nouvelle règle pour le pluriel des noms.

Les noms qui se terminent par *x* ou par *z* au singulier ne changent pas au pluriel : ils sont invariables.

la voix – les voix   un nez – des nez

Maintenant, tu sais tout sur le pluriel des noms invariables.

9 Écris au pluriel : une noix – mon choix – le gaz

COLLECTIF

LES SONS ET LEURS ÉCRITURES

10 Complète le tableau avec des mots du texte.

j'entends [t] dans un mot	j'entends [t] entre deux mots (liaison)
…	…

Dans la colonne de gauche, encadre les lettres qui servent à écrire le son [t] : *maître*.

11 Classe les mots que tu as recopiés dans ce tableau.

	t	te	tt	tte	je retiens aussi
[t]	…	…	…	…	le thé – le théâtre

12 Classe les mots suivants dans ton tableau.

assiette – attacher – attendre – attention – attraper – autant – automne bataille – battre – bouteille – culotte – entendre – étage – étroit – facteur goutte – grotte – huit – lettre – ouest – partout – sortie – tablier – tant tante – tente – toit – tortue – utile

LA CHAÎNE DES ACCORDS : LA RELATION GENRE ET LA RELATION NOMBRE

Le genre des pronoms personnels de conjugaison

Souviens-toi

1 **À côté de chaque groupe nominal, écris M pour *masculin*, F pour *féminin*.**

le portrait – mes dents – la largeur – ses ennemis

2 **Trace la bulle des adjectifs qualificatifs.**

Ce garçon est fort mais pas méchant.

3 **Pour chaque groupe nominal, écris M pour *masculin* ou F pour *féminin*.**

des histoires étonnantes – ce record mondial – le dernier essai

COLLECTIF Observe, réfléchis, essaie, discute

4 **Dis tout ce que tu peux savoir des mots soulignés. Justifie tes réponses.**

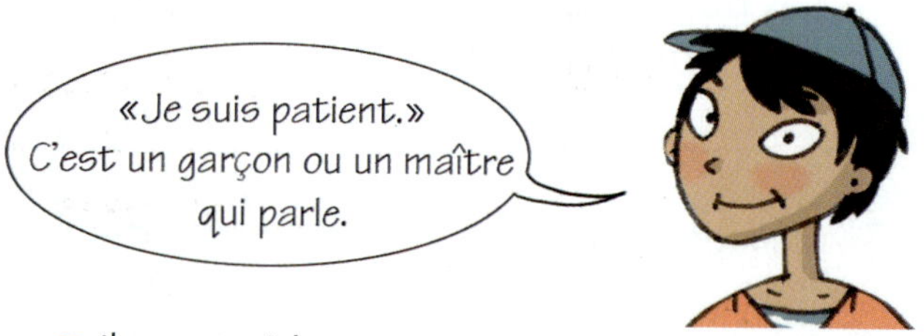

1. Je suis patient.
2. Tu es trop petit pour jouer avec nous.
3. Claude n'est pas grande non plus.
4. Elles sont courageuses.
5. À la patinoire, nous sommes fortes.
6. Ils sont sérieux.
7. Elle est sérieuse.
8. Claude n'est pas prêt.

5 **Réfléchis sur les pronoms *nous*, *vous*, *ils*. Que remarques-tu ?**

6 **Pour chaque phrase, réponds à la question.**

– Nous sommes surpris. → Qui est *nous* ?
– Vous êtes géniaux. → Qui est *vous* ?
– Ils sont craintifs. → Qui est *ils* ?

LIS LA DÉFINITION

- ***Il***, ***ils*** reprennent des groupes nominaux masculins.
Ce sont des **pronoms masculins**.
Elle, ***elles*** reprennent des groupes nominaux féminins.
Ce sont des **pronoms féminins**.
- ***Je***, ***tu***, ***nous***, ***vous*** désignent des personnes.
– L'adjectif permet de savoir si *je*, *tu*, *nous*, *vous* sont employés au masculin ou au féminin.

  Je suis patient(e). (La personne qui parle est une femme.)

  Vous êtes prêt(es) ? (On pose la question à des femmes.)
- Pour les noms propres aussi, l'adjectif montre le masculin ou le féminin.

  Claude est amusant○. – Claude est amusant(e).

– Quand *nous*, *vous*, *ils* désignent un groupe d'hommes et de femmes, l'adjectif s'écrit toujours au masculin pluriel.

(À SUIVRE)

Exerce-toi

7 a) Écris si le groupe nominal est :
– masculin ou féminin ?
– singulier ou pluriel ?
b) Écris le pronom personnel qui le reprend.
le cou – sa figure – les doigts – les mains

8 Termine la bulle de l'adjectif. Écris si le pronom est masculin (M), ou féminin (F).
1. Nous sommes certain(es) du résultat.
2. Vous êtes farceur(s). 3. Tu es sourd○ !
4. Je suis allemand(e). 5. Ils sont inquiet(s).

COLLECTIF

Utilise tes connaissances pour étudier ce texte

Je m'appelle [redacted], j'ai neuf ans, des lunettes au bout du nez, et j'ai un grand frère qui s'appelle Damien. Il est en sixième et il a onze ans depuis le mois dernier. Pour son âge, il est plutôt grand. Manque de chance, moi, c'est le contraire. Je suis le plus petit de ma classe de CM1, ce qui m'énerve profondément. [...]

– [redacted], j'ai perdu mon sac de sport. Et dedans, il y a la montre chrono que Papa m'a prêtée.

Je l'ai regardé d'un air effaré :

– Bonjour les dégâts ! Il y a quinze jours, tu as perdu les clefs de la maison. Le mois dernier, c'est ton blouson qui a disparu. Je me demande ce que tu diras à Papa quand il réclamera sa montre !

Damien est devenu rouge tomate :

– On dirait que tu es content à l'idée que je me fasse gronder. Petit cafard ! Je suis sûr que tu raconteras tout aux parents quand ils rentreront.

Puis il est parti en claquant la porte. J'étais fou de rage.

G. Noël, *À la poursuite du sac vert* © J'aime lire, Bayard Jeunesse, 1998.

Qui raconte : Thomas ou Marion ? Quels mots du texte permettent d'en être sûr.

AUJOURD'HUI

J'ai appris que les pronoms personnels peuvent être masculins ou féminins.

LE PRÉSENT DE L'INDICATIF

Le présent des verbes du 2e groupe

Souviens-toi

1 Écris l'infinitif de ces verbes.

nous regardons – tu observes – il guette – on distingue
vous remarquez – j'examine – elles vérifient

À quel groupe de conjugaison appartiennent ces verbes ?

COLLECTIF Observe, réfléchis, essaie, discute

2 Tous les verbes de cette recette sont à l'infinitif. Classe-les dans le tableau.

SOUPE AUX ORTIES

Pour 4 personnes :
2 grosses poignées d'orties
1 poignée de cresson
8 pommes de terre
sel, poivre

À finir jusqu'à la dernière goutte !

- Choisir les feuilles les plus larges des orties cueillies.
- Hacher ensemble les orties et le cresson.
- Éplucher et couper en dés les pommes de terre.
- Mettre tous ces ingrédients dans une marmite, recouvrir d'un litre d'eau salée et poivrée.
- Laisser cuire trois quarts d'heure.
- Écraser alors les pommes de terre à la fourchette et servir aussitôt.

B. Liscia et A. Raybaud, *Les Herbes Vagabondes* © Éditions de l'Aube.

les verbes du premier groupe	les autres verbes
…	finir
…	…

3 Quand tu parles, tu sais dire au présent tous les verbes de la 2e colonne. Dis-les oralement, avec tous les pronoms personnels de conjugaison.

4 Observe l'écriture des verbes que tu viens de conjuguer. Échange tes remarques avec tes camarades.

finir	choisir	mettre	recouvrir	cuire	servir
je finis	je choisis	je mets	je recouvre	je cuis	je sers
tu finis	tu choisis	tu mets	tu recouvres	tu cuis	tu sers
il finit	il choisit	elle met	elle recouvre	il cuit	elle sert
nous finissons	nous choisissons	nous mettons	nous recouvrons	nous cuisons	nous servons
vous finissez	vous choisissez	vous mettez	vous recouvrez	vous cuisez	vous servez
ils finissent	ils choisissent	elles mettent	elles recouvrent	ils cuisent	ils servent

5 Écris la conjugaison du verbe *grandir* au présent.

Tu connais déjà les verbes du premier groupe.

LIS LA DÉFINITION

- Les verbes dont l'infinitif se termine par ***-ir*** et qui se conjuguent comme *finir* forment le **deuxième groupe de conjugaison**.
Au pluriel, on entend - *issons*, - *issez*, - *issent*.
- Tous les autres verbes appartiennent **au troisième groupe de conjugaison**. Ils n'ont pas tous le même infinitif.

(À SUIVRE)

Exerce-toi

6 **Classe ces verbes dans le tableau :**

grandir – venir – partir – réunir
rougir – dormir – élargir – soutenir
obéir – salir – tenir – punir

verbes du 2e groupe	verbes du 3e groupe
...	...

7 **Trouve les verbes qui correspondent à ces définitions.**
Ils sont tous du 2e groupe.

1. Rendre plus lourd.
2. Devenir blanc.
3. Devenir gros.
4. Devenir mince.
5. Devenir grand.
6. Rendre plus souple.
7. Priver de clarté, rendre obscur.

8 **Complète les phrases avec le verbe conjugué au présent.**
Trace la bulle du verbe.

1. (*fleurir*) Dans notre cour, les rosiers ... tout l'été.
2. (*choisir*) Vous ... un livre à la bibliothèque.
3. (*réussir*) Le sauteur ... son premier essai.
4. (*nourrir*) L'hiver, je ... les oiseaux avec des miettes et de la graisse.
5. (*réfléchir*) Nous ... puis nous comparons nos idées.

9 **Complète les phrases avec un pronom personnel de conjugaison ou avec un groupe nominal.**
Trace la bulle des verbes.

Pour faire une tarte, ... pétrit la pâte, ... l'aplatis, puis ... la garnissons avec des pommes et des prunes.
Dans le four, ... blondissent.

10 **Trouve l'intrus dans chaque série.**

1. nous obéissons – nous glissons – nous remplissons – nous ralentissons
2. vous punissez – vous franchissez – vous démolissez – vous maigrissez – vous dévissez
3. ils atterrissent – ils bénissent – ils tissent – ils avertissent – ils durcissent

11 **Complète le texte avec les verbes de cette liste.**
Contrôle l'accord avec la bulle.

agrandir – bâtir – démolir – élargir

À la sortie de la ville, on ... l'ancien garage.
Les ouvriers ... les plus vieux bâtiments, et à leur place ils ... un très grand atelier.
Ils ... aussi la route qui mène au garage.

AUJOURD'HUI

J'ai appris à reconnaître et à conjuguer les verbes du 2e groupe.

10

Le champ lexical

VOCABULAIRE

Souviens-toi

1 Recopie les mots et les groupes de mots qui décrivent l'aspect physique du castor.

Le castor est un gros rongeur, trapu et grassouillet. Son pelage est brun. Il a des petits yeux. Il nage bien : ses pattes arrières sont palmées ; sa grosse queue plate couverte d'écailles lui sert de gouvernail. Ses dents, très tranchantes, lui permettent d'abattre des arbres. Avec eux, il fait des barrages sur les rivières et il se construit des huttes. Mais le bois, les écorces, les branches, sont aussi la base de son alimentation.

COLLECTIF

Observe, réfléchis, essaie, discute

2 Pense au désert, et écris tous les mots qui te passent par la tête. Échange tes idées avec tes camarades.

3 Lis maintenant ce texte. Relève tous les mots auxquels vous avez pensé.

On pense souvent que les déserts sont de vastes étendues de sable, des lieux rudes et solitaires, surchauffés par un soleil implacable. Mais tous ne sont pas chauds. Certains sont situés dans des régions extrêmement froides du globe. Les déserts chauds eux-mêmes peuvent être froids la nuit. De plus, ils ne sont pas tous faits de sable. Les uns ont un sol rocheux, d'autres sont faits de sel ou de glace. Cependant ils ont quelque chose en commun : l'eau y est rare. Ce sont des lieux dangereux pour les êtres vivants car ceux-ci ont besoin d'eau pour rester en vie. Malgré tout, même le désert le plus chaud et le plus sec peut renfermer une magnifique variété de plantes et d'animaux.

Clive Catchpole, *Le désert*
© pour la traduction française, Albin Michel.

4 En lisant ce texte, et avec ces photographies, qu'avez-vous appris de nouveau ?

LIS LA RÈGLE

Un mot peut nous faire penser à beaucoup d'autres.
Quand on lit :

– on comprend parce que l'on retrouve dans le texte des choses que l'on connaît déjà ;

– on apprend parce qu'on découvre des informations nouvelles.

5 *L'étoile du sens* d'un mot, c'est l'ensemble des mots auxquels il te fait penser.

Remplis *l'étoile du sens* du mot *hiver*.
Tu peux ajouter des traits si tu as beaucoup d'idées.

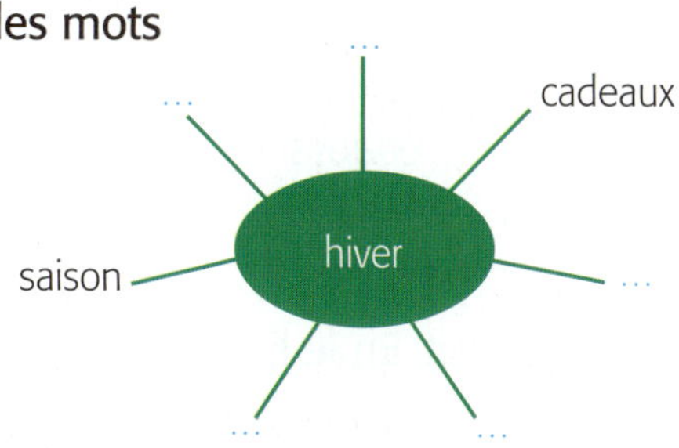

6 Organise ton étoile du sens du mot *hiver* pour la rendre plus pratique.
Regroupe tes idées.
Utilise ces titres :

la saison – les évènements – les activités
les vêtements – les sentiments
les histoires – les chansons

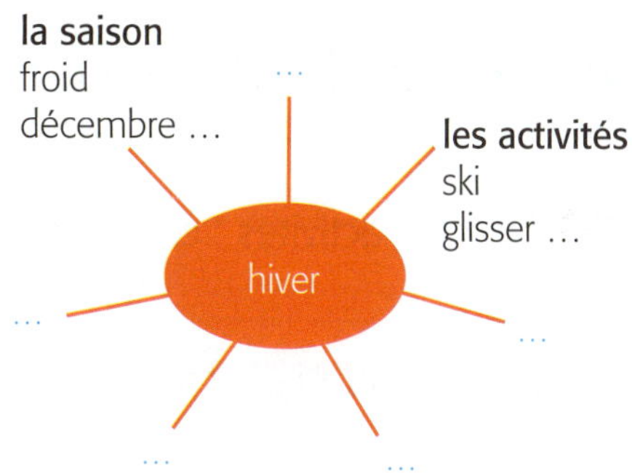

Exerce-toi

7 Pour chaque mot en gras, choisis :

a) deux idées auxquelles, d'après toi, tout le monde va penser ;

b) deux idées auxquelles, d'après toi, personne ou presque ne va penser.

Lune : croissant – lumière – montagne – nuit – satellite – Terre – *Au clair de la Lune* – *On a marché sur la Lune*

dragon : Chine – feu – gueule – cracher – conte – écailles – monstre – peur – ailes

dormir : lit – nuit – pyjama – sommeil – rêver – cauchemar – chambre – bailler – *dormir debout* – *le marchand de sable* – sieste

c) Compare avec ton voisin.

8 Pense à un mot. Ne l'écris pas.

a) Remplis son étoile du sens.

b) Échange ton travail avec ton voisin. Trouve-t-il ton mot ? Trouves-tu le sien ?

c) Écris ton mot au centre de l'étoile.

9 Trouve le mot au centre de l'étoile du sens.

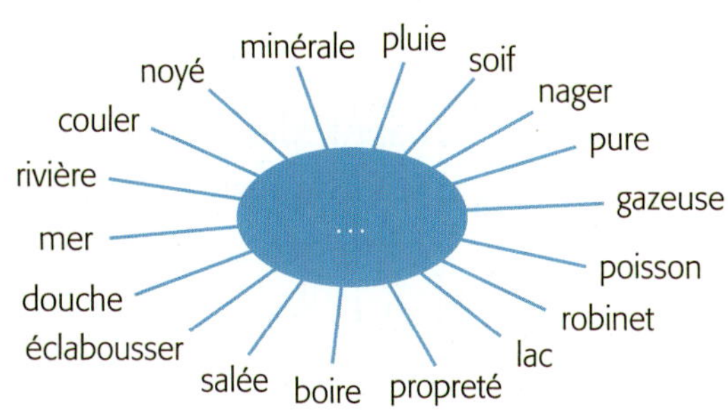

AUJOURD'HUI

- J'ai appris qu'un mot peut toujours nous faire penser à beaucoup d'autres.
- Quand on organise les mots auxquels on pense, on trouve encore beaucoup d'autres idées.

Exercices d'écriture

1 Écrire en respectant une contrainte (2)

Voici ce qu'a écrit un élève de ton âge pour se rappeler le début de la conjugaison des verbes du 2e groupe.

Je finis
Mes radis,
Tu finis
Ton hachis,
Il finit
De bon appétit.

• **À ton tour, écris un petit poème, en conjuguant le verbe *choisir*, ou *réunir*.**
Voici quelques mots pour t'aider :
Denis, ami, rubis, tapis, colis, fouillis, clafoutis, torticolis, souris, gazouillis… et aussi *esprit, récit, lit, bandit, interdit, manuscrit…*

2 Écrire un portrait

• **Écris ton portrait. En le lisant, tes camarades doivent pouvoir te reconnaître.**
Organise ton texte en trois paragraphes :

1. **Décris-toi :** taille, couleur de tes cheveux, de tes yeux, nez, oreilles, mains, etc. As-tu un signe distinctif ? Quels sont tes vêtements préférés ? N'oublie pas que tu peux utiliser le verbe *être*.
2. **Parle de ton caractère :** tes qualités, tes défauts, ce que tu aimes ou n'aimes pas…
3. **Parle de tes activités :** ce que tu aimes faire, ce que tu aimerais faire.

Chantier d'écriture

Écrire la suite d'un récit (1)

Il y a de cela très longtemps, dans un lointain pays qui n'existe plus aujourd'hui, vivait un roi très beau qui s'appelait Léon.
Léon était si beau qu'il passait des heures à se regarder dans la glace et la seule chose qui l'intéressait dans la vie, c'était d'être le plus beau.
Il était d'ailleurs très sévère.
Si jamais quelqu'un s'avisait d'être plus beau que lui, il envoyait ses soldats et faisait couper la tête du bel homme. Aussi personne n'avait envie d'être plus beau que le roi, et les gens du royaume s'arrangeaient pour s'enlaidir autant qu'ils le pouvaient.
Ils se collaient des verrues en caoutchouc sur le menton, des dents de pirates, des faux nez et des tire-bouchons dans les oreilles.
Chaque jour, le roi se promenait dans le pays pour vérifier s'il était toujours le plus beau et lorsqu'il voyait ses sujets, tordus, bancals, mités, coiffés en hérissons ou rabougris comme de vieux rats, il se déclarait satisfait et distribuait des pièces d'or.

Henriette Bichonnier, *Le roi des bons* © Gallimard.

• **Tu viens de lire le début d'une histoire. Il s'arrête juste au moment où, *un jour*, un événement se produit.**
Imagine la suite : cet événement, et comment le roi Léon réagira.
Tu as deux semaines pour ce travail.

COLLECTIF D'un texte à l'autre

- Découpe cette bande dessinée en trois parties :
1. le début de l'histoire. Raconte-le.
2. l'événement. Raconte-le.
3. la fin. Explique ce qui se passe dans la dernière image.

- La première et la dernière images ont un mot en commun : lequel ? Explique pourquoi ce mot est important pour l'histoire.

La chèvre de M. Seguin (EXTRAIT)

M. SEGUIN n'avait jamais eu de bonheur avec ses chèvres. Il les perdait toutes de la même façon : un beau matin, elles cassaient leur corde, s'en allaient dans la montagne, et là-haut le loup les mangeait. Ni les caresses de leur maître, ni la peur du loup, rien ne les retenait. C'était, paraît-il, des chèvres indépendantes, voulant à tout prix le grand air et la liberté. [...]

Cependant il ne se découragea pas, et, après avoir perdu six chèvres de la même manière, il en acheta une septième. [...]

Ah ! [...] qu'elle était jolie la petite chèvre de M. Seguin ! Qu'elle était jolie avec ses yeux doux, sa barbiche de sous-officier, ses sabots noirs et luisants, ses cornes zébrées et ses longs poils blancs qui lui faisaient une houppelande ! [...] Et puis, docile, caressante, se laissant traire sans bouger, sans mettre son pied dans l'écuelle. Un amour de petite chèvre...

M. Seguin avait derrière sa maison un clos entouré d'aubépines. C'est là qu'il mit sa nouvelle pensionnaire. Il l'attacha à un pieu, au plus bel endroit du pré, en ayant soin de lui laisser beaucoup de corde, et de temps en temps il venait voir si elle était bien. La chèvre se trouvait très heureuse, et broutait l'herbe de si bon cœur que M. Seguin était ravi.

– Enfin, pensait le pauvre homme, en voilà une qui ne s'ennuiera pas chez moi !

M. Seguin se trompait, sa chèvre s'ennuya.

Alphonse Daudet, « La chèvre de M. Seguin », *Lettres de mon moulin*.

sous-officier n.m. Militaire. Autrefois, les sous-officiers portaient souvent une petite barbe.
houppelande n.f. Manteau long et large porté par les bergers.
pieu n.m. Piquet de bois enfoncé dans la terre.

COLLECTIF Observe le texte pour mieux le comprendre

1 Explique ce que signifient les mots suivants. Pense aux familles de mots.
se décourager – barbiche – zébré

2 Dans le texte, tu trouves l'explication de *indépendante*.
Recopie-la.

3 Dans ce texte, il y a trois parties. Surligne-les.
- les malheurs de monsieur Seguin avec ses chèvres → **Surligne en vert.**
- le portrait de la petite chèvre de monsieur Seguin → **Surligne en jaune.**
- l'installation de la petite chèvre → **Surligne en rose.**

Et une phrase qui annonce la suite. → **Laisse-la comme elle est, sans la surligner.**

4 Observe les surlignements. Comment le texte est-il construit ?

5 Relis le portrait de la petite chèvre. Utilise tes connaissances en grammaire pour expliquer comment Alphonse Daudet a écrit ce portrait.

Mémorise l'orthographe

COLLECTIF

LES SONS ET LEURS ÉCRITURES

6 Complète le tableau avec des mots du texte.
Dans la colonne de gauche, encadre les lettres qui servent à écrire le son [z] : *luisant*.

j'entends [z] dans un mot	j'entends [z] entre deux mots (liaison)
…	…

7 Classe les mots que tu as recopiés dans ce tableau.

	s	se	z	je retiens aussi
[z]	…	…	…	sixième – dixième

8 Classe les mots suivants dans ton tableau.
briser – case – cerise – chaise – chose – conjugaison – cousin – croiser
écraser – exposer – gaz – gazon – magasin – mesurer – pelouse – phrase
poser – présenter – provision – saison – surprise – visiteur – zèbre – zoo

9 Recopie six mots du texte dans lesquels tu entends le son [s], comme dans *monsieur*.
Encadre les lettres qui servent à écrire ce son : *monsieur*.

10 Classe les mots que tu as recopiés dans ce tableau.

	s	se	ss	sse	c	ce	ç	t(ion)	je retiens aussi
[s]	…	…	…	…	…	…	…	…	six – dix – piscine science – descendre

11 Classe les mots suivants dans ton tableau.
action – adresse – attention – boisson – brosse – casser – cercle – cerise
commencer – course – danse – décider – facile – façon – français – glaçon
glisser – opération – ouest – ours – pincer – possible – récréation – saison
sauver – silence – solution – source – surprise – tasse – tennis – traverser

Avec la lettre ***s*** on écrit les sons [s] et [z].
La lettre ***s*** entre deux voyelles se prononce [z].

11

L'adjectif (4) : la formation du féminin

GRAMMAIRE

Souviens-toi

1 Conserve l'adjectif et change le groupe nominal. Puis trace les bulles.
des sabots noirs – un pantalon chaud

COLLECTIF

Observe, réfléchis, essaie, discute

2 Surligne les adjectifs. Pour chaque série de phrases, observe les deux formes de l'adjectif. Que remarques-tu ?

1. Dagobert mange un gâteau sucré.
   Dagobert mange une brioche sucrée.
2. Le sable chaud brûle les pieds.
   La pierre chaude brûle les pieds.
3. Le chat peureux se cache.
   La souris peureuse se cache.
4. Le clown est drôle.
   Cette histoire est drôle.
5. Je dessine sur mon cahier blanc.
   Je dessine sur ma feuille blanche.
6. Je joue avec un train électrique.
   Je joue avec une voiture électrique.

3 Remplace le groupe nominal féminin en gras par un groupe nominal masculin. Attention à tout ce qui change.

1. À la fin de l'été, nous avons **la peau** dorée.
2. Il a beaucoup plu, **la rue** est inondée.
3. Qui s'est assis sur **cette boîte** ? Elle est aplatie comme une crêpe !
4. **La tarte** est servie.
5. Voilà **une visite** imprévue !

Conclus : à quoi faut-il faire attention quand on accorde un adjectif au féminin ?

LIS LA RÈGLE

Tu sais déjà qu'au féminin et au singulier, les adjectifs se terminent toujours par un **e**.

- **On entend souvent le changement entre le masculin et le féminin.**

  un ballon rond – une figure ronde

  un cahier blanc – une feuille blanche

- **Parfois, on n'entend pas le changement.** Il faut bien faire attention au groupe nominal.

  un gâteau sucré – une brioche sucrée

- **D'autres fois encore, l'adjectif s'écrit déjà avec un *e* au masculin.** Rien ne change. La bulle reste vide.

  un clown drôle – une histoire drôle

Exerce-toi

4 **Trace la bulle de tous les adjectifs qualificatifs.**

Qu'elle était jolie avec ses yeux doux, sa barbiche de sous-officier, ses sabots noirs et luisants, ses cornes zébrées et ses longs poils blancs.

5 **Recopie tous les adjectifs que tu peux utiliser pour compléter chaque phrase.**

1. *vert – sucrée – dur – doux – verte rond – dure – sucré – douce*
→ Je mange une pomme ….

2. *neuf – noire – solide – neuve – décoré noir – décorée*
→ Tu as acheté un cartable ….

3. *court – taillée – pointue – longue – bleu courte – bleue – long – taillé*
→ Mon crayon est ….

4. *gaie – rythmé – hurlante – rythmée doux – électronique – gai – hurlant – douce*
→ On aime la musique ….

6 **Ajoute un adjectif à chaque groupe nominal et trace les bulles. On a commencé, continue.**

1. une photo → une photo réussie

2. la rue → … 3. les maisons → …
4. une chèvre → … 5. des plumes → …
6. trois arbres → … 7. une pièce → …

7 **Complète le tableau. Écris les quatre formes de l'adjectif.**

masculin singulier	masculin pluriel	féminin singulier	féminin pluriel
…	…	belle	…
décidé	…	…	…
…	comiques	…	…
…	…	…	réussies

8 **Relève les adjectifs qualificatifs avec le groupe nominal ou le pronom qu'ils précisent.**
À côté de chacun, écris MS (*masculin singulier*), MP (*masculin pluriel*), FS (*féminin singulier*), ou FP (*féminin pluriel*).

Fabien marche dans les chemins creux. […] Soudain, il s'arrête. Quelque chose l'intrigue. Là-bas, il y a un nuage de papillons au-dessus d'une touffe de fleurs violettes.
Fabien n'a jamais vu autant de papillons rassemblés.
[…]
Fabien s'approche à pas lents. Les papillons ont l'air de tourner en rond autour des fleurs. « Si ça se trouve, ils sont en train de faire une danse magique ! » se dit Fabien.
Mais il n'y croit pas pour de vrai.
Il fait encore quelques pas et les papillons se dispersent. Fabien se penche sur la touffe de fleurs. Dans l'herbe, au pied des tiges, il y a un gros escargot, un escargot bizarre. Sa coquille semble être en verre translucide, elle est presque lumineuse. […] C'est sûrement un escargot magique !

C. Poslaniec, *L'escargot de cristal*

AUJOURD'HUI

J'ai appris qu'il faut faire attention à l'accord de l'adjectif :
on n'entend pas toujours la différence entre le masculin et le féminin.

11

CONJUGAISON

Le présent de quelques verbes fréquents du 3e groupe (1)

Souviens-toi

1 Recopie les verbes du 2e groupe.
réussir – obéir – servir – tenir – bondir – dormir – guérir – offrir

N'OUBLIE PAS

- Le problème : comment être sûr qu'un verbe qui se termine par *-ir* est un verbe du 2e groupe ?
- La règle : les verbes du 2e groupe se conjuguent comme *finir*. Au présent, on entend *nous -issons*, *vous -issez*, *ils -issent*.
- La procédure : je conjugue le verbe au présent, avec *nous*, *vous* ou *ils*.

COLLECTIF Observe, réfléchis, essaie, discute

2 Relève les verbes conjugués. Écris leur infinitif.

3 Toi aussi, fais des phrases avec ces verbes.
Utilise tous les pronoms personnels de conjugaison, au singulier et au pluriel.

4 Observe ces tableaux de conjugaison. Échange tes remarques avec tes camarades.

dire			
je	dis	nous	disons
tu	dis	vous	dites
il, elle	dit	ils, elles	disent

lire			
je	lis	nous	lisons
tu	lis	vous	lisez
il, elle	lit	ils, elles	lisent

faire			
je	fais	nous	faisons
tu	fais	vous	faites
il, elle	fait	ils, elles	font

savoir			
je	sais	nous	savons
tu	sais	vous	savez
il, elle	sait	ils, elles	savent

5 Observe la conjugaison du verbe *vouloir*.
Le verbe *pouvoir* se conjugue de la même façon. Tu sais le dire.
Écris son tableau de conjugaison.

vouloir			
je	veux	nous	voulons
tu	veux	vous	voulez
il, elle	veut	ils, elles	veulent

pouvoir			
je	…	nous	…
tu	…	vous	…
il, elle	…	ils, elles	…

LIS LA RÈGLE

Aller, faire, dire, lire, savoir, pouvoir, vouloir sont des verbes du 3e groupe.

- On inscrit dans la bulle les marques de conjugaison qui sont régulières.

je … s ou je … x	→	je dis – je fais – je veux
tu … s ou tu … x	→	tu sais – tu lis – tu peux
il, elle … t	→	elle veut – il sait – il fait
nous … ons	→	nous voulons – nous faisons – nous lisons
vous … ez	→	vous voulez – vous savez – vous pouvez
ils, elles … ent	→	ils peuvent – elles savent
ils, elles … ont	→	ils font

- Quand la terminaison est irrégulière, on écrit tout le verbe dans la bulle, pour bien mémoriser son orthographe.

vous faites – vous dites

(À SUIVRE)

6 Pour le verbe *aller*, on fait comme pour *être* et *avoir*.
On l'inscrit entièrement dans la bulle.
Recopie le tableau de conjugaison du verbe *aller*.
Trace les bulles.

aller			
je	vais	nous	allons
tu	vas	vous	allez
il, elle	va	ils, elles	vont

Exerce-toi

7 Trace la bulle des verbes.

1. Est-ce que tu sais ta leçon ?
2. Je dis le début du poème, tu dis la fin.
3. Nous allons à la piscine si la voiture veut bien démarrer.
4. L'orage peut arriver d'un moment à l'autre.
5. Nos voisins font beaucoup de bruit.

8 Complète les phrases avec le verbe conjugué au présent. Trace la bulle.

1. *(lire)* En classe, nous … un roman policier.
2. *(faire)* Qu'est-ce que vous … au centre de loisirs ?
3. *(pouvoir)* Je ne … plus vous suivre ; je suis trop fatigué.

AUJOURD'HUI

- J'ai appris à conjuguer quelques verbes du 3e groupe.
- J'ai constaté que les terminaisons sont presque toujours les mêmes que pour le 2e groupe.

Différents sens pour un même mot

Souviens-toi

1 Quel est le mot au centre de l'étoile ?

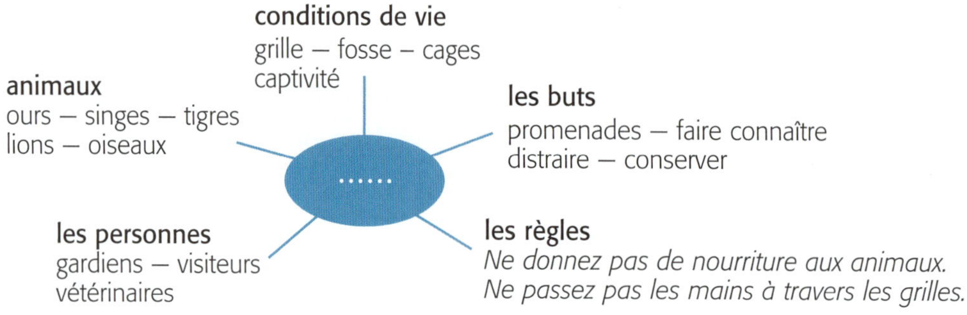

COLLECTIF

Observe, réfléchis, essaie, discute

2 Lis et observe cet article du dictionnaire.
– À quoi correspondent les numéros ?
– À quoi correspondent les phrases écrites en italique ?

piste n.f. **1.** Trace laissée sur le sol par le passage d'un animal. *Les chasseurs sont sur la piste d'un renard.* **2.** Ce qui met sur la bonne voie lors d'une recherche. *Le voleur est en fuite, la police n'a aucune piste pour l'instant.* **3.** Chemin non aménagé, juste tracé par le passage de personnes, d'animaux ou de véhicules. *Une piste en forêt, dans le désert.* **4.** Terrain aménagé pour le décollage et l'atterrissage des avions. *Les pistes d'un aéroport.* **5.** Tracé aménagé pour certains sports, certaines activités. *Une piste d'athlétisme. Une piste de ski. Une piste cyclable.* **6.** Espace circulaire qui sert de scène dans un cirque. *Les clowns entrèrent en courant sur la piste.* **7.** Espace aménagé pour la danse. *Les couples se dirigeaient vers la piste.* **8.** Chacune des parties d'un support magnétique qui sert à l'enregistrement des sons.

Dictionnaire Larousse Super Major © Larousse.

3 Pour chaque phrase, écris le numéro de la définition qui convient. Puis surligne le mot ou les mots qui t'ont « mis sur la piste ».

1. Dans les coulisses, les artistes attendent d'entrer en piste.
2. Depuis plusieurs heures, les chasseurs suivaient la piste du lynx.
3. Les cambrioleurs sont en fuite. La police n'a encore aucune piste.
4. Aujourd'hui la piste est très mouillée pour la finale du 400 mètres.
5. Lorsque l'appareil a quitté la piste, il peut replier son train d'atterrissage.
6. L'explorateur s'est éloigné de la piste ; il s'est perdu.
7. En fin de course la voiture qui était en tête a quitté la piste.

LIS LA RÈGLE

Un mot peut avoir plusieurs sens.

Quand un mot a plusieurs sens, les mots qui l'entourent permettent le plus souvent de savoir dans quel sens il est employé.

4 Tu connais bien maintenant les différents sens du mot *piste*.
C'est toujours le même mot parce qu'ils ont un point commun. Lequel ?
Échange tes idées avec tes camarades.

Exerce-toi

5 Écris deux phrases pour employer le mot *opération* dans deux sens différents.

6 Fais le même travail avec le verbe *retourner*.

7 Complète : c'est toujours le même verbe, avec des sens différents.

1. Le maître … les garçons qui se battent.
2. Une grille … les animaux des visiteurs.
3. Dans un kilomètre la route se … en deux routes plus petites.

COLLECTIF

Utilise tes connaissances pour étudier ce texte

1 Avec ce que tu connais sur les *étoiles du sens*, tu peux expliquer comment ce poème a été écrit.
Échange tes idées avec tes camarades.

2 Vérifie ! Dans chaque strophe du poème :
– encadre le mot que tu mettrais au centre de l'étoile ;
– souligne le mot qui serait au bout d'une branche de l'étoile.

3 Continue à étudier le poème : surligne tout ce qui se répète.

R. Magritte, *Le territoire*, 1957.

Tu dis sable
et déjà
la mer est à tes pieds.

Tu dis forêt
et déjà
les arbres te tendent leurs bras.

Tu dis colline
et déjà
le sentier court avec toi vers le sommet.

Tu dis nuage
et déjà
un cumulus t'offre la promesse du voyage.

Tu dis poème
et déjà
les mots volent et dansent
comme étincelles dans la cheminée.

J. P. Schneider, *Les plus beaux poèmes pour les enfants*

AUJOURD'HUI

J'ai appris qu'un mot peut avoir plusieurs sens.
Pour être sûr de bien comprendre, je dois faire attention aux mots qui l'entourent.

Exercices d'écriture

1 Écrire un texte narratif Utiliser les étoiles du sens pour imaginer

- Voici cinq mots : épine, mystère, laboratoire, impatient, fenêtre.

a) Pour chacun d'eux, fais une étoile du sens.

b) Sers-toi des étoiles du sens pour inventer une courte histoire.

2 Écrire à la manière de… (3)

- Écris un poème à la manière de J.P. Schneider (page 111).
On te donne le début de chaque strophe.

M. Chagall, *L'oiseau rouge, vers 1970.*

Tu dis nuit
et déjà
tu vois…

Tu dis nuit
et déjà
tu entends…

Tu dis nuit
et déjà
tu respires…

Tu dis nuit
et déjà
tu sens…

Tu dis nuit
et déjà
…

- Quand vous aurez fini, vous lirez vos poèmes.
Avec toutes vos idées, vous pourrez remplir et organiser, sur une grande feuille, l'étoile du sens du mot *nuit*.

Chantier d'écriture

Écrire la suite d'un récit (2)

Termine ton récit.

- Vérifie que les paroles et les actions du roi Léon correspondent bien à son caractère.
- À la fin de ton histoire, le roi Léon a-t-il changé ? Est-il resté le même ?

D'un texte à l'autre

COLLECTIF

Dès que les chèvres ont brouté,
Certain esprit de liberté
Leur fait chercher fortune ; elles vont en voyage
Vers les endroits du pâturage
Les moins fréquentés des humains.
Là s'il est quelque lieu sans route et sans chemin,
Un rocher, quelque mont pendant en précipices,
C'est où ces dames vont promener leurs caprices ;
Rien ne peut arrêter cet animal grimpant.

La Fontaine, *Les deux chèvres*.

Avec son regard mystérieux, ses cornes et sa barbiche, la chèvre a gardé un peu de l'allure et beaucoup du caractère de ses ancêtres sauvages. Très agile, elle peut aussi bien escalader les falaises d'une île grecque que grimper au sommet d'un acacia africain pour brouter ses feuilles qu'elle aime tant. Imprévisible et capricieuse, la voici qui quitte son troupeau sans crier gare, pour le rejoindre bien vite dès qu'elle se sent seule.

Le chemin des gourmandes

Mené par un chevrier, le troupeau se déplace en permanence, dans les chemins, en forêt, dans la garrigue ou le maquis. Les chèvres peuvent parcourir dix kilomètres par jour. En montagne, elles grimpent et dévalent les pentes sans difficulté. Tout au long du parcours, la chèvre prospecte les bas-côtés du chemin, enfonce la tête au cœur des buissons, se dresse sur ses pattes arrière pour atteindre un rameau. Elle choisit soigneusement ce qu'elle mange mais ses goûts sont très variés.

Délices pour chèvres

À l'herbe tendre, les chèvres préfèrent les saveurs plus fortes, comme les feuilles de chênes ou les aiguilles parfumées des genévriers.

Jean-Baptiste de Panafieu, *Des chèvres* © Gulf Stream Éditeur.

- Tu as lu trois textes sur les chèvres.
Lequel est un récit ? une fable ? un texte documentaire ?
- Avec ces trois textes que peux-tu dire du caractère des chèvres ?
- À ton avis, pourquoi les chèvres de Monsieur Seguin s'ennuyaient-elles ?

G. Braque, *Bord de mer*, 1952.

La plage (EXTRAIT)

Trois enfants marchent le long d'une grève. Ils s'avancent, côte à côte, se tenant par la main. Ils ont sensiblement la même taille, et sans doute aussi le même âge : une douzaine d'années. Celui du milieu, cependant, est un peu plus petit que les deux autres.

Hormis ces trois enfants, toute la longue plage est déserte. C'est une bande de sable assez large, uniforme, dépourvue de roches isolées comme de trous d'eau, à peine inclinée entre la falaise abrupte, qui paraît sans issue, et la mer.

Il fait très beau. Le soleil éclaire le sable jaune d'une lumière violente, verticale. Il n'y a pas un nuage dans le ciel. Il n'y a pas, non plus, de vent. L'eau est bleue, calme, sans la moindre ondulation…

Ils sont blonds, presque de la même couleur que le sable : la peau un peu plus foncée, les cheveux un peu plus clairs. Ils sont habillés tous les trois de la même façon, culotte courte et chemisette, l'une et l'autre en grosse toile d'un bleu délavé. Ils marchent côte à côte, se tenant par la main, en ligne droite, parallèlement à la mer et parallèlement à la falaise, presque à égale distance des deux, un peu plus près de l'eau pourtant. Le soleil au zénith ne laisse pas d'ombre à leur pied.

Devant eux le sable est tout à fait vierge, jaune et lisse depuis le rocher jusqu'à l'eau. Les enfants s'avancent en ligne droite, à une vitesse régulière, sans faire le plus petit crochet, calmes et se tenant par la main. Derrière eux le sable, à peine humide, est marqué de trois lignes d'empreintes laissées par leurs pieds nus…

A. Robbe-Grillet, *La plage*, in *Instantanés* © Éditions de Minuit.

grève n.f. Étendue de sable au bord de la mer.
hormis Excepté, sauf.
abrupt, -e adj. Presque vertical, escarpé, à pic.
au zénith Le soleil est au zénith lorsque, à midi, il est droit juste au-dessus de notre tête.
vierge adj. Sans aucune trace, sans aucune inscription, comme une page blanche.

COLLECTIF

Observe le texte pour mieux le comprendre

1 Construis l'étoile du sens du mot *plage* en utilisant seulement les mots du texte.

2 Surligne :
– en bleu les phrases qui parlent des enfants ;
– en jaune les phrases qui parlent du paysage.

3 Dans les phrases qui parlent des enfants, que remarques-tu ? Cela te fait-il penser à d'autres textes ? Échange tes remarques avec tes camarades.

4 Encadre tous les mots qui indiquent la couleur. Compare les enfants et le paysage.

5 Dans le texte, il y a 19 verbes conjugués. Combien de fois y a-t-il le verbe *être* ? le verbe *avoir* ? Discute : à quoi servent les verbes *être* et *avoir* dans ce texte ?

QUAND J'ÉCRIRAI

- Je penserai que je peux utiliser le verbe *être* et le verbe *avoir* :
– pour écrire des définitions (p. 79)
– pour faire un portrait (p. 95)
– pour décrire.

6 Recopie la phrase qui présente le mieux le texte. Prépare-toi à justifier ton choix.

1. Trois enfants s'amusent à courir sur la plage le long de la falaise.
2. Trois enfants sont heureux de bronzer au soleil en marchant sur la plage.
3. Trois enfants marchent sur la plage, à midi, entre la falaise et la mer.
4. Trois enfants marchent à midi sur la plage, à l'ombre de la falaise.

7 *Le travail que tu viens de faire, c'est celui que fait un comédien qui se prépare à dire un texte. Tu as compris que les enfants marchent calmement, régulièrement.*

Lis le texte à haute voix de la même manière, calmement, toujours à la même vitesse.
Il faut essayer plusieurs fois pour y arriver.
En vous écoutant les uns les autres, vous vous aiderez à progresser.

8 Que retrouves-tu du texte dans le tableau de Braque ?

1 **Surligne les adjectifs et trace leur bulle.**

une route étroite – les hautes montagnes
une feuille déchirée – les jolies robes
le livre jauni – des raisins mûrs

2 **Surligne les adjectifs et trace leur bulle.**

1. Les grenouilles vertes sautent dans la mare.
2. Cet explorateur est courageux.

3 **On a tracé la bulle de l'adjectif. Remplis-la.**

1. Tu as toujours des idée(s) original( ).
2. Les escalier(s) sont obscur( ).
3. Mon addition( ) est juste( ).
4. Le maître rend les dictée(s) corrigé( ).

4 **Cherche un groupe nominal pour chacun de ces adjectifs. Trace la bulle.**

1. ronde – rôtie – surgelé – bleue
2. intelligentes – rouges – amusante
3. glacées – clairs – blond

5 **Récris ces groupes nominaux avec un adjectif qualificatif qui convient. Trace les bulles.**

des champignons ... – un chat ...
un repas ... – des jeux ...
des activités ... – des roses ...
une feuille ...

6 **Pour chaque groupe nominal, trouve plusieurs adjectifs qualificatifs qui conviennent.**

la mer – les cheveux – le loup

7 **Surligne les adjectifs qualificatifs et trace leur bulle. Puis écris S pour *singulier* ou P pour *pluriel*.**

quatre équipes différentes
cette place déserte – une lune brillante
des enfants capricieux – trois étoiles filantes
quelques outils utiles – une orange amère
le café sucré – un jour pluvieux
les petits oiseaux

8 **Surligne les adjectifs qualificatifs et trace leur bulle. Puis écris M pour *masculin* ou F pour *féminin*.**

une grosse frayeur – les chiens savants
la serviette mouillée – l'arbre tordu
des animaux sauvages – la table décorée

9 **Écris M pour *masculin* ou F pour *féminin*.**

- des fleurs fanées
- une journée pluvieuse
- des pneus gonflés
- un énorme éléphant gris
- les hirondelles blanches et noires

10 **Trace les bulles. Puis écris M pour *masculin* ou F pour *féminin*.**

- des rouets cassés
- des mansardes froides
- des opales changeantes

11 **Complète le tableau. Écris les quatre formes de l'adjectif.**

masculin singulier	masculin pluriel	féminin singulier	féminin pluriel
...	...	claire	...
...	courageux	...	...
...	...	...	étonnées
facile	...	...	...

12 **Recopie chaque groupe nominal et écris tout ce que tu peux savoir de lui :**
– masculin, féminin, singulier, pluriel ;
– repris par *il, elle, ils, elles*.

trois hiboux – cette orange – le tapis
des marmites – ses moustaches
mon camarade – ma gomme

1 **Surligne les verbes, puis écris leur infinitif.**

1. Tu écoutes une nouvelle chanson.
2. Nous attendons votre arrivée avec impatience.
3. Ce soir, tu dormiras chez tes amis.
4. Vous parlez tous ensemble.
5. Le vent poussait les nuages de pluie.

2 **Recopie les verbes à l'infinitif.**

la cendre – enregistrer – un soupir
souvent – finir – vérifier – une allée
le dîner – un métier – prendre

3 *Dans le dictionnaire, on trouve le verbe à l'infinitif.*

À quelle entrée trouves-tu les verbes de ces phrases dans le dictionnaire ? Vérifie.

1. À la visite médicale, l'infirmière mesure les élèves.
2. Chaque joueur distribue les cartes à son tour.
3. Je finirai mon goûter tout à l'heure.
4. Nous jouons dans la cour de récréation.

4 **Écris le pronom personnel de conjugaison qui convient.**

… attendons – … cherche – … continuez
… commencent – … demande – … prenez
… glissons – … cachent – … préfère

5 **Récris les phrases avec le pronom personnel de conjugaison qu'on te donne.**

1. (*Nous*) Je lève la tête, je regarde le monstre.
2. (*Ils*) J'ai tellement peur que je reste muet.
3. (*Vous*) Heureusement j'ai une longue corde.
4. (*Elle*) J'attrape le monstre au lasso.

6 **Pour chaque phrase, écris la personne de conjugaison du verbe.**

1. Nous déposons nos sacs dans le couloir.
2. J'illustre mon histoire par un dessin.
3. Le maître pose des questions.
4. Les jeux de cette page sont difficiles.
5. Vous partez à la chasse au trésor.

7 **Trace la bulle des verbes.**

1. Nous écoutons de la musique en silence.
2. À la fin de l'exercice, le maître ramasse les cahiers.
3. Vous préparez le journal de la classe.
4. Nos tourterelles ont une grande cage.
5. En classe, je suis à côté de ma copine.

8 **Choisis le bon verbe : *être* ou *avoir*. Conjugue-le au présent.**

1. Vous … envie de sortir ?
2. Elles … prêtes à partir.
3. Tu … toujours en avance.
4. Ils … une heure de retard.

9 **Écris le pronom personnel de conjugaison qui convient**

1. … ai un ami. … est très drôle.
… allons au judo ensemble.
2. … ai une amie. … est très drôle.
… allons au judo ensemble.

10 **Recopie les verbes du 1er groupe.**

vous sortez – vous quittez – vous partez
vous abandonnez – vous laissez – vous fuyez

11 **Recopie les verbes du 2e groupe.**

remplir – agir – mentir – réunir – offrir
couvrir

12 **Conjugue au présent les verbes entre parenthèses. Tu retrouveras le texte exact.**

Ils (*décider*) de m'envoyer à l'école.
Je ne (*vouloir*) pas !
C'(*être*) épouvantable !
C'(*être*) atroce !
Je (*protester*) !
Je (*refuser*) !
Je ne (*vouloir*) pas aller à l'école !
Mais, au fait…
Je ne (*savoir*) pas ce que c'(*être*), moi, l'école…

P. Thiès, Mérel, *Petit Féroce va à l'école* © Rageot.

1 **Range les mots suivants à leur place :**

fragile – espadrille – encore – vague

1. fourmi – … – frais
2. vacances – … – valise
3. enchanter – … – encre
4. espace – … – essuyer

2 **Pour chercher ces mots dans ton dictionnaire, tu l'ouvres…**

– astronaute	vers le début	au milieu	vers la fin
– raconter	vers le début	au milieu	vers la fin
– sucre	vers le début	au milieu	vers la fin
– histoire	vers le début	au milieu	vers la fin
– château	vers le début	au milieu	vers la fin
– meuble	vers le début	au milieu	vers la fin

3 **Si tu ranges ces mots dans l'ordre alphabétique, lequel vient en premier ? lequel vient en dernier ?**

1. glisser – couleur – confiture – explorer – content
2. nez – gorge – oreille – œil – menton – narine
3. feu – cendre – braise – tison – flamme – brûler
4. arbuste – arbre – arboriculture – arbrisseau

4 **Recopie chaque ligne en plaçant le mot que l'on te donne.**

fort — forêt – forgeron – formule – fortune

plongeon — pliure – pluie – plume – poche

campagne — calcul – calme – camarade – caméra

lecture — lavabo – leçon – légende – lent

vilebrequin — vilain – villa – village – ville

5 **Range les mots suivants dans le tableau.**

buisson – briser – butin – butte – byzantin
buffet – bûche – bulle – bureau

avant *buée*	entre *buée* et *but*	après *but*
…	…	…

6 **Recopie le mot ou les mots encadrés par :**

1. *champignon – changement*
chance – chat – chambre – chemise
2. *fondre – forêt*
fort – forme – football – fondant – forestier
3. *humanité – hurler*
humain – humour – hurluberlu – hurlement humide
4. *scie – scrupule*
scolaire – scène – science – scalp – scribe sculpter

7 **Complète ces phrases. Tous les mots appartiennent à la famille de *glace*.**

1. Il fait si froid que j'ai les oreilles ….
2. Veux-tu un … pour rafraîchir ton jus de fruit ?
3. Nous emportons toujours une … en pique-nique pour garder nos bouteilles au frais.
4. En montagne, les … sont d'immenses champs de glace.
5. J'aime les glaces à la vanille du pâtissier-… de ma rue.

8 **Trouve un nom dérivé de chaque adjectif.**

poli – gentil – doux – grossier – méchant
féroce

9 **Trouve un nom dérivé de chaque verbe.**

féliciter – mentir – moucher – grogner
répondre

10 **Trouve un verbe dérivé de chaque nom.**

abri – merci – germe – colle – fin

11 **À quel mot penses-tu pour écrire la lettre muette de :**

flot – regard – bavard – désert – bord
début

Dans les unités 13 à 16, tu vas apprendre à :

- Étendre le groupe nominal
- Conjuguer les verbes au présent de l'impératif et au futur
- Distinguer les mots qui se prononcent de la même façon, mais qui n'ont pas le même sens
- Mieux contrôler l'écriture des sons [ɛ̃], [ɔ̃], [wa], [wɛ̃]

Grâce à ce travail, tu sauras mieux :

- Lire et utiliser des textes documentaires
  Lire, comprendre et écrire des textes qui donnent des conseils et des ordres
- Enrichir les textes que tu écris
  Raconter : écrire un journal
- Dire des textes à haute voix pour les interpréter

Pour faire le portrait d'un oiseau

Peindre d'abord une cage
avec une porte ouverte
peindre ensuite
quelque chose de joli
quelque chose de simple
quelque chose de beau
quelque chose d'utile
pour l'oiseau
placer ensuite la toile contre un arbre
dans un jardin
dans un bois
ou dans une forêt
se cacher derrière l'arbre
sans rien dire
sans bouger…
Parfois l'oiseau arrive vite
mais il peut aussi bien mettre de longues années
avant de se décider
Ne pas se décourager
attendre
attendre s'il le faut pendant des années
la vitesse ou la lenteur de l'arrivée de l'oiseau
n'ayant aucun rapport
avec la réussite du tableau
Quand l'oiseau arrive
s'il arrive
observer le plus profond silence
attendre que l'oiseau entre dans la cage
et quand il est entré
fermer doucement la porte avec le pinceau
puis
effacer un à un tous les barreaux
en ayant soin de ne toucher aucune des plumes de l'oiseau
Faire ensuite le portrait de l'arbre
en choisissant la plus belle de ses branches
pour l'oiseau
peindre aussi le vert feuillage et la fraîcheur du vent
la poussière du soleil
et le bruit des bêtes de l'herbe dans la chaleur de l'été
et puis attendre que l'oiseau se décide à chanter
Si l'oiseau ne chante pas
c'est mauvais signe
signe que le tableau est mauvais
mais s'il chante c'est bon signe
signe que vous pouvez signer
Alors vous arrachez tout doucement
une des plumes de l'oiseau
et vous écrivez votre nom dans un coin du tableau.

Jacques Prévert, *Paroles* © Éditions Gallimard.

COLLECTIF

Observe le texte pour mieux le comprendre

1 Relève les verbes qui donnent des conseils. Que remarques-tu ?

2 Découpe le poème pour retrouver les cinq parties suivantes :
la préparation – l'attente – le portrait de l'oiseau –
le portrait de l'arbre – la signature
Justifie tes réponses.

3 Continue à étudier le poème.
a) *Jacques Prévert écrit souvent sans noter la ponctuation. Pourtant ce poème respire.*
Pour trouver cette respiration, lis le poème à mi-voix et inscris les signes de ponctuation que tu connais : les virgules et les points.
b) *À certains endroits, tu as peut-être eu envie de faire durer les respirations. Il y a un signe de ponctuation pour cela : le point-virgule (;).*
Fais des essais de lecture avec tes camarades, et mettez-vous d'accord sur la longueur de vos pauses : virgule ou point-virgule.
c) Observe le texte aux endroits où vous avez senti qu'il fallait mettre des points-virgules. Que remarques-tu ? Discute avec tes camarades.

4 Utilise la ponctuation choisie pour bien lire le poème à haute voix.

Mémorise l'orthographe

LES MOTS DU TEXTE

5 Recopie quelques mots du texte que tu trouves difficiles à écrire.

6 Recopie ces mots invariables et entraîne-toi à les écrire.
ensuite – quelque chose – contre – vite – aussi – avant – pendant – doucement – alors

COLLECTIF

LES SONS ET LEURS ÉCRITURES

7 Recopie les huit mots du texte où tu entends [ɛ̃], comme à la fin de *jardin*.
Encadre les lettres qui servent à écrire ce son : *jard*[*in*].

8 Classe les mots que tu as recopiés dans ce tableau.

	in	im	ain	ein	en	je retiens aussi
[ɛ̃]	…	…	…	…	…	la faim – saint sympathique – vingt

9 Classe les mots suivants dans ton tableau.
ancien – bain – combien – cousin – fin – foin – gardien – grain – grimper
humain – important – imprudent – incliner – juin – magicien – main – mince
moyen – pincer – plein – prochain – refrain – simple – timbre – vin

13 Les expansions du groupe nominal

Souviens-toi

1 Complète les groupes nominaux avec un adjectif qui convient. Trace les bulles.
des nuages – une tempête – un son – des nuits

COLLECTIF Observe, réfléchis, essaie, discute

2 *Quand tu parles, tu sais apporter des précisions au groupe nominal*
– avec des adjectifs qualificatifs,
– mais aussi avec d'autres moyens.

a) Observe ce que disent les enfants.
Trouve plusieurs manières de préciser le groupe nominal *les pompiers*.

Les habitants félicitent les pompiers.

b) Trouve maintenant plusieurs manières de préciser les groupes nominaux soulignés.
Les enfants aiment les contes.
L'animateur présente une émission.

3 Dans ces phrases, surligne :
– en bleu le groupe nominal de départ,
– en jaune les parties ajoutées.

1. Le banc est tout mouillé.
2. Le banc de la cour est tout mouillé.
3. Le vieux banc est tout mouillé.
4. Le banc près des arbres est tout mouillé.
5. Le banc vert est tout mouillé.
6. Le banc qui est à côté du bac à sable est tout mouillé.
7. Le banc où je m'assieds d'habitude est tout mouillé.
8. Le banc de l'école maternelle est tout mouillé.
9. Le banc qui vient d'être repeint est tout mouillé.
10. Le banc que ma petite sœur préfère est tout mouillé.

4 À ton avis, peut-on dire :
– Le petit banc vert de l'école maternelle qui est à côté du bac à sable est tout mouillé.
– Le petit banc vert de l'école maternelle qui est à côté du bac à sable et qui vient d'être repeint est tout mouillé.
– Le petit banc vert de la cour où je m'assieds d'habitude et qui vient d'être repeint est tout mouillé.

Conclus : un groupe nominal peut-il être très long ?
Échange tes idées avec tes camarades.

5 **Maintenant regarde bien les groupes nominaux de départ : peut-on leur retirer des mots ?**

les habitants – les pompiers – les contes – l'animateur – une émission – le banc

Échange tes idées avec tes camarades.

LIS LA DÉFINITION

- Un groupe nominal peut être long, et même très long, si on l'étend beaucoup.
- Le plus petit groupe nominal, c'est le nom avec son déterminant. On peut toujours l'étendre, mais on ne peut rien lui enlever. Tu le connais depuis le début de l'année. On l'appelle le **groupe nominal minimal**.

(À SUIVRE)

Exerce-toi

6 **Récris ces phrases en étendant les groupes nominaux minimaux soulignés.**

1. Le jardin est fleuri.
2. La chambre a une fenêtre.

7 **Récris ces phrases en ajoutant un adjectif à chaque groupe nominal souligné.**

1. J'aimerais naviguer sur un bateau à voiles.
2. La neige qui est tombée à gros flocons recouvre la route.
3. Le dompteur de fauves que les enfants applaudissent est entouré de quatre lions à la crinière rousse.

8 **Surligne les groupes nominaux et trace la bulle des groupes nominaux minimaux qui ont été étendus. On a commencé, continue.**

1. Les chercheurs de l'expédition archéologique découvrent une ville enfouie sous le sable.
2. L'auteur de romans policiers présente son dernier livre.
3. Le pilote qui a réussi à poser son avion en flammes a réalisé un exploit magnifique.
4. Les huskys sont des chiens aux yeux bleus avec une épaisse fourrure.

9 **Trace toutes les bulles que tu sais faire.**

1. Les élèves de l'école participent à la décoration des couloirs.
2. Ces énormes pierres empêchent le stationnement des voitures.

10 **Recopie tout ce qui étend les groupes nominaux minimaux en gras.**

Leur institutrice s'appelait Mlle Candy et devait être âgée d'environ vingt-trois ou vingt-quatre ans. Elle avait **un** ravissant **visage** ovale et pâle de madone avec des yeux bleus et une chevelure châtain clair. Elle était si mince et si fragile qu'on avait l'impression qu'en tombant elle aurait pu se casser en mille morceaux, comme **une statuette** de porcelaine. Mlle Jennifer Candy était **une personne** douce et discrète qui n'élevait jamais la voix, que l'on voyait rarement sourire mais qui possédait le don exceptionnel de se faire adorer de tous les enfants qui lui étaient confiés [...] Mlle Legourdin, la directrice, était d'une autre race : c'était **une géante** formidable, **un** monstrueux **tyran** qui terrorisait également élèves et professeurs.

Roald Dahl, *Matilda*, traduction Henri Robillot © Gallimard.
© Roald Dahl Nominee Ltd, 1988.

AUJOURD'HUI

J'ai appris que le groupe nominal peut être minimal ou très étendu.

LE PRÉSENT DE L'INDICATIF

Le présent des verbes du 3e groupe (2)

Souviens-toi

1 Conjugue les verbes au présent avec les pronoms personnels qu'on te donne.

parler : tu … – *réunir* : nous … – *vouloir* : ils … – *entendre* : vous …

COLLECTIF Observe, réfléchis, essaie, discute

2 On a demandé à une classe de CE2 de ranger des verbes conjugués dans leur groupe. Voici le travail d'un élève. Il y a cinq erreurs. Retrouve-les.

1er groupe	2e groupe	3e groupe
vous prouvez	elle guérit	j'agrandis
j'offre	nous glissons	on peut
tu ouvres	tu vernis	vous soutenez
il mange	ils dévissent	nous dormons

Explique pourquoi cet élève a fait des erreurs.
Échange tes idées avec tes camarades.

3 Tu sais déjà que les verbes du 3e groupe n'ont pas tous la même forme à l'infinitif. Vérifie-le. Écris les verbes suivants à l'infinitif.

j'écris – tu réponds – on lit – tu sais – nous ouvrons – vous venez – il pleut
je dis – tu ris – elle sort – vous croyez – ils vivent

4 Rappelle-toi les terminaisons régulières de la conjugaison du 3e groupe.

a) Conjugue au présent :

rendre : nous … – *boire* : je … – *savoir* : tu …
servir : vous … – *mettre* : ils … – *retenir* : je …

b) Recopie les tableaux de conjugaison et remplis les bulles.

partir	
je par◯	nous part◯
tu par◯	vous part◯
il, elle par◯	ils, elles part◯

prendre	
je prend(s)	nous pren◯
tu prend(s)	vous pren◯
il, elle pren(d)	ils, elles prenn◯

c) Écris le tableau de conjugaison du verbe *sortir* au présent.

5 *Quand tu parles, tu sais conjuguer le verbe* mettre.

a) **Recopie le tableau de conjugaison. Complète les bulles.**

b) **Écris le tableau de conjugaison du verbe *battre*.**

mettre	
je met(s)	nous mett( )
tu met(s)	vous mett( )
il, elle met(t)	ils, elles mett( )

6 *Dans le 3e groupe, certains verbes se conjuguent au présent comme les verbes du 1er groupe.*

a) **Recopie le tableau de conjugaison du verbe *ouvrir*. Trace les bulles.**

b) **Écris le tableau de conjugaison du verbe *offrir*.**
Pour ne pas te tromper, pense toujours à ce que tu sais dire.

ouvrir	
j' ouvre	nous ouvrons
tu ouvres	vous ouvrez
il, elle ouvre	ils, elles ouvrent

7 *Quand tu parles, tu sais conjuguer le verbe* venir.

a) **Recopie le tableau de conjugaison. Trace les bulles.**

b) **Écris le tableau de conjugaison du verbe *tenir*.**

venir	
je viens	nous venons
tu viens	vous venez
il, elle vient	ils, elles viennent

Exerce-toi

8 **Conjugue au présent.**

descendre : tu … *rendre* : je …
croire : on … *conduire* : nous …

9 **Complète les phrases avec le verbe conjugué au présent. Trace la bulle du verbe.**

1. (*voir*) Sur cette photo, on … tous mes copains.
2. (*mettre*) Pour se protéger la tête, les cyclistes … un casque.
3. (*lire*) Le soir, je … avant de dormir.
4. (*entendre*) Est-ce que tu … le bruit du vent ?
5. (*couvrir*) Un gros nuage … le soleil.

10 **Conjugue les verbes au présent et retrouve le texte exact.**

Ce que Grand-Père (*aimer*) par-dessus tout, c'est nous raconter des carabistouilles. Par exemple, il (*prétendre*) que la bague de la marquise de Cucufa (*être*) enterrée quelque part dans le jardin.
Il (*raconter*) également que dans la cave il y a Jules, son sanglier. Moi, je ne le (*croire*) pas, mais quand je (*descendre*) à la cave, je (*regarder*) bien partout… On ne (*savoir*) jamais.

Arnaud Almeras, *Mystère et carabistouille*
© J'aime lire, Bayard Jeunesse, 1994.

AUJOURD'HUI

J'ai appris à conjuguer au présent des verbes du 3e groupe que l'on utilise souvent.

13 Les homophones (1)

Souviens-toi

1 Classe les mots de ces phrases dans le tableau.

Les contrôleurs aériens travaillent dans les aéroports.
Ils organisent la circulation des avions. Leur métier est difficile.

déterminant	nom	adjectif	pronom	verbe	autres mots
...	...	...	...	...	...

COLLECTIF Observe, réfléchis, essaie, discute

2 Lis à haute voix les phrases suivantes. Que remarques-tu ?

1. Si tu vas au bout du chemin, tu marcheras dans la boue.
2. Le glaçon fond au fond du verre.
3. On voit le train arriver sur la voie 17.
4. Pour tricher, je pousse discrètement le pion avec mon pouce.
5. Pour faire une bonne confiture, il faut des mûres bien mûres.
6. J'aimerais bien avoir un verre à pied vert.
7. Devant le loup, la belle petite chèvre bêle.
8. Je bois l'eau de la source du bois.

R. Peynet, 1985.

3 Pour chaque phrase, recopie les mots qui se prononcent de la même façon. Indique à côté de chacun si c'est un nom, un verbe ou un adjectif.

4 Cherche des mots qui se prononcent de la même façon que :

une *paire* – la *mer* – une *aile* – l'*eau* – *mais* – un *mètre* – un *pot* – *taire*

Emploie-les dans une phrase pour faire comprendre leur sens.
Vérifie leur écriture dans le dictionnaire.

5 Classe dans le tableau les mots des activités 2 et 4 qui se prononcent de la même façon.

Mots qui s'écrivent de la même façon	Mots qui ne s'écrivent pas de la même façon
...	...

LIS LA DÉFINITION

Des mots qui se prononcent de la même façon s'appellent des **homophones**.

- Parfois ils s'écrivent de la même façon :

il *fond* – le *fond*   on *court* – ce pull est trop *court*

- Parfois ils ont des orthographes différentes :

un *verre* – *vert*

(À SUIVRE)

6 Cherche dans ton dictionnaire les mots *vase*, *page*, *mine*.
Échange tes observations avec tes camarades.

Exerce-toi

7 a) Complète.
2 est un nombre … , comme 4, 6, 8, 10, 26, 32, 36, et une infinité d'autres !

b) **Ajoute une lettre.** C'est un ensemble de deux choses identiques.

c) Écris deux phrases avec deux autres mots qui se prononcent [pɛr].

8 Pour chacune de ces villes de France, écris
a) un nom homophone
- Cannes – Corbeilles – Fougères – Lens
- Lyon – Mantes – Meaux – Menton – Paris
- Pau – Rennes – Sens – Tours – Vannes

b) un adjectif homophone
- Cours – Grasse – Graves – Lourdes – Saintes

c) Cherche dans ta région un nom de ville ou de village qui a un homophone.

COLLECTIF Utilise tes connaissances pour étudier ce texte

Il y a le vert du cerfeuil
Et il y a le ver de terre.
Il y a l'endroit et l'envers,
L'amoureux qui écrit en vers,
Le verre d'eau plein de lumière,
La fine pantoufle de vair
Et il y a moi, tête en l'air,
Qui dis toujours tout de travers.

Maurice Carême, « Homonymes »,
Le mât de cocagne © Fondation Maurice Carême.

Pantoufle de vair : Pantoufle de petit-gris (variété d'écureuil) d'un gris ardoisé.

1 Relève les homophones. Donne le sens de chacun.

2 Quelle règle Maurice Carême a-t-il suivie pour écrire ce poème ?

3 Relève les autres mots dans lesquels on entend [vɛʀ].

4 Cherche deux autres mots dont la dernière syllabe se prononce [vɛʀ], et écris deux vers pour continuer le poème.

AUJOURD'HUI

J'ai appris qu'il y a des mots homophones. C'est bien pour faire des jeux de mots.

13

POUR ÉCRIRE ET POUR LIRE

Exercices d'écriture

1 Étendre un groupe nominal minimal

Le vent

Je chante et les arbres écoutent
Je hurle et les portes grincent
Je caresse les feuilles doucement
Je les arrache brutalement
J'emporte les graines et les plumes
J'abaisse les fumées des cheminées
Je cours dans les prés
Personne ne me voit mais chacun m'entend.

L. Hirsch, DR.

- **Fais travailler ton imagination. Étends les groupes nominaux minimaux soulignés.**

Voici comment un élève de CE2 a commencé :

Je chante et les vieux arbres de la forêt écoutent.

2 Utiliser les homophones

- **Tu connais sans doute cette comptine. Comment est-elle construite ?**
- **À ton tour, utilise tous les homophones du mot *cour* pour écrire une comptine, un poème ou une courte histoire.**

cour n.f. Espace entouré de murs ou de bâtiments.
Cour n.f. Ensemble des personnes qui entourent un roi.
courre n.f. Chasse à cheval avec une meute de chiens.
Je **cours**, tu **cours**, etc.
cours n.m. Leçon donnée par un professeur.
cours n.m. Mouvement de l'eau d'une rivière, d'un fleuve.
cours n.m. Avenue aux larges trottoirs.
court n.m. Terrain de tennis.
court adj. Qui a peu de longueur, qui dure peu de temps.

Il était une fois
Dans la ville de Foix
Une marchande de foie
Qui vendait du foie.
Elle se dit ma foi
C'est la première fois
et la dernière fois
que je vends du foie
Dans la ville de Foix.

Château fort des Comtes de Foix (XIe-XIVe s).

Pont du Diable (XIIIe s), environs de Foix.

Chantier d'écriture

Écrire un journal de voyage (1)

- **Rassemble de la documentation sur une région ou une ville de France :** livres, guides, journaux, dépliants touristiques, etc.
- **Lis-les attentivement** pour préparer le voyage que tu vas faire dans ta tête, et que tu raconteras dans ton journal de voyage.
- **Rédige aujourd'hui la première page de ton journal :** pourquoi as-tu choisi cette destination ?

Tu as trois semaines pour faire ce travail.

COLLECTIF
D'un texte à l'autre

Douze milliards d'yeux

« Eh, Maman, c'est une plaisanterie, tu ne vas quand même pas accrocher ce gribouillage en plein milieu du salon ? » râle Fabien, le grand frère de Pierre.

La beauté que nous ressentons dans les gens, dans une œuvre d'art, un paysage, un poème, une photographie, dans les chants des oiseaux, dans une chanson, un morceau de piano… dépend de ce que veulent dire, pour nous, ces gens, ces œuvres d'art, ces paysages, ces poèmes, cette musique.
On peut trouver très beau un vieux marin tout ridé, parce que, dans ses rides, on voit le soleil, la traversée des océans, le goût de l'eau salée, les voiliers, l'aventure…
Personne n'a la définition de la beauté, on ne peut pas ranger, d'un côté, ce qui est beau pour tout le monde, de l'autre, ce qui est laid pour tout le monde. Il y a plus de 6 milliards d'humains sur Terre, plus de 12 milliards d'yeux et d'oreilles qui ne voient pas et n'entendent pas de la même façon.

Touché !

« Quand j'écoute cette musique, j'ai le cœur qui bat plus vite. »
« Devant le coucher du soleil, j'ai les larmes aux yeux. »
« La voix de cette chanteuse est tellement belle que j'en ai la chair de poule. »
« C'est beau, un feu de cheminée, je peux rester des heures à le regarder, ça m'hypnotise. »
« Lire de la poésie, ça me fait du bien. »
« Quand j'ai vu les pyramides d'Égypte, j'ai eu le souffle coupé. »

La beauté nous fait quelque chose, on dit qu'on est « touché » par la beauté. Dans notre corps, dans notre cœur, sur notre peau. […]

« Il m'a appris à aimer la musique classique. »

Apprendre à trouver beau, voilà une idée bizarre ! Si la beauté provoque un plaisir, une joie, un bonheur, comment peut-on l'apprendre ? On la ressent ou on ne la ressent pas.
C'est vrai, on ne peut pas apprendre à trouver beau, mais on peut apprendre à regarder, à écouter, à sentir.

Brigitte Labbé, Michel Puech, Jacques Azam, « La beauté et la laideur », *Les Goûters philo* © Milan.

- Quelles sont les différentes façons de comprendre la phrase de Fabien :
  – avec la première partie du texte ?
  – avec le texte entier ?
- Relis la fin du poème de Prévert, page 120. Comment comprends-tu maintenant « si l'oiseau ne chante pas... c'est bon signe » ?
- Écris ce que toi, tu trouves beau.

Dans le monde chrétien, depuis le début du Moyen Âge, des hommes se rendent à pied à Saint-Jacques de Compostelle, en Espagne. Ce sont des pèlerins.

Plateau d'Aubrac, montée au hameau de Montgros

En amont du moulin de la folle, sur une large dalle de granit enjambant la Rimaize, deux enfants pêchent le vèron.

Vacances de printemps. La vie est belle : une semaine à courir en plein vent le long des ruisseaux.

Ils sont montés de Malbouzon à vélo.

Le plus jeune me fait penser à Simon : le teint pâle et le regard clair dans l'ombre de la casquette. Il me montre avec fierté la truite qu'il vient de prendre.

Conques, 14 avril

L'aube s'est levée sur un horizon gris. Bientôt vent et pluie ont investi le paysage.

Depuis le matin je marche vers Conques où j'ai tant souhaité revenir. (...)

Passé le hameau de Fonromieu, voici enfin le vallon de l'Ouche. Je n'ai plus qu'à me laisser glisser par le sentier pentu dans le sous-bois.

Au dernier épaulement du versant je m'arrête, saisi comme la première fois : sous mes yeux, suspendues dans l'ombre bleue du vallon, les trois tours ocrées du sanctuaire et la cascade des toits de lauzes luisantes de pluie.

Comme en rêve je descends sur les pavés ronds et glissants (...)

Feuille de pastel.

(Plusieurs jours plus tard)

Quittant Lectoure en direction de l'ouest le chemin franchit le Gers au pont de pile.

Au bord de la rivière, dans un ancienne tannerie, est installée une petite manufacture. On y extrait le « bleu de pastel de Lectoure » à partir de la feuille de pastel, une plante vivace à fleurs jaunes cultivée dans la région.

La macération des feuilles fraîches libère un pigment indigo dont la coloration n'apparaît qu'après oxydation à l'air.

On l'utilise pour teindre les tissus mais aussi pour la peinture.

Dans mon sac j'emporte un peu de bleu pour l'aquarelle et une feuille de pastel.

Jacques Dary, *Compostelle, carnet d'un pèlerin* © Éditions Ouest-France.

Aubrac Région montagneuse de la Lozère et de l'Aveyron, dans le Sud-Ouest de la France.
vèron n.m. Petit poisson d'eau douce. (On écrit aussi **vairon**.)
investir v. Entourer, envelopper, ici comme d'un manteau de pluie et de vent.
épaulement n.m. Relief en forme d'épaule, qui semble soutenir la montagne.
lauzes n.f.pl. Grandes pierres plates qui servent à couvrir les toits.

COLLECTIF

Observe le texte pour mieux le comprendre

1 Où trouve-t-on ce texte ?
1. Dans un livre de géographie ? 2. Dans un roman ? 3. Dans un journal de voyage ?

2 Écris, dans l'ordre, la liste des villes et des villages par où passe l'auteur.

3 Surligne en bleu les phrases où l'auteur dit ce qu'il ressent, ses émotions.

4 Chaque jour, l'auteur raconte un seul souvenir important. Lequel ?
Le premier jour : …
Le deuxième jour : …
Le troisième jour : …

Conques.

QUAND J'ÉCRIRAI

- *Je penserai que, dans un journal, je peux raconter ce que je vois, ce que je fais, mes rencontres, ce que je pense, mes émotions.*

Mémorise l'orthographe

COLLECTIF

LES SONS ET LEURS ÉCRITURES

5 Recopie dix mots du texte où tu entends le son [ɔ̃], comme dans *monde*.
Encadre les lettres qui servent à écrire ce son : *m[on]de*.

6 Classe les mots que tu as recopiés dans ce tableau.

	on	ond	ont	om	je retiens aussi
[ɔ̃]	…	…	…	…	long

7 Classe ces mots dans ton tableau.
boisson – bond – champignon – chanson – combien – compagnon – complet
conduire – conjugaison – crayon – mont – nombreux – ombre – ongle
opération – plonger – pompe – pont – profond – récréation – rond – saison

Apprends la règle d'écriture des sons [ɔ̃], [ɑ̃], [ɛ̃].

Devant les lettres *m*, *b*, *p* il n'y a jamais la lettre *n*.

- Le son [ɔ̃] s'écrit *om* : [om]**b**re – c[om]**p**ter.
Il y a deux exceptions : bonbon et embonpoint.
- Le son [ɑ̃] s'écrit *am* ou *em* : [am]**p**oule – ch[am]**b**re – [em]**p**orter – déc[em]**b**re.
- Le son [ɛ̃] s'écrit *im* : gr[im]**p**er – [im]**m**angeable – t[im]**b**re.

14 Le complément du nom

GRAMMAIRE

Souviens-toi

1 Recopie les phrases en étendant le groupe nominal minimal souligné.
Ce livre raconte une histoire. Le chemin mène à la rivière.

COLLECTIF Observe, réfléchis, essaie, discute

2 Voici plusieurs titres de livres.
Il faut comprendre comment ils sont construits.

- Un festin au Moyen Âge (Aliki)
- Les contes du chat perché (M. Aymé)
- Regards sur l'architecture (Borel/Girard)
- Trafic à la gare de Norvège (Bouchard/Mezinski)
- Les aventures de Flosco (L. Bourliaguet)
- Ma vie avec les chimpanzés (J. Goodall)
- Les animaux en mouvement (J. Flegg)
- Les sept boules de cristal (Hergé)
- Sept baisers sans respirer (P. Maclachlan)
- Lettres à Barbara (L. Metter)
- Un jour sur la rivière (R. Michl)
- La course aux records (L. Murail)
- La guerre des boutons (L. Pergaud)
- Un fantôme en classe verte (S. Pernusch)
- Contes pour enfants pas sages (J. Prévert)
- Zazie dans le métro (R. Queneau)
- Contes pour rire (R. Richard)
- Le lait de la lionne (I.B. Singer)
- Deux espions à Fécamp (B. Solet)
- 20 000 lieues sous les mers (J. Verne)
- La machine à explorer le temps (H.G. Wells)
- Un dimanche d'avril (A. Zeï)

a) Une élève a mélangé ces titres, mais sans rien changer aux mots : elle garde les majuscules, le singulier et le pluriel.
Continue sa plaisanterie.

Lettres à Fécamp

Un festin en classe verte

La course des boutons

20 000 lieues sans respirer

b) Cette élève a bien compris comment ces titres de livres sont construits.
Quelle règle a-t-elle suivie ?
Échange tes idées avec tes camarades.

3 Dans la bibliothèque de la classe :
- cherche deux titres de livres construits de la même façon ;
- cherche aussi un titre de livre construit autrement.

LIS LA DÉFINITION

- Le **complément du nom** étend le groupe nominal.

Un complément du nom se compose :
– **d'un mot invariable** : *à, pour, de, avec, en, sans, sur, dans, etc.*
– **suivi d'un groupe nominal** ou **d'un nom** tout seul ou **d'un verbe à l'infinitif**.

la boîte *avec le couvercle rouge* – la boîte *en carton* – des boîtes *pour ranger*

- Les mots invariables *à, pour, de, avec, en, sans, sur, dans, etc.* s'appellent des **prépositions**.

Attention ! Quelquefois ***de*** et ***à*** sont combinés avec le déterminant.
Ils sont plus difficiles à reconnaître.

Le lait ***de la*** lionne
Les Contes ***du*** chat perché (*du = de le*)
La guerre ***des*** boutons (*des = de les*)
Trafic ***à la*** gare
Un festin ***au*** Moyen Âge (*au = à le*)
La course **aux** records (*aux = à les*)

4 Recopie deux titres de livres où la préposition est combinée avec le déterminant.
Et puisque tu sais qu'il y a un déterminant, trace les bulles.

5 a) Trace toutes les bulles.
Les aventures avec les chimpanzés – Les aventures de la lionne
Ma vie dans le métro – Ma vie sous les mers

b) Observe les bulles.
Qu'apprends-tu sur la chaîne des accords avec le complément du nom ?

Exerce-toi

6 Surligne les groupes nominaux étendus avec un complément du nom.
Encadre les prépositions.

Aux premiers jeux olympiques,
les athlètes participaient
à différentes
compétitions : lutte, saut
en longueur, course
au flambeau, lancer du disque.
Les guerres qui opposaient
les villes grecques devaient cesser durant
la période des jeux.

7 Même travail.

Mazel se dirigea vers la plus misérable masure du village. Avec le temps, son toit de chaume était devenu tout noir. Il n'y avait pas de cheminée, et la fumée du poêle s'échappait directement par un trou dans la toiture. À l'intérieur était assis un jeune garçon en guenilles.

I.B. Singer, *Le lait de la lionne* © Gallimard.

8 Étends avec un complément du nom.

1. le début …
2. un crayon …
3. une assiette …
4. un tour …
5. un sac …
6. une machine …

9 Les compléments du nom sont donnés dans l'ordre. Place-les.

du printemps – de mon jardin – des pins de promenade – aux troncs roses – d'avril

C'était le commencement. Je venais de passer la petite porte pour aller respirer l'air. J'avais une compagne, la plus jeune de mes filles qui devait, en ce temps-là, avoir dix ans. Nous allions, entre les arbres sur lesquels jouait le soleil.

Maurice Genevoix, *Mon ami l'écureuil* © Hachette.

AUJOURD'HUI

- J'ai appris à étendre un groupe nominal avec un complément du nom.

14 Le présent de l'impératif

CONJUGAISON

Souviens-toi

1 Complète avec un pronom personnel de conjugaison qui convient.
… lance – … attendons – … rentres – … crient – … voyez – … finis – … faites

COLLECTIF Observe, réfléchis, essaie, discute

2 Reconnais-tu ces chansons ? Surligne tous les verbes.
Observe-les et échange tes remarques avec tes camarades.

Au clair de la lune,
Mon ami Pierrot,
Prête-moi ta plume,
Pour écrire un mot.
Ma chandelle est morte,
Je n'ai plus de feu.
Ouvre-moi ta porte,
Pour l'amour de Dieu.

L'alouette est sur la branche,
L'alouette est sur la branche,
Faites un petit saut,
L'alouette, l'alouette,
Faites un petit saut,
L'alouette comme il faut.

Il pleut, il pleut bergère,
Rentre tes blancs moutons,
Allons à ma chaumière,
Bergère, vite, allons.

Dansons la capucine !

Fais dodo, Colas
mon petit frère.

Trempe ton pain, Marie,
Trempe ton pain, Marie,
Trempe ton pain dans la sauce.

Entrez dans la danse,
Voyez comme on danse,
Sautez, dansez,
Embrassez qui vous voulez.

LIS LA DÉFINITION

• Pour dire à quelqu'un ce qu'il doit faire, on emploie souvent **le présent de l'impératif**.

À l'impératif, il n'y a pas de pronoms personnels de conjugaison, mais il y a des personnes de conjugaison :
la 2e personne du singulier, la 1re et la 2e personnes du pluriel.

• **Au singulier,**
– les verbes du premier groupe se terminent toujours par *e*.
regarder → regarde ; observer → observe ; discuter → discute
– les verbes des autres groupes se terminent toujours par *s*.
prendre → prends ; finir → finis ; réfléchir → réfléchis
Il y a une exception que tu emploies souvent : *aller → va*

• **Au pluriel**, les verbes se conjuguent comme avec *nous* et *vous* au présent.
chercher → cherchons, cherchez ; écrire → écrivons, écrivez
Il y a des exceptions que tu emploies souvent :
être → soyons, soyez ; avoir → ayons, ayez

(À SUIVRE)

Exerce-toi

3 Voici des verbes qu'on utilise très souvent à l'impératif à l'école. Conjugue-les au présent de l'impératif.
mettre – vérifier – retenir

4 Fais le même travail pour les verbes :
copier – souligner – lire – tracer – répondre
comparer – donner

COLLECTIF

Utilise tes connaissances pour étudier ce texte

Près de la cité, des enfants se sont installés dans un arbre et en ont fait leur bateau : c'est « l'arbre à voile ».

Un jour, le second se trouvait sur le pont supérieur. Il scrutait l'horizon avec sa lunette. Soudain, on l'entendit crier :
– Dites donc, les gars ! Y a une vache dans le pré !
Le capitaine le reprit aussitôt :
– Sur mer, il n'y a que des vaches de mer. [...]
Soudain, de derrière la queue de la vache surgit un gamin.
– Un homme à la mer ! Un homme à la mer ! Un naufragé !
– Descendez la chaloupe de sauvetage ! ordonna le capitaine.
Sur le pont supérieur, nous avions arrimé une corbeille à linge. C'est moi qui l'avais apportée à bord. Maman ne le savait même pas. Cette corbeille était notre chaloupe de sauvetage.
Le capitaine me regarda.
– Matelot !
– À vos ordres, mon capitaine !
– Faites monter le naufragé à bord.
– Fais gaffe aux coups de pied de la vache, me conseilla Mirek à voix basse.
Je montai dans la chaloupe. On me descendit à l'aide d'une corde. [...]
– Méfie-toi des coups de cornes !
J'avais peur.
– Un matelot ne doit jamais avoir peur ! Quitte immédiatement la chaloupe et sauve le naufragé ! me cria le capitaine dans le porte-voix.

Wanda Chotomska, *L'arbre à voile* © Flammarion.

1 a) Relève les phrases qui donnent des ordres et encadre les verbes. Quel est le personnage qui donne des ordres ?
b) Relève les phrases qui donnent des conseils et encadre les verbes. Quel est le personnage qui donne des conseils ?

2 Jouez le texte : marquez bien la différence entre les ordres et les conseils.

AUJOURD'HUI

J'ai appris qu'au présent de l'impératif, à la 2e personne du singulier, les verbes du 1er groupe ne prennent pas de s.

VOCABULAIRE

14 Les noms composés

Souviens-toi

1 Étends les groupes nominaux minimaux avec des compléments du nom. Encadre les prépositions.

les pommiers – une boîte – un cadeau – une journée

COLLECTIF Observe, réfléchis, essaie, discute

2 Observe ces articles de dictionnaire.
a) Quels sont les noms définis ?
b) Observe ces noms et échange tes remarques avec tes camarades.

SALLE [sal] **n. f.** **1** Pièce, dans un appartement, une maison. SALLE À MANGER : pièce disposée pour y prendre les repas. SALLE DE BAIN(S) : pièce aménagée pour y prendre des bains. SALLE D'EAU : aménagée pour la toilette (cf. Cabinet* de toilette). *Des salles d'eau.* SALLE DE SÉJOUR : grande pièce où l'on se tient habituellement, qui sert de salle à manger et de salon. — *Les enfants sont dans la salle de jeu. Tous les chefs de service sont dans la salle de réunion.*

CAMION [kamjɔ̃] **n. m.** ◆ Gros véhicule automobile transportant des marchandises lourdes ou encombrantes. → **poids lourd.** *Camion de déménagement. Camion à semi-remorque.* → **semi-remorque.** *Un camion de livraison.* — Loc. fam. *Être beau comme un camion,* très beau, superbe. ◆ CAMIONNAGE, CAMIONNETTE, CAMIONNEUR ; CAMION-CITERNE ÉTYM. var. de *chamion* « espèce de charrette », d'orig. inconnue

CITERNE [sitɛʀn] **n. f.** **1** Réservoir dans lequel on recueille et conserve les eaux de pluie. *Eau de citerne.* **2** Compartiment, cuve fermée contenant un carburant, un liquide. *Citerne à mazout.* → **cuve.** — Appos. *Bateau*-citerne* (→ **camion-citerne, wagon-citerne**). ◆ CAMION-CITERNE, NAVIRE-CITERNE, WAGON-CITERNE ÉTYM. latin *cisterna,* de *cista* « coffre »

CAMION-CITERNE [kamjɔ̃sitɛʀn] **n. m.** ◆ CAMION, CITERNE ◆ Camion pour le transport des liquides en vrac. *Des camions-citernes.*

PORTE-SAVON [pɔʀt(ə)savɔ̃] **n. m.** ◆ PORTER, SAVON ◆ Support ou emplacement destiné à recevoir un savon. *Des porte-savons.*

Le Robert Brio © Dictionnaires Robert.

3 Trie ces groupes nominaux : relève ceux qui forment un seul nom (ceux que l'on peut trouver avec leur définition dans le dictionnaire).

- un ver de terre
- un tas de terre
- une pomme de terre
- la salle à manger
- la plage de galets
- la classe des CM2
- un bateau à voile
- un porte-avion
- un presse-citron
- un dos-d'âne
- le garde-boue
- un timbre-poste
- un lave-vaisselle
- tes patins à glace
- un port de pêche
- la science-fiction
- le cri du tigre
- ma brosse à dents
- un camion de pompier
- une porte-fenêtre

4 Classe dans ce tableau les noms que tu as relevés. En tête de colonne, écris le critère de classement.

…	…	…
un porte-monnaie	une salle de bain	un camion-citerne

LIS LA DÉFINITION

Les **noms composés** sont des noms formés de plusieurs mots.
Comme tous les noms, ils ont leur définition dans le dictionnaire.
Beaucoup de noms composés s'écrivent avec un trait d'union.

(À SUIVRE)

5 **Observe ces noms composés au singulier et au pluriel.**
Comment forme-t-on le pluriel des noms composés ?

un porte-savon	des porte-savons	une porte-fenêtre	des portes-fenêtres
un porte-avion	des porte-avions	un wagon-lit	des wagons-lits
une garde-malade	des garde-malades	un oiseau-mouche	des oiseaux-mouches
un garde-boue	des garde-boues	une machine à coudre	des machines à coudre
un chasse-neige	des chasse-neiges	un train d'atterrissage	des trains d'atterrissage
un camion-citerne	des camions-citernes	un metteur en scène	des metteurs en scène
un chien-loup	des chiens-loups	une pomme de terre	des pommes de terre

La règle du singulier et du pluriel des noms composés a été simplifiée en 1990.
On trouve souvent dans les textes les anciens accords.

Apprends à inscrire les noms composés dans la chaîne des accords.

nom + complément du nom	verbe + nom	nom + nom
une |salle○ de bain|	un |porte-avion○|	un |camion○-citerne○|
singulier → pluriel ; singulier → singulier	singulier → singulier ; singulier → pluriel	singulier → pluriel ; singulier → pluriel
des |salle(s) de bain|	des |porte-avion(s)|	des |camion(s)-citerne(s)|

Exerce-toi

6 **Écris le nom composé qui correspond à la définition.**
Vérifie l'orthographe dans le dictionnaire.

1. Anneau qui sert à porter des clés.
2. Couverture servant à protéger un cahier.
3. Quartier central d'une ville.
4. Wagon où l'on sert des repas.

7 **Écris une définition pour ces noms.**
Vérifie dans ton dictionnaire.

essuie-main – taille-crayon – étoile de mer

AUJOURD'HUI

- J'ai appris qu'un nom peut être composé de plusieurs mots.
- J'ai appris à écrire les noms composés au singulier et au pluriel.

8 **Observe ces photos de fleurs.**
Retrouve leur nom :

gueule de loup – perce-neige
reine-marguerite – bec de perroquet

Exercices d'écriture

1 Inventer des noms composés

• **Avec tes camarades, découpez des petites bandes de papier.**
Sur chacune, écrivez des groupes nominaux construits ainsi :
déterminant + nom + complément du nom.

• **Découpez les bandes en deux :** d'un côté le nom et son déterminant, de l'autre, le complément du nom. Pliez les deux morceaux et mettez-les dans deux boîtes différentes.

• **Tirez au sort, d'abord un groupe nominal minimal, ensuite un complément du nom.**
Écrivez tous ces nouveaux noms que vous composez.

• **Choisis-en cinq :**
a) **écris leur définition ;**
b) **organise-les pour en faire un poème.**

2 Écrire à l'impératif

Alerte aux Martiens !

Un matin d'avril, vers six heures, dans une banlieue de Rome nommée le Trullo, les passants qui attendaient le premier autobus pour le centre découvrirent dans le ciel un gigantesque objet circulaire de couleur sombre. L'objet avait pris la place des nuages, à plus de mille mètres au-dessus des toits. Il y eut quelques « Oh ! », quelques « Ah ! » puis quelqu'un cria :
« Les Martiens ! »
Ce fut à la fois un signal et un mot d'ordre. Les gens se mirent à hurler et à courir de tous côtés. Des personnes apparurent aux fenêtres, imaginant quelque accident d'auto, et levèrent le nez au ciel... Un instant après, les volets claquaient, les stores retombaient, on dévalait les escaliers en criant :
« Les Martiens !
– Une soucoupe volante ! »
Une voix raisonnable se fit alors entendre.

G. Rodari, *La tarte volante* © Hachette.

Tu es cette *voix raisonnable*, le responsable de la sécurité du quartier.
• **Donne tes ordres et tes conseils. Emploie l'impératif.**

Chantier d'écriture

Écrire un journal de voyage (2)

Tu poursuis ton voyage.
• **Choisis dans ta documentation ce qui va te servir pour raconter tes journées.**
• **Organise ton journal. N'oublie pas d'indiquer les lieux et les jours.**
Tu peux y raconter des choses vues, des choses faites, des événements, des rencontres, des émotions ressenties.

COLLECTIF

D'un texte à l'autre

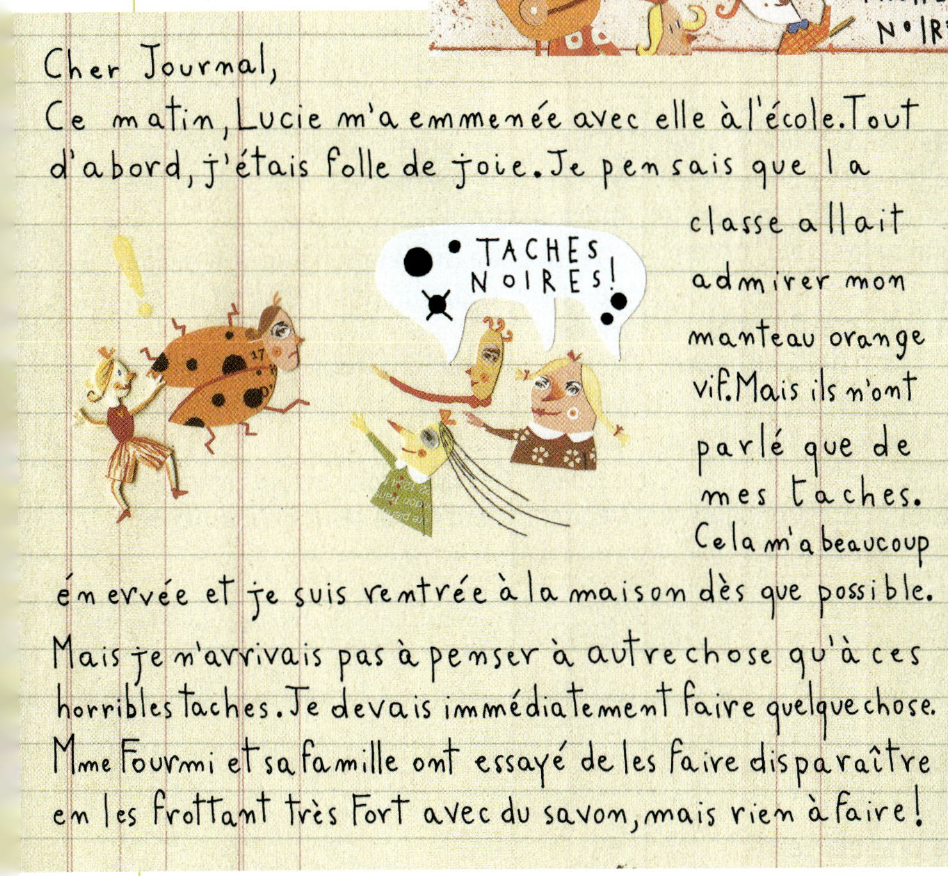

Sara Fanelli, *Le journal de Lucie et d'autres aussi...*

- Qui écrit ces deux pages de journal ? Que racontent-elles ?
- Rappelle-toi le journal de Jacques Dary, page 130.

Pense aussi à celui que tu es en train d'écrire et discute avec tes camarades : qu'est-ce que cela apporte d'écrire un journal ?

UNITÉ
15

ATELIER DE LECTURE

❶

BATEAUX EN COQUILLE DE NOIX

1. Coincer un petit morceau de pomme de terre au fond d'une demi-noix.

2. Enfoncer dans la pomme de terre un bâton en guise de mât.

3. Pour faire la voile, trouer une feuille en deux endroits différents et l'enfiler par ces trous sur le mât.

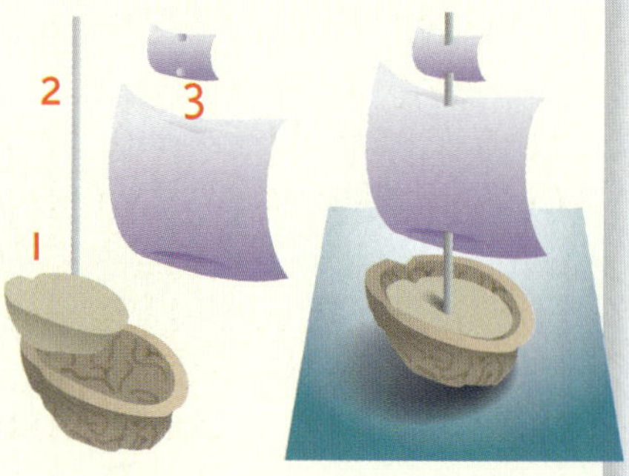

Christine Armengaud, *Jouets buissonniers* © Dessain et Tolra.

❷

SAUCISSON AUX MARSHMALLOWS

6/8 personnes — Préparation : 15 minutes **— Réfrigération :** 6 heures **— Sans cuisson**

200 g de chocolat *Menier Pâtissier*
100 g de beurre
100 g de sucre glace
1 œuf
10 marshmallows (cubes de guimauve)
150 g de biscuits secs (type sablés)
du papier d'aluminium

- Au bain-marie, demande à une grande personne de faire fondre le chocolat et le beurre. Lorsqu'il est fondu, fouette-le vivement à la fourchette pour obtenir un chocolat lisse.
- Hors du feu, ajoute l'œuf entier en mélangeant très vite, puis le sucre glace.
- Avec les mains, coupe les biscuits en petits morceaux.
- Fais-toi aider pour couper en quatre les marshmallows.
- Dans un grand saladier, mélange le chocolat fondu, les biscuits et les marshmallows.
- Verse cette préparation sur une feuille de papier d'aluminium d'environ 30 cm de long.
Replie l'aluminium tout autour de la préparation pour lui donner la forme d'un gros saucisson.
- Place le saucisson au réfrigérateur pendant environ 6 h pour qu'il durcisse.

(Cette recette se trouve à l'intérieur des plaques de chocolat pâtissier Menier et a été reproduite avec l'accord de la société des produits Nestlé S.A.)

COLLECTIF

Observe les textes pour mieux les comprendre

1 Où trouve-t-on le premier texte ?

1. Dans un livre documentaire sur les bateaux ?
2. Dans un livre de bricolage ?
3. Dans un livre documentaire sur les arbres ?
4. Dans un livre de recettes de cuisine ?

2 À qui s'adresse le second texte ? Explique ta réponse.

3 Fais la liste du matériel dont tu as besoin pour construire le bateau.

4 Cherche dans ton dictionnaire la définition de *bain-marie*.
Puis fais la liste des objets dont tu as besoin pour fabriquer le saucisson.

5 a) Dans chaque texte, relève les mots qui indiquent ce qu'il faut faire.
b) Compare les deux textes. Échange tes remarques avec tes camarades.

6 Quand on fait la cuisine, il faut savoir calculer !
Tes amis viennent goûter le saucisson aux marshmallows demain après-midi à 16 heures. Quand dois-tu commencer la préparation ?

Mémorise l'orthographe

LES MOTS DES TEXTES

7 Recopie quelques mots des textes que tu trouves difficiles à écrire.

8 Recopie ces mots invariables et entraîne-toi à les écrire.
lorsque – vivement – hors de – environ – à l'intérieur de

COLLECTIF

LES SONS ET LEURS ÉCRITURES

9 a) Recopie les quatre mots des textes où tu entends [wa] comme dans *noix*.
Encadre les lettres qui servent à écrire [wa] : *n*[*oix*].
b) Classe les mots que tu as recopiés dans ce tableau.

	oi	oie	ois	oit	oix	oy	je retiens aussi
[wa]	...	...	...	...	...	...	le froid – le poids le doigt – l'aquarelle

10 Classe les mots suivants dans ton tableau.
autrefois – bois – boisson – choix – courtois – croix – devoir – endroit – envoyer
étroit – foire – fois – gloire – histoire – joie – loi – moi – moineau – mois – noyer
oie – parfois – pourquoi – soie – soigner – toit – voici – voilà – voyage

11 a) Recopie dans le tableau le mot du texte 1 où tu entends [wɛ̃] comme dans *loin*.
Encadre les lettres qui servent à écrire [wɛ̃] : *l*[*oin*].
b) Recopie les mots suivants dans ton tableau :
coin – foin – loin – pointe – pointu – soin – témoin

	oin	je retiens aussi
[wɛ̃]	...	le point – moins

12 Apprends quelques mots où tu entends [wɛ] :
un fouet – un jouet – une mouette

15

Les expansions introduites par qui et que

Souviens-toi

1 **On a tracé la bulle de quelques groupes nominaux minimaux.**
a) Encadre leur expansion.
b) Puis surligne en vert les adjectifs qualificatifs, et en jaune les compléments du nom.

Au sud de la Bretagne, les marais salants de Guérande existent depuis plus de 1 000 ans. On y récolte du sel qui est ensuite vendu en France et dans le monde. Les marais de Guérande sont désormais un site protégé.

Guérande.

COLLECTIF

Observe, réfléchis, essaie, discute

2 **Chacune de ces phrases est un début de conte. Comment sont-elles construites ? Échange tes remarques avec tes camarades.**

1. Il était une fois un tailleur qui avait trois fils et une chèvre. (Grimm)
2. Au temps jadis, il y avait au Quesnoy un seigneur qui s'appelait Burchard et que les gens du pays nommaient Burchard-le-loup. (Charles Deulin)
3. Il était une fois un œuf que la mère poule ne voulait pas couver. (Léonce Bourliaguet)
4. Il y avait une fois une petite fille qui allait sur ses huit ans et qui était toute gentille. (Henri Pourrat)
5. Pocahontas était la fille du roi Powathan, qui siégeait assis sur un trône en peaux de raton. (Marcel Schwob)
6. Il était une fois un bûcheron et une bûcheronne qui avaient sept enfants. (Grimm)
7. Il était une fois une jeune reine qui désirait une petite fille au teint blanc comme la neige, aux lèvres rouges comme le sang et aux cheveux noirs comme l'ébène. (Grimm)
8. Il y avait une fois une jolie petite fille que tous aimaient, mais surtout sa grand-mère. (Grimm)

3 **Continue le travail des enfants avec toutes les phrases de l'activité 2.**

4 Réfléchis : avec tes connaissances en grammaire, tu peux dire si *qui* et *que* sont des déterminants, des noms, des adjectifs, des pronoms, des verbes. Échange tes idées avec tes camarades.

LIS LA DÉFINITION

- ***Qui*** et ***que*** sont **des pronoms.**
Ils reprennent un groupe nominal minimal. Ils servent à l'étendre.
Ils évitent de le répéter.
- Dans l'expansion introduite par ***qui*** et ***que*** il y a toujours un verbe.
– *Qui* commande toujours le verbe de l'expansion.
– *Que* ne commande jamais le verbe de l'expansion.

(À SUIVRE)

Apprends à inscrire le pronom *qui* dans la chaîne des accords.

Je regarde les clowns qui arrivent.

1. *Qui* est un mot invariable. Je le souligne.
2. C'est un pronom : il reprend ***les clowns***.
3. Il y a ***-ent*** dans la bulle de ***arrivent***, parce que ce sont ***les clowns*** qui arrivent.

Attention ! L'expansion avec *qui* ne termine pas toujours une phrase :

Les clowns sont drôles. Les clowns qui arrivent sont drôles.

COLLECTIF Utilise tes connaissances pour étudier ce texte

Le sel de Guérande est vendu à des particuliers dans les magasins sous différentes formes : gros sel, sel moulu, sel aromatisé…
Il est également vendu à des entreprises :
– des usines de produits alimentaires qui l'utilisent pour la conservation et la fabrication du jambon, du pain, du beurre salé…,
– des entreprises de déneigement qui l'emploient pour saler les routes en hiver et empêcher ainsi la formation du gel,
– des usines chimiques qui en ont besoin pour la fabrication de leurs produits.

1 Quelles entreprises utilisent le sel ? Surligne en vert les mots précis qui permettent de répondre. Que remarques-tu ?

2 Surligne en jaune les expansions introduites par *qui*. Trace la bulle de *qui*. Résume les informations données dans ces expansions.

AUJOURD'HUI

J'ai appris à étendre le groupe nominal avec les pronoms *qui* et *que*.
Le pronom *qui* continue la chaîne des accords.

CONJUGAISON

15 Le futur (1)

Souviens-toi

1 Pour chaque phrase, écris si elle indique le passé, le présent ou le futur.

1. La tempête a déjà provoqué des dégâts importants.
2. Elle se déplace maintenant vers l'intérieur du pays.
3. Le vent continue de souffler sur l'océan Indien.
4. Il va se renforcer et traverser l'île dans la journée.
5. Les pluies deviendront de plus en plus fortes.
6. La nuit prochaine, le cyclone commencera à s'éloigner.
7. Mais les consignes de sécurité restent en vigueur.

Cyclone Litanne, océan Ind

COLLECTIF Observe, réfléchis, essaie, discute

Compte rendu de la réunion

Nous allons organiser un défi-lecture entre les classes du cycle 3 de l'école.

Notre classe va lire huit livres. Nous choisirons deux romans, un conte, deux livres documentaires, un livre de poésie, un album et une bande dessinée. Nous poserons des questions sur ces livres aux autres classes. Elles liront les mêmes livres que nous et elles nous poseront aussi des questions. Nous devrons être malins pour imaginer de bonnes questions, difficiles, mais utiles pour bien comprendre les livres.

En avril nous organiserons aussi une rencontre sportive avec les CE2 des écoles voisines.

On n'utilisera pas la salle des ordinateurs cette semaine. Les maîtres vont faire un nouvel emploi du temps.

2 Ce compte rendu parle-t-il du passé ? du présent ? du futur ?

3 Relève les verbes conjugués avec le pronom personnel de conjugaison qui convient et écris leur infinitif.

4 a) Quelles sont les deux manières de dire le futur ?

b) Pour chaque verbe conjugué, donne les deux manières de dire le futur.

5 a) Complète avec des verbes du texte. Utilise le travail que tu viens de faire.

b) Fais le tableau de conjugaison pour le 2e groupe. Choisis des verbes que tu connais.
Tu sais le dire et l'écrire.

c) Conclus : comment cette conjugaison du futur est-elle construite ?

1er groupe	3e groupe
je vais imaginer	je vais prendre
tu vas regarder	tu vas dire
elle va raconter	…
…	nous allons écrire
vous allez poser	vous allez comprendre
ils vont réciter	…

6 a) Complète avec des verbes du texte.
b) Observe les conjugaisons des trois groupes.
Que remarques-tu ?

1er groupe	2e groupe	3e groupe
j'imaginerai	je finirai	je prendrai
tu regarderas	tu grandiras	tu diras
…	il remplira	elle lira
…	…	…
vous poserez	vous salirez	vous comprendrez
…	elles démoliront	…

LIS LA RÈGLE

Il y a deux façons de former le futur des verbes :

- le **futur simple** : *je rangerai – tu rempliras – nous ferons*

On forme le futur simple à partir de l'infinitif du verbe.
Dans les terminaisons on entend toujours le *r* de l'infinitif.
Les terminaisons sont les mêmes pour tous les groupes.

- le **futur proche** : *je vais ranger – tu vas remplir – nous allons faire*

Pour tous les groupes, on conjugue le verbe *aller* au présent, suivi de l'infinitif du verbe.

La conjugaison du futur est la même pour tous les verbes.

(À SUIVRE)

Apprends à inscrire la conjugaison du futur dans la chaîne des accords.

futur simple		futur proche	
je …rai	nous …rons	je vais + infinitif	nous allons + infinitif
tu …ras	vous …rez	tu vas + infinitif	vous allez + infinitif
il, elle …ra	ils, elles …ront	il, elle va + infinitif	ils, elles vont + infinitif

7 Fais toi-même tes tableaux de conjugaison.
Conjugue au futur simple : *casser, copier, réussir.*

Exerce-toi

8 Conjugue au futur simple et au futur proche.

choisir : tu …, vous …
marcher : je …, nous …
obéir : il …, vous …
suivre : elle …, elles …

9 Futur simple ou futur proche ?
Prépare-toi à justifier ta réponse.

1. Attends-moi. Je (*préparer*) mes affaires.
2. Il (*arriver*) tard, parce qu'il (*passer*) d'abord chez Paul.

10 Récris ce texte au futur simple.
Trace les bulles des verbes pour vérifier.

En suivant ce chemin, vous passez devant trois gros arbres. Vous avancez encore de quelques pas jusqu'à un sentier sur la droite.
Vous entrez dans la forêt et vous marchez tout droit, sans vous éloigner de la lisière jusqu'à une clairière. C'est là que nous nous retrouvons pour le pique-nique.

AUJOURD'HUI

J'ai appris à conjuguer les verbes au futur simple et au futur proche.

15

Les homophones (2)
et-est son-sont à-a on-ont

VOCABULAIRE

Souviens-toi

1 Complète ces phrases. Tous les mots qui manquent sont des homophones.

1. Pour garder des dents …, il faut les brosser après chaque repas.
2. La … est le fleuve qui traverse Paris.
3. À la fin de la pièce, tous les acteurs viennent sur le devant de la … pour saluer.

COLLECTIF

Observe, réfléchis, essaie, discute

2 Dans ces définitions, encadre les mots *et*, *est*.
Surligne les mots qui se prononcent [sɔ̃].

Clarinette : la clarinette est un instrument de musique à vent.

Écorce : l'écorce est l'enveloppe qui protège le tronc et les branches de l'arbre.

Eiffel : les ponts métalliques de Gustave Eiffel sont célèbres, mais son chef-d'œuvre est la Tour Eiffel.

Pyrénées : les Pyrénées sont une chaîne de montagnes qui sépare la France de l'Espagne.

Rêve : les rêves sont des images parfois agréables, parfois inquiétantes et effrayantes. Un cauchemar est un rêve qui fait peur.

3 Avec tes connaissances, compare :

a) les mots encadrés ;

b) les mots surlignés.

Échange tes idées avec tes camarades.

LIS LA RÈGLE

Au présent, le verbe *être* a deux homophones :
le mot invariable ***et***, le déterminant ***son***.

verbe *être*	homophones
Le renard est un animal carnivore.	Il a un museau pointu **et** une longue queue.
Les lapins sont sa proie préférée.	La nuit, il sort de **son** terrier pour les chasser.

Tu as beaucoup de moyens pour ne pas te tromper :
- tu sais changer le temps de la phrase pour trouver le verbe ;
- tu sais reconnaître les déterminants, remplacer un déterminant par un autre ;
- quand on prononce avec soin, *et* se prononce [e], *est* se prononce [ɛ] ;
- tu peux aussi remplacer *et* par *et puis*.

4 **Surligne en bleu les mots qui se prononcent [a], en vert les mots qui se prononcent [ɔ̃].**
Trace leur bulle quand c'est possible.

1. Dans la classe, on a un grand terrarium où on élève des escargots.
2. Chaque matin, à la récréation, un enfant a la responsabilité de leur donner de la salade. On observe les escargots tous les jours. On note les observations sur un grand cahier à spirales.
3. Tous nos escargots ont une coquille rayée. On a la photo d'un escargot qui a un petit sur son dos.

5 **Utilise tes connaissances pour dire ce que tu sais des mots :**
a) **qui se prononcent [a] et qui ne s'écrivent pas de la même façon ;**
b) **qui se prononcent [ɔ̃] et qui ne s'écrivent pas de la même façon.**

LIS LA RÈGLE

Au présent, le verbe *avoir* a deux homophones :
la préposition ***à***, le pronom ***on***.

verbe *avoir*	homophones
Pierre ⓐ un ordinateur.	Aujourd'hui je mange **à** la cantine.
Les arbres (ont) des feuilles.	On range les tables.

Tu as beaucoup de moyens pour ne pas te tromper :
– tu sais changer le temps de la phrase pour trouver le verbe ;
– tu sais trouver le pronom ou le groupe nominal qui commande le verbe ;
– tu sais remplacer *on* par *il* ou *elle*, ou par un groupe nominal.

Exerce-toi

6 *Et* ou *est* ?
Complète et vérifie : trace les bulles quand c'est possible.

Le radis … un petit légume rose … blanc. Il … délicieux avec du beurre … du sel. Ce légume … une entrée fraîche … agréable au printemps.

7 *Son* ou *sont* ?
Complète et vérifie : trace les bulles.

Les oliviers … des arbres du midi de la France. Après … départ, Jeanne pense à ses amis qui … tristes.

8 *On* ou *ont* ?
Complète et vérifie : trace les bulles.

… observe les oiseaux qui construisent leur nid sous le toit. Ils … les ailes bleutées et ils dévorent les graines qu'… pose sur la fenêtre.

AUJOURD'HUI

J'ai appris à réfléchir pour bien distinguer :
– le verbe *être* et ses homophones,
– le verbe *avoir* et ses homophones.

Exercices d'écriture

PAR TROIS 1 Écrire en respectant une contrainte (3) : le *cadavre exquis*

Prenez trois grandes feuilles de papier.
Vous allez écrire une longue phrase en respectant le guide d'écriture.

- **Chacun écrit à son tour une partie de la phrase :**
– le premier écrit un groupe nominal minimal et replie la feuille pour cacher ce qu'il a écrit ;
– le deuxième écrit l'adjectif et replie la feuille ;
– le troisième écrit le complément du nom, et ainsi de suite.
- **Suivez le guide d'écriture jusqu'à la fin. Ne dites jamais aux autres ce que vous écrivez !**
- **Ensuite, dépliez la feuille et lisez.**
Vérifiez bien l'orthographe : accordez les noms, les adjectifs et les verbes. Puis recopiez votre phrase.
- **Recommencez deux fois.**

> **Guide pour écrire un *cadavre exquis***
>
> Groupe nominal minimal
> + adjectif
> + complément du nom
> + expansion avec *qui* ou *que*
> + verbe
> + groupe nominal minimal
> + adjectif
> + complément du nom
> + expansion avec *qui* ou *que*

2 Rédiger son carnet de lecture (2)

- **Choisis un personnage dans le livre que tu viens de lire.**
– Décris-le. Présente ses qualités et ses défauts.
– Présente son rôle dans l'histoire : que lui arrive-t-il ? que fait-il ?
– Explique comment il se comporte avec les autres personnages.
Si tu étais à sa place, ferais-tu la même chose ?

Chantier d'écriture

Écrire un journal de voyage (3 et 4)

Ton journal est organisé.

- **Relis ton texte et demande-toi si tu peux encore l'enrichir avec des expansions.**
Par exemple,
– pour faire un portrait plus vivant des gens que tu as inventés,
– pour apporter des précisions sur les paysages, les monuments,
– pour mieux faire partager des sentiments, des émotions.
N'oublie pas : ton lecteur n'aura que tes mots pour imaginer ton voyage.

Pour *mettre en page* ton journal :

- **Fabrique un petit cahier :** une page pour chaque jour.
Pour la couverture, utilise une feuille de papier plus épais.
- **Sur chaque page, choisis les emplacements de ton texte et des illustrations.**
- **Recopie soigneusement ton texte, ou saisis-le sur l'ordinateur.**
Illustre chaque page.
- **Sur la couverture, écris le titre de ton journal, ton nom, l'année de ta publication.**

COLLECTIF

D'un texte à l'autre

LES PREMIERS HAMEÇONS

Comment étaient les premiers hameçons ?

1. Le matériel

- 1 allumette
- 40 cm de fil à coudre solide
- 1 petite bouteille en plastique vide

2. La manipulation

1 Attache solidement le fil au milieu de l'allumette.

2 Introduis l'allumette par le goulot de la bouteille en tenant l'autre bout du fil.

3 Quand l'allumette est bien rentrée, tire sur le fil.

Que se passe-t-il ?

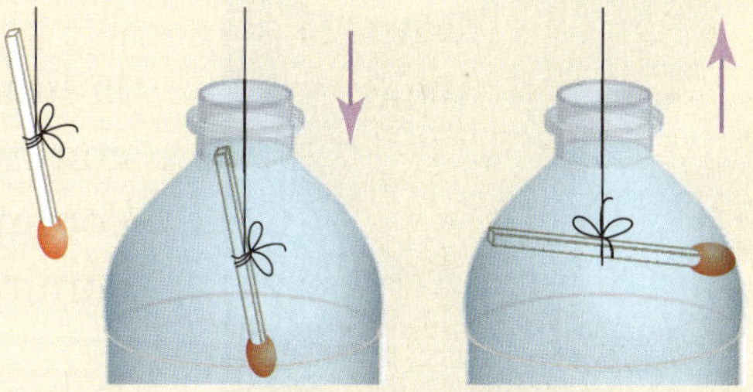

3. L'explication

Quand tu tires sur le fil, l'allumette se met en travers du goulot de la bouteille. Tant que la traction sur le fil est maintenue, l'allumette reste solidement coincée. C'est ce principe qui a été utilisé, le goulot de la bouteille correspondant à la bouche du poisson !
Il s'agit en fait de l'hameçon le plus simple qui soit.

4. L'application

Les préhistoriens ont retrouvé dans les habitats préhistoriques de petites tiges d'os qui étaient certainement des hameçons de ce type. De très fines lanières de cuir ont pu servir de fil de pêche, mais elles ne se sont pas conservées.
Les plus anciens hameçons de ce type ont 27 000 ans !
La pratique de la pêche date certainement de plus longtemps, mais on ne connaît pas d'hameçons plus anciens.

Plus tard, les techniques ont évolué. Il y a 16 000 ans apparaissaient les premiers harpons et foènes (de grands harpons). Puis, au néolithique (il y a 6 000 ans environ), apparaissent enfin les hameçons tels que nous les connaissons.

Les hommes préhistoriques, « Les petits débrouillards » © Albin Michel Jeunesse.

- À quelle question répond ce document ?
- Quelle partie du document répond à la question : *Que se passe-t-il ?*
- Quelles parties de ce document ressemblent aux textes de la page 140 ? Justifie ta réponse.
- Explique comment les hommes préhistoriques pêchaient les poissons.

La lune (EXTRAIT)

la lune
comme un hublot
comme un œil de bateau
comme une perle dans les flots

la lune
comme un bol de lait
comme une bulle d'or
comme une balle de cristal

la lune
comme un croissant d'ivoire
comme une galette de givre
comme un fromage blanc

la lune
comme un tailladin de citron
comme un quartier d'orange
comme une barque de melon
[...]

la lune
comme une peau de banjo
comme une cymbale silencieuse
comme un tambour de brodeuse

la lune comme une épouse seule
[...]

la lune
comme une pièce d'eau glacée
comme un feu de phare fantôme
comme une médaille dans un encens de brume
[...]

la lune
comme un cadran d'horloge effacé par le temps
comme une obole dans la sébile de la nuit
comme un soleil en sommeil

la lune.

Henri Pichette, « La lune et autres enfantines », in *Les enfances Pichette* © Granit.

COLLECTIF

Observe le texte pour mieux le comprendre

1 Le poème se termine par un point. Où commence la phrase ?

2 Comment le poème est-il construit ?

3 *Les poèmes sont toujours rythmés par quelque chose qui se répète : des sons, des rimes, des mots.* Qu'est-ce qui rythme ce poème ?

4 Dans chaque strophe, cherche à quoi pense le poète en regardant la lune. Les trois comparaisons t'aident.

5 Deux strophes ont une construction particulière. Que font-elles ressentir ?

6 Choisis quelques comparaisons.
Pour chacune, construis l'étoile du sens du mot auquel le poète compare la lune.
Utilise :
– les mots de la strophe et d'autres mots du poème,
– les mots auxquels tu penses toi-même.

7 Prends les comparaisons que tu as choisies dans l'autre sens, et continue à imaginer.
Par exemple : *Un hublot comme une (la) lune…*

8 Regarde ce tableau du peintre Magritte.

a) Que ressens-tu ?
Qu'imagines-tu ?
Quels sont les mots auxquels tu penses ?
Échange tes impressions avec tes camarades.

b) Puis continue le poème d'Henri Pichette.
Écris une autre strophe.

9 *Rappelle-toi le texte de la page 129.*
Comment quelque chose que l'on voit tous les jours devient-il beau ?

R. Magritte, *La page blanche*, 1967.

1 **Surligne tous les groupes nominaux. Encadre les expansions.**

1. La tortue des bois est une espèce rare.
2. Son sens de l'orientation montre une grande intelligence.
3. C'est un petit animal omnivore, qui mange des insectes, des fruits, des champignons.
4. Le cri du mâle fait penser au sifflement d'une bouilloire.

2 **Encadre les groupes nominaux minimaux qui sont étendus. Surligne leurs expansions.**

Le géant était allongé, appuyé contre une pente raide et herbue de la montagne qui lui servait de confortable dossier. Sa tête atteignait le sommet, tandis que ses jambes s'étendaient presque jusqu'au lac. Il portait un costume de velours marron, serré à la taille par une ceinture à grosse boucle. Il était coiffé d'un bonnet jaune et avait à ses pieds des bottes grises. Il tenait dans sa main une pipe éteinte.

Rémi Laureillard, *Fred le nain et Maho le géant* © Gallimard.

3 **Récris ces phrases : ajoute aux groupes nominaux soulignés un adjectif, ou un complément du nom, ou les deux si tu as beaucoup d'idées !**

1. Ces créatures ont un air plutôt sympathique.
2. J'aimerais naviguer sur un bateau.
3. J'imagine une maison cachée entre les branches.

4 **Associe chaque complément du nom à son groupe nominal minimal, et retrouve des expressions que l'on emploie souvent.**

un courant …	un temps …
une histoire …	un froid …
les cheveux …	une faim …

à dormir debout – d'air – de canard – de chien – de loup – en bataille

5 **Recopie les groupes nominaux qui contiennent un complément du nom.**

Cavalcade

Un cheval de lune
Courait sur le sable
Un poulain d'écume
Trottait sur la grève,
Au trot, au trot, au galop.

Un cheval d'ivoire
Courait dans le soir,
Un cavalier rouge
Traversait l'automne,
Au trot, au trot, au galop.

Un cheval de pluie
Courait dans la nuit
Un coursier de verre
Labourait la mer,
Au trot, au trot, au galop.

Et tous les enfants
Poursuivaient en rêve
Toutes ces crinières
Libres dans le vent,
Au trot, au trot, au galop.

Louis Guillaume, in J.P. Balpe,
Le bestiaire fantastique © Larousse.

6 **Dans chaque phrase, trace la chaîne des accords du pronom *qui*.**

2. Le goéland est un oiseau de mer qui se nourrit de poissons et des détritus que les humains abandonnent.

1. L'eider est un canard marin qui est recherché pour son duvet, qui est remarquablement doux.

3. La plupart des eiders naissent dans une île qui appartient au Canada, l'île Bicquette. Le lendemain de leur naissance, les jeunes eiders, qui marchent encore très mal, suivent leur mère pour rejoindre la mer. Ils doivent faire attention aux goélands qui attaquent les canetons qui trébuchent pour les dévorer.

1 **Conjugue au présent.**

perdre : je …
voir : il …
partir : vous …
sortir : tu …
ouvrir : nous …
suivre : ils …

2 **Complète avec le pronom personnel de conjugaison qui convient.**

1. Attends-moi ! … viens.
2. Si … suis cette rue, … arrives au parc.
3. … ne savez jamais ce que … voulez !
4. Quel gourmand ! C'est la troisième fois qu'… reprend de la tarte.
5. … vois ces poutres ? Sais-… à quoi … servent ? … soutiennent le toit.

3 **Recopie : mets le groupe nominal ou le pronom en gras au pluriel.**

1. Est-ce que **mon copain** peut venir à la maison ?
2. **Je** vois les traces du chien dans la neige.
3. **Le chat** sourit.
4. **L'orange** contient des vitamines.
5. **Tu** dois te lever tôt pour prendre le train.

4 **Conjugue au présent et retrouve le texte exact.**

Maintenant, c'*(être)* la panique ; devant l'Immonde Bête Velue, les gens *(fuir)* comme des lapins en lâchant leurs paquets. […] Les stores des magasins *(s'abaisser)*, les balayeurs *(abandonner)* leurs balais et les enfants leurs planches à roulettes.
La ville entière (*retenir*) son souffle !
Au loin, on (*entendre*) la sirène de Police secours.
Forfan (*courir*) comme un dératé. Il ne (*vouloir*) pas, mais alors pas du tout qu'on l'enferme dans un zoo.

M.R. Farré, *Ah ! si j'étais un monstre* © Hachette.

5 **Quelles phrases ont un verbe à l'impératif ?**

1. En cas d'incendie, suivez le plan d'évacuation.
2. Il est interdit de fumer dans les bâtiments publics.
3. Vous allez vous taire !
4. Faites passer le plat, s'il vous plaît.

6 **Écris au présent de l'impératif, à la 2e personne du singulier.**

Frapper trois fois le sol avec la baguette magique. Faire trois pas en avant et ramasser trois cailloux.

7 **Récris ces phrases au présent de l'impératif, aux deux personnes du pluriel.**

1. Pense que toi aussi, tu dois écouter les autres.
2. Va au tableau, c'est à toi d'expliquer.

8 **Conjugue aux trois personnes du présent de l'impératif.**

prendre – sortir – suivre – tenir – partir

9 a) **Recopie les verbes qui sont au futur.**

vous espérez – nous rentrerons
vous étendrez – vous séparez
nous livrons – nous avertirons

b) **Écris au futur les autres verbes.**

10 **Conjugue au futur simple.**

prendre : nous …
désobéir : ils …
coller : vous …
venir : il …
remplir : je …
vouloir : tu …

11 a) **Conjugue les verbes entre parenthèses au futur simple et retrouve le texte exact.**

– Comment tu vas faire pour gagner de l'argent ?
Tu vas supplier ta grand-mère de t'en donner ?
Indignée, je m'exclame :
– Pour qui tu me prends ? Je ne (demander) rien à personne !
Je le (gagner), cet argent, c'est tout ! […]
Tu vas voir ! J'ai plein d'idées. Je (laver) les voitures, je (promener) le chien du voisin, je (garder) des enfants, je …
Tom m'interrompt :
– À sept ans ! Tu crois qu'on te (donner) des bébés à garder !

Geneviève Senger, *Mon premier euro de poche* © Rageot.

b) **Recopie les verbes conjugués au futur proche.**

16

VOCABULAIRE

1 *Souvent des mots de la même famille sont aussi des homophones.*

Utilise tes connaissances en conjugaison et en grammaire pour choisir entre les homophones.

1. *calculs* ou *calcules* ?
Si tu … en réfléchissant, tes … seront justes.
2. *soutien* ou *soutient* ?
Une amie, c'est un … dans la vie.
Le public … son équipe.
3. *trous* ou *trouent* ?
Les jeunes chiens creusent des … partout.
Les énormes grêlons … les feuilles.
4. *éclairs* ou *éclairent* ?
Il va y avoir de l'orage. On voit déjà des … .
Ces lampes n'… pas suffisamment.
5. *salut* ou *salue* ?
Il ne dit jamais bonjour, il dit toujours … !
Je … mes copains quand j'arrive à l'école.

2 **Écris chaque homophone à sa place.**

1. *peau – pot*
Mes parents ont acheté un beau … en terre cuite.
Les tambours sont recouverts d'une … .
2. *maître – mettre – mètre*
Picasso est un des grands … de la peinture.
Si vous voulez passer à table, il faut … le couvert.
Le … est une unité de mesure de longueur.
3. *reine – renne*
Dans les légendes du nord, les … tirent le traîneau du Père Noël.
La … des abeilles vit au centre de la ruche.
4. *moi – mois*
…, je suis né au … de février.

3 **Complète. Pour chaque série de phrases trouve des homophones qui s'écrivent de la même façon.**

1. La partie de cartes se joue en trois … .
Un couteau est composé d'une lame et d'un … .
En été on met des chemises à … courtes.
2. Avec les copains, on fait du patin à … .
Tous les matins, pour me peigner, je me regarde dans la … .
J'aimerais bien une … à la vanille.

4 *on* ou *ont* ? *à* ou *a* ? *et* ou *est* ? *son* ou *sont* ?

Utilise tes connaissances en grammaire et en conjugaison pour retrouver le texte exact.

… n'y voit pas … trois pas devant soi. Le paysage … uniformément noyé sous des trombes d'eau, … il fait presque aussi noir qu'en pleine nuit. En se couvrant la tête de leurs mains, les enfants sprintent en direction de la « jungle » proche lorsque…
« Attention ! » crie Mickette.
Elle se jette … plat ventre dans la boue, aussitôt imitée par … compagnon.
[…] Sa tignasse blonde, trempée par la pluie, lui dégringole dans les yeux. … tee-shirt … … bermuda dégoulinent. Ses baskets laissent des traces boueuses sur le sol. « Il … encore plus mignon quand il … sale », pense furtivement Mickette. Question tenue, elle ne vaut guère mieux. Ses vêtements … tellement mouillés que, si elle s'ébrouait, ça provoquerait sûrement une inondation !

Gudule, *Le château des chiens perdus* © Hachette.

5 **Écris six mots composés avec *porte*. Tu peux utiliser ton dictionnaire.**

6 a) **Prends un mot dans chaque liste et reconstitue les noms composés.**

1. auto – station – aller – appuie – maître
2. tête – service – nageur – retour – stoppeur

b) **Écris ces noms composés au pluriel.**

Dans les unités 17 à 23, tu vas apprendre à :

- Reconnaître les groupes dans la phrase
  Classer les phrases
  Poser des questions et donner des réponses précises

- Conjuguer les verbes aux temps du passé et utiliser les temps du passé pour raconter

- Lire et utiliser les définitions
  Dire la même chose et dire le contraire de différentes façons
  Mieux suivre une idée dans un texte

- Mieux contrôler l'écriture des sons [ø], [œ], [g], [ʒ], [ɲ], [f]

Grâce à ce travail, tu sauras mieux :

- Contrôler ce que tu comprends quand tu lis
  Comprendre les consignes et les questions qu'on te pose sur les textes
  Poser toi-même des questions pour mieux comprendre

- Utiliser et construire les définitions
  Enrichir les textes que tu écris
  Décrire et comparer pour écrire un texte documentaire
  Imaginer à partir des mots

- Dire des textes à haute voix pour les interpréter

UNITÉ 17

ATELIER DE LECTURE

Lire des consignes

A **Complète le tableau. Conjugue au présent.**

	aller au château	revenir du tournoi	devenir riche
Une dame			
Tu			
Des chevaliers			

B Complète le tableau.

	chiffre des centaines	nombre de centaines	chiffre des dizaines	nombre de dizaines
4857				
2018				

C **Complète le tableau.**

8280		
4039	4 039	
	2 400	
		mille trois cent quatre-vingt onze

D En t'aidant des résultats sur l'ardoise, calcule ces produits.

35 × 4 = …
35 × 5 = …
35 × 20 = …
35 × 6 = …
35 × 10 = …
35 × 30 = …
350 × 3 = …
350 × 20 = …
350 × 100 = …
35 × 100 = …
35 × 300 = …

35 × 1 = 35
35 × 2 = 70
35 × 3 = 105

E **Calcule la durée du règne de quelques rois de France.**

Louis XIII
1610 – 1643

Louis XIV
1643 – 1715

Louis XV
1715 – 1774

Louis XVI
1774 – 1792

Complète le schéma.

F ***Entoure les groupes nominaux sans expansion et souligne les groupes nominaux avec expansion.***

Le soleil est une boule de gaz chauds. Sa surface ressemble à la pelure d'une orange. Les astronomes ont pu y observer des jets de gaz brûlants qui s'élèvent puis retombent. La température du soleil est de 15 millions de degrés.

COLLECTIF

Observe les documents pour mieux les comprendre

1 *Ces documents sont extraits de différents manuels de CE2.*
Surligne les verbes des consignes. À quel temps sont-ils conjugués ?

2 Compare les exercices A, B et C.
Que faut-il faire pour bien comprendre ces exercices ?

3 *Tu as compris une consigne lorsque tu peux dire dans ta tête ce que tu dois faire.*
a) Écris les phrases que tu te dis pour chacun des exercices.
b) Compare ces phrases avec les consignes. Que remarques-tu ?

Mémorise l'orthographe

LES MOTS DES TEXTES

4 Observe l'écriture des nombres :
vingt-neuf – quatre-vingts
quatre-vingt douze – trois cents
six cent vingt-neuf – mille dix – trois mille
six mille sept cent vingt – huit mille sept cents

Écris en lettres ces nombres écrits en chiffres :

500	5284	780	1600
1610	727	3780	1020

COLLECTIF

LES SONS ET LEURS ÉCRITURES

5 Cherche des mots dans lesquels tu entends le son [ø] comme dans p*eu*.

6 Classe ces mots dans le tableau.
adieu – joyeux – lieu – mieux
milieu – nombreux – nuageux
orageux – pneu – vieux – les yeux

	eu	eux	je retiens aussi
[ø]	…	…	heureux – des œufs un nœud – la queue

Presque tous les adjectifs qui se terminent par le son [ø] s'écrivent ***-eux***.
Tu connais toujours leur forme au féminin : ***-euse***.

7 Cherche des mots dans lesquels tu entends le son [œ] comme dans p*eu*r.

8 Classe ces mots dans le tableau.
campeur – chanteur – cœur – coureur – déjeuner
docteur – douleur – fleuriste – grosseur – hauteur
jeune – largeur – longueur – meuble – moteur
odeur – œuf – plusieurs – seul – sœur – voleur

	eu	œu	je retiens aussi
[œ]	…	…	le bonheur l'œil – cueillir

9 Classe les noms qui se terminent par [œʀ] en deux colonnes : masculin et féminin.
Observe leur terminaison. Que remarques-tu ?

Presque tous les noms qui se terminent par le son [œr] s'écrivent ***-eur***.
Apprends deux exceptions : *le beurre – l'heure.*

17 Le groupe sujet

GRAMMAIRE

Souviens-toi

1 Trace toutes les bulles. Surligne les compléments du nom.

Les spectateurs admirent les grands voiliers à plusieurs mâts. Le pilotage de ces bateaux exige des marins qui ont des années d'expérience.

COLLECTIF Observe, réfléchis, essaie, discute

Problème : est-ce que la bulle du verbe change quand on étend le groupe nominal minimal qui le commande ?

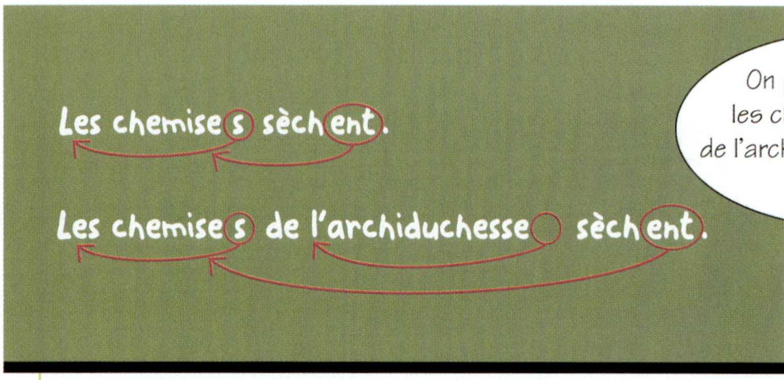

2 a) À toi. Continue à tracer les bulles.

Les chemises chaudes de l'archiduchesse sèchent.
Les chemises chaudes de l'archiduchesse qui sont sur le séchoir sèchent.

b) Observe les bulles. Échange tes remarques avec tes camarades et réponds au problème posé.

3 Vérifie ta réponse. Toutes les bulles sont tracées.

Ces oiseaux élégants au vol rapide qui rasent la rivière sont des martinets.

- Récris cette phrase en supprimant le complément du nom. Trace les bulles.
- Supprime encore l'expansion introduite par *qui*. Récris la phrase, trace les bulles.
- Il ne reste plus que l'adjectif. Supprime-le, récris la phrase et trace les bulles.
- Recopie le groupe nominal minimal qui commande le verbe.

4 Conclus : tu peux maintenant répondre au problème de façon sûre.

Depuis le début de l'année, tu sais tracer la bulle du verbe, c'est-à-dire le lien entre le verbe et le groupe nominal minimal qui le commande.

LIS LA DÉFINITION

- Le groupe nominal minimal qui commande le verbe s'appelle **le sujet du verbe**.

Les décor(s) représent(ent) une ville.
sujet — verbe

- Dans la phrase, **le groupe sujet** c'est le sujet du verbe avec ses expansions quand il en a.

Les décor(s) de théâtre que nous préparons représent(ent) une ville.
groupe sujet — verbe

- Tu sais que les pronoms personnels de conjugaison et le pronom *qui* commandent toujours un verbe. Ce sont donc aussi des sujets du verbe.

(À SUIVRE)

Exerce-toi

5 a) **Relie la bulle du verbe à son sujet. Surligne le groupe sujet.**

1. Le célèbre portrait de La Joconde attir(e) tous les visiteurs du musée du Louvre.
2. Les automobilistes qui commettent des imprudences risqu(ent) de provoquer des accidents.
3. Les voitures de course que je collectionne occup(ent) toute une étagère dans ma chambre.

b) **Recopie le verbe commandé par *qui* ; le verbe commandé par *je*.**

6 **Trace les bulles, puis étends le groupe sujet autant que tu peux.**

Le chien aboie.

7 **Les bulles de tous les verbes sont préparées. Finis de les tracer et remplis-les.**

1. Les monuments restaurés de la vieille ville intéress○ les touristes.
2. Le musée des sciences que nous visit○ organis○ beaucoup d'activités.

8 **La bulle du sujet est faite.**

a) **Trace la bulle du verbe qu'il commande.**

b) **Surligne les expansions du sujet, quand il en a.**

1. Un groupe○ de promeneurs que l'orage○ effraie cherche un abri.
2. Ces lourdes branche(s) qui penchent sur la rivière commencent à perdre leurs feuilles.
3. Le livre○ documentaire que notre groupe consulte pour faire un exposé parle des lacs.

9 **Trace toutes les bulles.**

1. Les chercheurs de trésors qui explorent le fond des mers lisent les récits des batailles navales.
2. Les décors de théâtre que nous préparons représentent une ville.

AUJOURD'HUI

- *J'ai appris que le groupe nominal minimal ou le pronom qui commande le verbe s'appelle le sujet du verbe.*
- *Quand le groupe sujet est très étendu, le verbe est loin de son sujet. Il faut faire attention pour accorder.*

CONJUGAISON

17 Le futur (2)
Les verbes être, avoir et aller

Souviens-toi

1 Conjugue au futur simple avec *tu*, *il*, *nous*, *elles* et trace les bulles.
couvrir – apporter – étudier – franchir

COLLECTIF Observe, réfléchis, essaie, discute

2 Relève les verbes conjugués du texte et écris leur infinitif.

Après-Demain

Quand je serai caillou
j'irai dormir la nuit dans les soupières
et le jour dans les sacs à main

Quand je serai portemanteau
je bêlerai toute l'après-midi

Quand je serai tiroir
je sifflerai en traversant les rues

Quand je serai léopard
j'aurai de beaux souliers en daim

Quand je serai porte de prison
je pêcherai à la dynamite

Quand je serai ver de terre
on aura peur de moi sur les boulevards

Jehan Mayoux, in *Ma tête à couper*

3 *Quand tu parles, tu sais utiliser les verbes* être, avoir *et* aller *au futur.*
Tu sais aussi qu'au futur, tous les verbes se conjuguent de la même façon.
Écris le tableau de conjugaison des verbes *être*, *avoir* et *aller* au futur simple.

4 Dis ces phrases au futur proche.
1. Nous avons beaucoup de travail.
2. Je vais à la poste.
3. Tu es content.
4. Est-ce que tu vas chez tes grands-parents ?
5. Cet été, mes voisins vont à Rome.
6. Vous allez jusqu'au bout de la rue, et là, vous m'attendrez.
7. La tarte est prête dans un quart d'heure.
8. Il est étonné du résultat !
9. Mes cousins ont un petit frère. Et moi j'ai un nouveau cousin !
10. Voici vos places. Vous êtes au premier rang, juste devant la scène.

5 Écris le tableau de conjugaison des verbes *être, avoir* et *aller* au futur proche.

LIS LA RÈGLE

- **Au futur, les verbes *être*, *avoir* et *aller* se conjuguent comme tous les autres verbes.**

Vous aurez une drôle de surprise. Vous allez avoir une drôle de surprise.

- **Au futur simple, on ne reconnaît pas l'infinitif.**
Mais les terminaisons sont les mêmes que pour tous les autres verbes.

Quand tu parles, tu ne te trompes pas.

Exerce-toi

6 **Trace la bulle des verbes.**

1. Dans quelques jours, tu auras neuf ans. Tous tes amis seront avec toi pour ton anniversaire.
2. Quand vous serez tous prêts, nous monterons dans le bus.
3. Je serai bientôt capable de traverser la piscine.
4. Si tu viens m'aider, nous aurons plus de force.
5. Un jour, j'aurai un chien qui sera mon ami.

7 **Trace la bulle des verbes conjugués au futur simple.**

J'attends les vacances de printemps avec impatience. Mes cousins seront à la maison. Je ne les vois pas souvent. Ils arriveront par le train tôt le matin. Si je me réveille, j'irai les chercher à la gare avec mon père.

Nous allons avoir deux semaines pour jouer ensemble. Nous aurons chacun un vélo pour aller nous promener.

8 **Complète avec le pronom personnel de conjugaison qui convient.**

1. … irai avec vous. … serai prêt à deux heures.
2. « … aurez de mes nouvelles ! »
3. … aurons une nouvelle voiture l'an prochain.
4. En sortant de l'école, … irons au cinéma.
5. Je sais que … seras un bon gardien de but.
6. Les cerises sont roses. … seront mûres à la fin de la semaine.
7. … auront une heure d'avance.
8. Prends ce pull. … ira bien avec ton pantalon.

9 **Écris le pronom personnel de conjugaison qui convient, et trace la bulle des verbes au futur.**

… serez – … passerons – … auras
… vais – … comparons – … partirai
… iront – … serrez

10 **Futur simple ou futur proche ? Choisis ce qui convient le mieux.**

1. Ça y est, j'ai mon livre, je (*commencer*) à le lire tout de suite.
2. Dans trois ans, je (*être*) au collège.
3. Demain après-midi je (*jouer*) chez mon copain, je (*ranger*) ma chambre plus tard.
4. Je (*préparer*) mes affaires, pour ne rien oublier.
5. Dans vingt ans peut-être, un homme (*marcher*) sur Mars.

11 **Conjugue au futur simple et retrouve le texte exact.**

Notre maison (*être*) ronde, toute ronde, avec une porte et un toit en bois. Mais on y (*dormir*) seulement car le reste du temps on (*être*) dehors. Tu vois, on a déjà tout prévu. Le matin pour se réveiller, on se (*baigner*) avec les hippopotames. Tu sais, ils aiment bien s'amuser avec les enfants. On (*grimper*) sur leur dos et on (*tirer*) la langue aux méchants crocodiles.
Les crocodiles (*être*) verts de rage et (*claquer*) des dents. Mais ils n'(*oser*) pas s'approcher, ces peureux ! Ensuite, on (*avoir*) faim !

Marc Cantin, Zaü,
Demain je serai africain © Rageot.

AUJOURD'HUI

J'ai vérifié que je sais conjuguer les verbes être, avoir et aller au futur quand je parle.
Comme les terminaisons du futur sont toujours les mêmes, je sais écrire ces verbes sans fautes.

Approche de la définition : le nom

Souviens-toi

1 Combien le nom *planche* a-t-il de sens ? Recopie les définitions qui correspondent à chaque sens.

> **planche** (nom féminin) **1** Longue pièce de bois plate et peu épaisse. *Le menuisier scie des* ***planches*** *pour faire un meuble.* **2** Page d'illustrations. *Ce livre sur les plantes contient de magnifiques* ***planches*** *en couleurs.* **3** Bande de terre cultivée. *Dans le jardin, il y a une* ***planche*** *de fraisiers.*

Dictionnaire CM/Collège © Hachette.

COLLECTIF Observe, réfléchis, essaie, discute

2 Quand tu veux expliquer un nom, tu utilises souvent l'expression *est un(e)*.
Explique de cette façon les mots suivants.

La sardine est un(e) …
Une boulangerie est un(e) …
Un pantalon est un(e) …
Les pétroliers sont des …

Tu sais depuis longtemps classer des objets et trouver le mot général qui nomme la classe.

3 Relève les noms que tu as placés juste après *est un*.
Écris-les en tête des colonnes.
Complète chaque colonne avec quatre noms qui font partie de la même classe.

oiseau	…	…	…	…
pie	…	…	…	…
aigle	…	…	…	…
…	…	…	…	…

4 Trouve un nom général pour les listes suivantes.

Les rectangles, les carrés, les trapèzes, les losanges sont des … .
Les pommes, les oranges, les poires, les cerises, les kiwis, les bananes sont des … .
Les oiseaux et les poissons sont des … .

5 Lis ces définitions.

a) À quelle classe appartiennent :

• *la commode et le buffet ?*

commode n.f. Meuble à tiroirs, de la hauteur d'une table, qui sert à ranger du linge.

buffet n.m. Meuble qui sert à ranger la vaisselle, le linge ou des provisions.

• *le rosier et le mimosa ?*

rosier n.m. Arbuste épineux qui donne des roses.

mimosa n.m. Arbuste à fleurs jaunes en forme de boules, très parfumées.

b) Souligne la partie de la définition qui suit le nom général. À quoi sert-elle ? Avec tes connaissances en grammaire, dis comment elle est construite.

LIS LA DÉFINITION

Pour définir un nom, on doit souvent :

– employer le **nom général** qui permet de le situer dans sa classe,

– étendre ce nom général pour apporter des précisions.

pie n.f. Oiseau (nom général) à plumage noir bleuté et blanc, (complément du nom) et à longue queue. (complément du nom)

Exerce-toi

6 Recopie les définitions. Surligne le nom qui situe l'objet dans sa classe.

automobile n.f. Véhicule à quatre roues et à moteur, qui sert au transport des personnes.

bicyclette n.f. Véhicule à deux roues fixées à un cadre mis en mouvement quand on pédale.

moto n.f. Véhicule à deux roues pourvu d'un moteur de plus de 125 cm^3.

7 a) Dans ces définitions, relève le nom général qui nomme la classe.

goût n.m. Sens qui permet de reconnaître les saveurs des aliments.

ouïe n.f. Sens qui permet de percevoir les sons.

b) D'après toi, quel nom général trouve-t-on dans la définition des noms *vue* ? *toucher* ? *odorat* ?

COLLECTIF

Utilise tes connaissances pour étudier ce texte

Voici le début d'une fable d'Ésope. La fable entière est page 165.

Le loup et l'agneau

1. Voyant un agneau qui buvait à la rivière, le loup ne voulut pas le dévorer sans quelque bonne raison : quoiqu'il fût lui-même en amont, il accusa l'agneau de troubler son eau et de l'empêcher de boire.

Ésope

2. Voyant un jeune mouton qui avalait un liquide dans un cours d'eau qui se jette dans un fleuve, l'animal sauvage à museau pointu qui ressemble à un gros chien et se nourrit de viande ne voulut pas le manger en déchirant avec ses dents sans quelque bonne raison. Quoiqu'il fût lui-même plus près de la source que l'agneau, il déclara coupable le jeune mouton de rendre moins clair son liquide naturel sans goût, sans couleur et transparent...

Des élèves de CE2

1 Il y a deux textes et un seul titre. À ton avis pourquoi ?

2 Surligne dans le texte 2 les mots qui sont exactement les mêmes que dans le texte 1. À ton avis, comment les élèves ont-ils écrit ce texte ?

3 Continue. Transforme la fin du texte 1 de la même façon.

AUJOURD'HUI

J'ai appris à mieux lire la définition d'un nom dans le dictionnaire : il y a toujours au début un nom général qui situe le nom dans sa classe.

Chantier d'écriture

Imaginer à partir d'un tableau et des mots qui le décrivent (1)

M. Chagall, *Le jongleur*, 1943.

Sylvie Girardet, Claire Merleau-Ponty, Nestor Salas, *Les toiles de Chagall*

Le jongleur

Chagall adorait le cirque, il y allait souvent.
Il a dessiné beaucoup de jongleurs, d'acrobates et d'écuyères.
Mais quel drôle de cirque que celui-ci !

Avec ces mots, invente l'étrange histoire de ce tableau :

violon cheval et la pendule le jongleur le violoniste
la femme est
rouge noir regarde en l'air une tête de coq
les spectateurs jaune danse
est coq espagnole
la petite fille le cheval s'envole
a dans sur
qui l'éventail au milieu
la piste tourne mariée
joue
la trapéziste et
et musique
la maison applaudissent
ailes la jambe bleu
vert tient
sourit danse regardent
à tête de cheval s'amuse le bras
avec

- Lis cette page.
Explique ce qu'il faut faire.

Pour inventer l'histoire,
- observe le tableau et fais la liste de tout ce qui est étrange ;
- tu peux utiliser les mots proposés plusieurs fois ;
- tu peux ajouter des mots si tu en as besoin.

Tu as deux semaines pour faire ce travail.

COLLECTIF D'un texte à l'autre

Le loup et l'agneau
écrit par Ésope au VIe siècle avant J.-C.

Voyant un agneau qui buvait à la rivière, le loup ne voulut pas le dévorer sans quelque bonne raison : quoiqu'il fût lui-même en amont, il accusa l'agneau de troubler son eau et de l'empêcher de boire.
L'agneau se défendit : « Je bois du bout des lèvres et, d'ailleurs, comment troublerais-je l'eau qui coule en amont de moi ? » Privé de son prétexte, le loup répliqua : « Oui, mais l'an dernier tu as insulté mon père.
– Je n'étais pas né alors » dit l'agneau. À quoi le loup répondit : « Tu peux te défendre autant que tu veux, je ne t'en croquerai pas moins. »
Quand on est résolu à te nuire, en vain cherches-tu à te défendre.

- Qui prononce la dernière phrase du texte ?
- De quoi le loup accuse-t-il l'agneau ? Comment l'agneau se défend-il ?

Le loup et l'agneau
écrit par La Fontaine en 1668

La raison du plus fort est toujours la meilleure,
Nous l'allons montrer tout à l'heure.
Un agneau se désaltérait
Dans le courant d'une onde pure.
Un loup survient à jeun qui cherchait aventure,
Et que la faim en ces lieux attirait.
« Qui te rend si hardi de troubler mon breuvage ?
Dit cet animal plein de rage :
Tu seras châtié de ta témérité.
– Sire, répond l'Agneau, que Votre Majesté
Ne se mette pas en colère ;
Mais plutôt qu'elle considère
Que je me vas désaltérant
Dans le courant,
Plus de vingt pas au-dessous d'elle,
Et que par conséquent en aucune façon
Je ne puis troubler sa boisson.
– Tu la troubles, reprit cette bête cruelle,
Et je sais que de moi tu médis l'an passé.
– Comment l'aurais-je fait, si je n'étais pas né ?
Reprit l'agneau, je tète encor ma mère.
– Si ce n'est toi, c'est donc ton frère.
– Je n'en ai point.
– C'est donc quelqu'un des tiens :
Car vous ne m'épargnez guère,
Vous, vos bergers, et vos chiens.
On me l'a dit : il faut que je me venge. »
Là-dessus, au fond des forêts
Le Loup l'emporte, et puis le mange
Sans autre forme de procès.

- Le loup donne-t-il les mêmes raisons, les mêmes prétextes, dans les deux fables ?
- *La morale d'une fable, c'est la leçon qu'on peut en tirer pour comprendre la vie.*

Quelle phrase donne cette morale dans la fable d'Ésope ? dans celle de La Fontaine ?

UNITÉ 18

ATELIER DE LECTURE

Les patates magiques (EXTRAIT)

Mon petit lapin,

Nous avons mouillé près d'une île magique : l'île de Pâques.

Tu as peut-être entendu parler des statues géantes de l'île de Pâques. Elles sont en chocolat.

C'est l'île aux merveilles, la caverne d'Ali Baba. Le pays du chocolat à perte de vue. Des iguanes marins semblent ramper vers d'énormes tortues posées sur le sol. Des cigognes au plumage blanc et au bec d'ébène voisinent avec des cormorans de nougat craquant. Les varans sont ici en grand nombre : ils sont munis de longues queues dont les écailles de chocolat reposent sur l'herbe, immobiles. Je les grignote allègrement.

Les habitants de l'île cohabitent paisiblement avec cette faune insolite. Seuls les étrangers se jettent sur le chocolat. C'est l'île de Pâques, ne l'oublie pas quand tu déballeras tes œufs ! Pense à ces centaines de kilos de chocolat que les habitants dédaignent ! Pense qu'un jour, toi aussi tu goûteras à ces douceurs !

Je termine ma lettre devant ces statues qui semblent surgir de la nuit des temps. Je crois que dans mille ans, elles seront encore là, à attendre les voyageurs comme moi.

Salut petit frère et joyeuses Pâques !

Geneviève Senger, *Les patates magiques* © Rageot.

L'île de Pâques est une île isolée de l'océan Pacifique. Elle fut découverte au XVIIIe siècle par un navigateur hollandais, un jour de Pâques. Elle est célèbre pour ses statues géantes.

mouiller v. Jeter l'ancre pour immobiliser un navire.
bec d'ébène Un bec noir comme l'ébène.
cohabiter v. Coexister, vivre au même endroit.
insolite adj. Bizarre, étrange, inhabituel.

COLLECTIF – Observe le texte pour mieux le comprendre

1 Qui est l'auteur de cette lettre ? À qui écrit-il ?

2 À quel moment de l'année cette lettre doit-elle arriver ?

3 *Faune* est un nom général. Connais-tu son sens ? Vérifie avec ton dictionnaire.

4 a) Dresse la liste de la faune de l'île de Pâques.
b) Cette faune est insolite. Pourquoi ?

5 En réalité les cigognes blanches ont le bec rouge. Pourquoi l'auteur leur met-il un bec noir ?

6 Ainsi décrite, l'île de Pâques porte bien son nom. Pourquoi ?

Mémorise l'orthographe

LES MOTS DU TEXTE

7 Recopie quelques mots que tu trouves difficiles à écrire.

8 Recopie ces mots invariables et entraîne-toi à les écrire.
près de – peut-être – vers – paisiblement – devant

9 Recopie et apprends :
– quatre mots qui contiennent le son [j] ;
– huit mots qui contiennent le son [ɑ̃].

LES SONS ET LEURS ÉCRITURES

COLLECTIF

10 Recopie les huit mots du texte dans lesquels tu entends [g] comme au début de *grand*. Encadre les lettres qui servent à écrire ce son : *grand*.

11 Classe les mots que tu as recopiés dans ce tableau.

	g	gu	gue	je retiens aussi
[g]	...	...	...	une seconde

12 Classe ces mots dans ton tableau.
bague – conjugaison – conjuguer – distinguer – égal – escargot – fatigue
gagner – garage – glace – gonfler – gorge – grain – guerre – guidon
guitare – langue – légume – longueur – vague – virgule

13 Recopie les dix mots du texte où tu entends [ʒ] comme dans *magique*.
Encadre les lettres qui servent à écrire ce son : *magique*.

14 Classe ces mots dans le tableau.
âge – argent – aujourd'hui – conjugaison – danger
étage – fragile – garage – geai – géant – genou – givre
gorge – gymnase – imaginer – jamais – jambe – journée
juge – juin – nageoire – pigeon – ranger – voyage

	g	ge	j
[ʒ]	...	...	...

15 Observe les deux tableaux :
quand la lettre *g* se prononce-t-elle [g] ? quand se prononce-t-elle [ʒ] ?

La lettre **g** sert à écrire deux sons : [ʒ] et [g].		
	devant e, i, y	**devant a, o, u**
pour écrire [ʒ]	**g** *l'éta**g**e – un **g**éant – fra**g**ile – un **g**ymnase*	**ge** *un **ge**ai – le plon**ge**oir*
pour écrire [g]	**gu** *la fati**gu**e – la **gu**erre – un **gu**idon*	**g** *é**g**al – **g**onfler – un lé**g**ume*

18

Le groupe verbal et les compléments de phrase

Souviens-toi

1 Trace la bulle des verbes, puis surligne le groupe sujet.

Les athlètes qui participent aux Jeux Olympiques espèrent tous obtenir une médaille.

COLLECTIF Observe, réfléchis, essaie, discute

Volcan en éruption

Le volcan tremble. Des secousses violentes parcourent le flanc de la montagne.

À l'intérieur du volcan, la température augmente. Des fractures fendent le sol dans un fracas de tonnerre. Sous la pression extraordinaire des gaz brûlants, le bouchon de lave qui ferme le cratère vole en éclats.

Piton de la Fournaise, île de la Réunion. ▶

2 Dans chaque phrase, trace la bulle des verbes, puis surligne le groupe sujet.

3 Observe les parties de phrase qui restent.

a) Essaie de les déplacer dans la phrase. Demande-toi toujours si c'est possible, si on peut le dire.

b) Quand tu peux déplacer une partie de phrase,
– recopie la nouvelle phrase que tu obtiens ;
– trace la bulle des verbes, surligne le groupe sujet.

La chaîne d'accord du verbe avec son sujet a-t-elle changé ?

4 Imagine la suite. Complète avec des parties de phrase que l'on peut déplacer.
Justifie ta réponse en faisant un déplacement.

Le volcan crache des blocs de pierre ...
La lave dévale les pentes ...

LIS LA DÉFINITION

Les parties de phrase que l'on peut déplacer complètent toute la phrase.
Ce sont des **compléments de phrase**.

5 Observe maintenant les parties de phrase que tu n'as pas pu déplacer.
Où sont-elles placées ? À quel mot de la phrase apportent-elles des précisions ?

LIS LA DÉFINITION

- Dans la phrase, le verbe a souvent des compléments.
Ils sont placés après lui. On ne peut pas les déplacer.
- Le groupe formé par le verbe et ses compléments s'appelle le **groupe verbal.**
Si le verbe n'a pas de complément, il forme le groupe verbal à lui tout seul.

Maintenant, tu sais tout sur la phrase :

La phrase est composée
– d'un groupe sujet,
– d'un groupe verbal,
– et parfois de compléments de phrase.

Dans un fracas de tonnerre,	*des fractures*	*fendent le sol.*
complément de phrase	groupe sujet	groupe verbal

(À SUIVRE)

Exerce-toi

6 Trace la bulle du verbe. Surligne :
– le groupe sujet en bleu,
– le groupe verbal en jaune.

1. Au mois d'octobre, les jardiniers du château rentrent les orangers qui craignent le froid.
2. En mer, les plongeurs installent des bouées pour signaler leur présence.

7 Trace la bulle du verbe. Surligne :
– le groupe sujet en vert,
– les compléments de phrase en jaune.

1. La nuit du 4 août 1789, les révolutionnaires abolissent les privilèges de la noblesse.
2. La France révolutionnaire adopte un nouveau calendrier pour bien marquer le passage de la monarchie à la république.

8 Étends le groupe verbal.

1. Dans son article, le journaliste raconte …
2. La lampe éclaire …

9 Étends ces phrases avec des compléments de phrase.

1. Ils se sont blessés.
2. Nous avons pris des photos.

10 Récris en déplaçant les compléments de phrase. Attention aux majuscules !

1. Ce soir je réparerai mon vélo avec mon père.
2. Grâce à toi il nage maintenant sans crainte.
3. Les enfants jouent au ballon dans la cour en attendant l'arrivée de leurs parents.

11 Récris en supprimant les compléments de phrase.

À vingt et une heures tapantes, un double rideau s'ouvre au-dessus de l'entrée des artistes. L'assistance pousse un oh ! de stupeur. Sous la baguette virevoltante d'un orang-outang échevelé, l'orchestre vient d'attaquer les premiers accords du *Carnaval des animaux*. […] Monsieur Loyal paraît à la fin du morceau.

Jean Alessandrini, *Animal Circus*

AUJOURD'HUI

J'ai appris à reconnaître les trois parties de la phrase.

CONJUGAISON

18 Le futur (3)
Quelques verbes fréquents du 3e groupe

Souviens-toi

1 Écris le pronom personnel de conjugaison qui convient, et trace la bulle des verbes au futur.

… serons – … colorierez – … aurai – … séparons – … sortiras – … va

COLLECTIF Observe, réfléchis, essaie, discute

Je mettrai
dans le métro
un grand pré

tu mettras
dans le métro
deux gros chats

il mettra
dans le métro
trois lilas

nous mettrons
dans le métro
quatre oursons

vous mettrez
dans le métro
cinq bouquets

ils mettront
dans le métro
six bisons

et des oiseaux
des pies des geais des corbeaux
des rossignols des rouges-gorges
des alouettes des pinsons
du blé du seigle de l'orge
au fond des bois des p'tites maisons
des chemins des fleurs des moulins
des plages des forêts des pins
et puis la mer
qui bat qui bat
jusque là-bas
c'est mon cœur mon cœur qui s'en va
sur la mer où tout s'efface
appelé par
l'espace
car on met trop
de gens pressés
dans le métro.

2 Observe les six premières strophes.
a) À quel temps sont-elles écrites ? b) Comment sont-elles construites ?

3 Trace toutes les bulles du verbe *mettre*. Retrouves-tu l'infinitif en entier ?

LIS LA RÈGLE

Quand l'infinitif du verbe se termine par *-re*, on forme le futur simple à partir de l'infinitif en supprimant le *-e*.

lire : je lirai, nous lirons *dire* : tu diras, vous direz

prendre : il prendra, ils prendront

4 Pour quelques verbes que l'on utilise très souvent, on ne reconnaît pas l'infinitif dans le futur simple. Mais les terminaisons sont toujours les mêmes que pour les autres verbes. Complète.

venir	faire	savoir	vouloir	pouvoir	voir
je viendrai	je ferai	je …	je …	je …	je verrai
tu …	tu …	tu sauras	tu voudras	tu pourras	tu …
il, elle …	il, elle …	il, elle …	il, elle …	il, elle pourra	il, elle …
nous viendrons	nous ferons	nous …	nous …	nous …	nous verrons
vous …	vous …	vous saurez	vous …	vous …	vous …
ils, elles …	ils, elles …	ils, elles …	ils, elles voudront	ils, elles …	ils, elles …

Exerce-toi

5 Conjugue au futur simple.

prendre : je … *tenir* : tu …
craindre : elle … *battre* : nous …
dire : vous … *perdre* : ils …

6 Pour compléter les phrases, choisis entre les verbes *être*, *savoir*, *avoir*. Écris-les au futur.

1. Je parie que je … plus rapide que toi.
2. « Vous … votre rôle par cœur pour demain ? » « Oui, nous … prêts. »
3. S'ils gagnent la dernière partie, ils … plus de points que nous.
4. Quand nous … mieux jouer en équipe, nous … capables de gagner.
5. Regarde bien comment je fais, après tu … le faire tout seul.

COLLECTIF Utilise tes connaissances pour étudier le texte

Relis le poème de Jacques Charpentreau.

1 Peux-tu dire ce qu'est le métro ? Cherche la définition du mot dans le dictionnaire. Commence à construire son étoile du sens.

2 Que sais-tu du métro ? À quoi te fait-il penser ? Continue l'étoile du sens.

3 Dans le métro, le poète pense à beaucoup de choses. Construis l'étoile du sens de ses idées. Trouve dans le poème le mot qui va au centre de l'étoile.

4 Le mot *pressé* a deux sens. Écris les deux façons de comprendre *des gens pressés*.

5 Utilise ton explication pour comparer les deux étoiles du sens.

6 Et maintenant, réfléchis : à quoi sert la poésie ? Discute avec tes camarades.

AUJOURD'HUI

J'ai appris à conjuguer au futur simple des verbes du 3e groupe que l'on utilise très souvent.

18 Les synonymes

VOCABULAIRE

Souviens-toi

1 Écris les abréviations grammaticales du dictionnaire pour ces mots.
jour – clarté – briller – lumineux – obscur

COLLECTIF Observe, réfléchis, essaie, discute

2 a) Pour chaque mot souligné trouve un autre mot qui veut dire la même chose.

1. Avant de mettre l'ordinateur en marche, lisez attentivement les instructions.
2. Quel fouillis dans ta chambre ! Le sol est jonché de jouets et de papiers. Range ta chambre immédiatement.
3. Je suis impatient de connaître les résultats du match.
4. Avant de partir, il faut étudier soigneusement l'itinéraire. La dernière fois, nous sommes passés dans des endroits très périlleux.

b) Classe les mots que tu as trouvés et ceux qui étaient soulignés.
Observe le tableau. Que remarques-tu ?

	mot souligné	mot trouvé
nom	...	...
verbe	...	...
adjectif	...	...
autre mot	...	...

LIS LA DÉFINITION

- On peut presque toujours remplacer un mot ou une expression par un autre mot ou par une autre expression qui veulent dire à peu près la même chose.
- Les mots, les expressions qui ont presque le même sens s'appellent des **synonymes**.

3 Les synonymes ont-ils exactement le même sens ?

a) Y a-t-il une différence de sens entre ces synonymes ?
Discute avec tes camarades.

casser – détruire : L'enfant a cassé ses jouets. L'enfant a détruit ses jouets.
regarder – observer : Je regarde les feuilles des arbres. J'observe les feuilles des arbres.

b) Quel verbe emploierais-tu dans les phrases suivantes :

écouter ou *entendre* ?

1. En plein milieu du bal, Cendrillon … sonner les douze coups de minuit.
2. J'… souvent de la musique avec mes copains.

c) Conclus : réponds à la question posée.

4 Que se passe-t-il lorsqu'un mot a plusieurs sens ?

a) Récris les phrases avec des synonymes du verbe *jeter*.

1. Chacun jette les dés à son tour.
2. Je jette les jouets cassés à la poubelle.
3. On a vu un chien se jeter sur un passant.

b) Réponds à la question posée.

5 Conclus. Quand as-tu besoin de chercher le synonyme d'un mot ?

Exerce-toi

6 Reconstitue les couples de synonymes.

calme	•	•	avant
geste	•	•	bataille
étaler	•	•	commander
bicyclette	•	•	horrible
bagarre	•	•	mouvement
diriger	•	•	tartiner
autrefois	•	•	tranquille
effrayant	•	•	vélo

7 Trouve un synonyme pour chaque mot.

délicieux – enlever – pierre – entraîner

8 Pour chaque phrase, choisis :

a) le mot qui donne le sens le plus fort.

1. *étonnant* – *incroyable* : Au cirque j'ai vu une magicienne vraiment … .
2. *crier* – *hurler* : Quand mon voisin est en colère, il se met à … contre tout le monde.
3. *l'intérêt* – *la passion* : Samira a de … pour tout ce qu'elle fait.

b) le mot qui donne le sens le plus précis.

1. Les marchandises arriveront dans deux semaines par *bateau* / par *paquebot*.
2. Mon père conduit *une pelleteuse* / *un véhicule* sur les chantiers de construction.

9 Voici une liste de synonymes pour quelques mots du texte. Ils sont dans l'ordre. Trouve leur place et récris le texte. Attention à tout ce qui change.

magasin – avenue – animée – formidable
vitrine – panneau – étalage – bric-à-brac
pancarte – annonce – uniquement – explorer

Accessoires

C'est une boutique, dans une rue peu fréquentée. À première vue, elle n'a rien d'extraordinaire. La devanture est plutôt moderne, avec une enseigne en néon qui clignote rouge et jaune : *Accessoires en tous genres*. Et l'enseigne ne ment pas, à en juger par la vitrine. Quel mélange ! Une scie électrique est exposée à côté d'une paire d'après-ski ; des stylos à encre, des peignes et des bombes de crème Chantilly entourent une console de jeux vidéo... Sur la porte, un écriteau avertit :

Vente exclusivement aux professionnels.

Professionnels, oui, mais professionnels de quoi ?

Vous aimeriez savoir, vous aimeriez visiter ?

Bernard Friot, *Encore des histoires pressées* © Milan.

AUJOURD'HUI

J'ai compris que pour remplacer un mot par un autre mot plus juste, je cherche un synonyme.

Exercices d'écriture

1 Jouer sur les différents sens d'un même mot. Associer des champs lexicaux

Côte de Malabar, Inde.

- **Rappelle-toi la lettre écrite de l'île de Pâques (page 166). Au cours de son voyage, ce marin a aussi débarqué en Inde, sur la côte de Malabar.**
- **Imagine la lettre qu'il envoie à son frère.**

Tu pourras lire ensuite dans Les patates magiques *la lettre que l'auteur a écrite.*

2 Écrire des définitions

- **Écris les définitions de cette grille de mots croisés. Tu peux utiliser des synonymes, ou un mot général avec des expansions.**

N'oublie pas :
– dans les mots croisés, on ne met pas les accents sur les mots ;
– on définit d'abord tous les mots dans le sens horizontal (en ligne),
– puis tous les mots dans le sens vertical (en colonnes).

	1	2	3	4	5	6
a	E	P	I	C	E	S
b	C	A	L	E		E
c	A	G	E		O	R
d	R	E		M	U	R
e	T		S	O	I	E
f	E	V	I	T	E	R

Chantier d'écriture

Imaginer à partir d'un tableau et des mots qui le décrivent (2)

- **Continue ton texte.**

N'oublie pas que :
– tu dois **écrire une histoire**. Il ne suffit pas de décrire le tableau.
– ton histoire doit être **étrange**.
En te lisant, on ne doit pas penser à un cirque ordinaire.
Tu peux par exemple raconter cette histoire comme si c'était un rêve.

COLLECTIF

D'un texte à l'autre

Le mystère des moai

Nous sommes ici à l'île de Pâques, un endroit vraiment très isolé du reste du monde.

En 4x4, nous roulons entre des champs à l'abandon et des bois d'eucalyptus. En compagnie d'un natif de l'île, Sergio Rapu, archéologue de renommée mondiale, nous allons rendre visite à nos premiers *moai*. Lorsque nous arrivons à la seule plage de l'île, Sergio nous explique :

« Voici la plage d'Anakena. C'est l'endroit où est arrivé le roi Hotu Matua, qui a colonisé toute l'île. Il venait d'un endroit appelé Hiva, situé probablement aux Marquises. Cela se passait sans doute au VIe siècle après Jésus-Christ. » Sergio Rapu nous emmène maintenant au Rano Raraku. Ce volcan [...] servait de carrière pour la taille des statues. Dans toute l'île, l'histoire est inscrite sous forme d'une impressionnante industrie mégalithique : Rapa Nui compte près de mille statues de pierre, les *moai*, immenses sculptures anthropomorphes. De 2 m à 21 m de long, les *moai* pouvaient peser plusieurs dizaines de tonnes ! Pour les Rapa Nui, ces colosses de pierre représentaient leurs ancêtres divinisés dont ils espéraient s'attirer ainsi le *mana*, la puissance. Ils les transportaient par la « route des *moai* » jusqu'à l'autel de leur village et les dressaient ainsi, tournant le dos à la mer, regardant vers les maisons dont ils étaient en quelque sorte les gardiens.

« Nous avons expérimenté et estimé que, pour tailler un *moai* moyen, il fallait environ un an de travail pour un groupe de 14 personnes. »
Sergio Rapu

L'île de Pâques, Rapa Nui (« La Grande Rapa ») ou Te Pito O te Henua (« Le Nombril du Monde »), est un département chilien de la province de Valparaiso.

La route des moai

Trois groupes d'hommes attachaient des cordes autour du *moai*. Un groupe tirait d'un côté, un autre tirait à son tour, de l'autre côté, tandis que le troisième groupe tirait régulièrement vers l'avant. En utilisant cette méthode de balancement, possible grâce à la forme de « vague » donnée à la base de la statue, le *moai* « marchait » lentement. Quand le sol était trop mou, des pierres devaient être placées sur la route afin que la statue ne s'enfonce pas. Ceci a donné lieu à la formation de la route sur laquelle nous nous trouvons. Ce site est très important pour les archéologues. Malheureusement, il est menacé par des projets agricoles.

Lisa

Enfants de Polynésie, de l'île de Pâques aux îles du Vent,
Albums documentaires, série Fleur de Lampaul © Gallimard jeunesse.

• Compare ce texte avec celui de la page 166 : lequel apporte des connaissances exactes sur l'île de Pâques ?

• Pendant longtemps, les statues géantes de l'île de Pâques sont restées mystérieuses : d'où venaient-elles ? Comment avaient-elles été dressées ?
Aujourd'hui, le mystère est-il expliqué ?

UNITÉ
19

ATELIER DE LECTURE

La vie des enfants au Moyen Âge (EXTRAIT)

Au Moyen Âge, la vie est dure. Les enfants travaillent jeunes, la maladie est un risque permanent. Mais les jouets ne manquent pas. Les archéologues en trouvent maintenant partout : dans les villes, ce sont des petits bateaux de bois à tirer dans les rigoles des rues, au bout d'une ficelle ; dans les campagnes, des charrettes miniatures à tirer dans la cour d'une ferme. Des petits chevaux taillés ou sculptés dans le bois rappellent que la société était fondée sur le cheval comme la nôtre, aujourd'hui, est axée sur la voiture. On trouve des poupées en céramique, qu'on habillait de chiffons, des hochets pour les bébés, des toupies de bois, des dînettes, des billes, des sifflets à eau en forme d'oiseau ; pour les enfants nobles, comme Guillaume, des petits arcs et des épées de bois, et même, pour les fils de rois, à la fin du Moyen Âge, des canons miniatures…

Enluminure, vers 1450.

On offre en cadeau des jouets aux enfants malades, pour les distraire.

L'enfant des villes en possède plus que le petit paysan, qui doit se contenter de noix, de cailloux, de fleurs, de chiffons ou de menus objets achetés à des colporteurs. Les filles adorent les rubans, les épingles – dont on faisait un jeu – les anneaux de verre ou les minuscules miroirs. Les garçons aiment les dînettes autant que les armes ou les bateaux.

Les jeux sont très variés. Certains n'ont pas changé : cache-cache, quatre coins, colin-maillard, saute-mouton. On aime nager dans les rivières ou dans les piscines des établissements de bains, où l'on va avec sa mère. On aime construire des barrages ou des moulins sur les ruisseaux, faire des bulles de savon, modeler la terre glaise, attraper les papillons, jouer à la marelle, sauter, courir, chanter.

Les adultes aiment beaucoup voir les enfants jouer : c'est pourquoi des centaines de manuscrits conservent les souvenirs des jeux et des jouets du Moyen Âge. Même les princes les plus belliqueux décorent les salles de leurs châteaux d'objets ou de tapisseries aux jeux d'enfants.

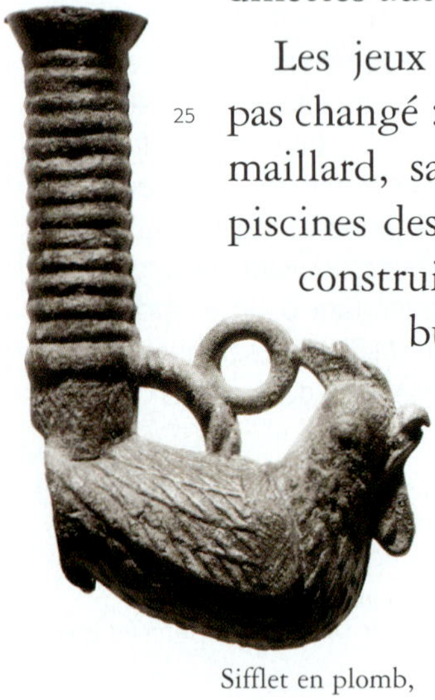
Sifflet en plomb, XIVᵉ, XVᵉ siècle.

P. Riche, D. Alexandre-Bidon, *La vie des enfants au Moyen Âge* © Éditions du Sorbier.

menu adj. Tout petit.
belliqueux adj. Qui aime la guerre.
colporteur n.m. Marchand qui se déplaçait de village en village.

COLLECTIF

Observe le texte pour mieux le comprendre

1 Comment connaît-on les jeux et les jouets du Moyen Âge ?

2 Avec quelles armes les enfants jouaient-ils ?

3 Avec quels matériaux fabriquait-on les jouets ?

4 Complète le tableau avec les mots du texte.

jouets	jeux
...	...

5 Observe les listes que tu viens d'écrire et réfléchis :
Qu'est-ce qu'un jouet ? Qu'est-ce qu'un jeu ?
Échange tes idées avec tes camarades.

Cavalier en plomb, XIVᵉ siècle.

Mémorise l'orthographe

LES MOTS DU TEXTE

6 Recopie quelques mots que tu trouves difficiles à écrire.

7 Recopie ces mots invariables et entraîne-toi à les écrire.
maintenant – partout – aujourd'hui – autant que – pourquoi

8 Recopie et apprends quatre mots qui contiennent le son [ʒ].

COLLECTIF

LES SONS ET LEURS ÉCRITURES

9 Conjugue au présent les verbes *nager* et *changer*.
À quelle personne faut-il faire attention pour l'écriture du son [ʒ] ?

10 Conjugue au présent les verbes *placer* et *lancer.*
À quelle personne faut-il faire attention pour l'écriture du son [s] ?

11 Récapitule les règles que tu connais :

– pour faire le son [s] avec la lettre *c*, devant *a*, *o*, *u*, il faut ...
– pour faire le son [ʒ] avec la lettre *g*, devant *a*, *o*, *u*, il faut ...

Quand on écrit la conjugaison d'un verbe du 1er groupe
qui se termine par ***-cer*** ou par ***-ger***,
il faut toujours vérifier que l'on écrit bien les sons [s] ou [ʒ].

(À SUIVRE)

19 Les types de phrases

Souviens-toi

1 **Surligne les verbes à l'impératif.**

1. Aujourd'hui vous allez au stade. Enfile ton jogging et emporte tes chaussures de sport.
2. Si nous manquons le bus, nous serons en retard pour le film. Alors partons tout de suite.

COLLECTIF

Observe, réfléchis, essaie, discute

2 **Lis le texte et sépare les phrases par un double trait.**

Quand Sylvie est malade, ses poupées doivent tomber malades elles aussi, pour lui tenir compagnie. Alors le grand-père de Sylvie les visite, prescrit des médicaments appropriés et leur fait des tas de piqûres avec un crayon à bille.

– Mon fils est malade, docteur.

– Voyons un peu… Oui oui, effectivement. Je crois bien qu'il est en train de nous faire une ronchonnite aiguë !

– C'est grave ?

– Très grave. Donnez-lui à boire ce sirop d'encre bleue, faites-lui des cataplasmes de chewing-gum et frictionnez-le avec ce papier de bonbon à l'anis.

– Et ma fille, ne vous semble-t-elle pas un peu patraque elle aussi ?

– Extrêmement patraque : ça se voit à vue de nez et même de nez de myope !

– Qu'a-t-elle donc ?

– Un peu de rhume des foins, un peu de rhume des foires et deux cent grammes de fraisite des bois.

– Mon Dieu ! Elle va mourir ?

– Non, ce n'est pas dangereux. Donnez-lui ces pastilles de bécassine délayées dans un verre d'eau sale, mais surtout veillez bien à utiliser un verre vert, car un verre rouge lui donnerait une bonne rage de dents !

Gianni Rodari, *Histoires au téléphone* © Guilio Einaudi Editore.

3 **Qui sont les personnages de ce texte ? Qui prend la parole en premier ?**

4 **Observe la ponctuation à la fin des phrases.**

a) Combien de phrases posent une question ? Qui pose ces questions ?

b) Relève les phrases qui se terminent par un point d'exclamation.
Qui les prononce ?
Comment utilises-tu la ponctuation pour lire ces phrases à haute voix ?

GRAMMAIRE

5 Relève les phrases qui contiennent des verbes à l'impératif. Observe leur ponctuation. Que remarques-tu ?

6 Groupez-vous et préparez-vous à lire à haute voix. Utilisez bien vos remarques.

LIS LA DÉFINITION

Il y a quatre types de phrases.

- Celles qui posent une question et se terminent par un point d'interrogation ?. Ce sont les **phrases interrogatives**.

C'est grave ?

- Celles qui expriment une émotion, un étonnement, une insistance, et se terminent par un point d'exclamation !. Ce sont les **phrases exclamatives**.

Mon Dieu !

- Celles qui donnent un ordre ou un conseil avec un verbe à l'impératif, et se terminent par un point (ou un point d'exclamation si on insiste). Ce sont les **phrases impératives**.

Donnez-lui à boire ce sirop.

- Toutes les autres phrases. Elles se terminent par un point simple .. Ce sont les **phrases déclaratives**.

Mon fils est malade, docteur.

Exerce-toi

7 Classe les phrases dans le tableau.

phrases déclaratives	phrases interrogatives	phrases impératives	phrases exclamatives
...	...	...	...

1. Pourquoi ne réponds-tu pas ?
2. Tu rapporteras du pain.
3. Venez vite !
4. Combien de temps dure chaque saison ?
5. Nous n'avons plus besoin de bouée.
6. Quelle belle histoire !
7. Essaie encore une fois.
8. Le voyage a duré quatre heures.
9. Comme j'aimerais prendre l'avion !
10. Peux-tu me prêter ce livre ?
11. Est-ce que les cerises sont mûres ?
12. Dans les parcs naturels, les fleurs sont protégées.
13. Je te l'ai déjà dit trois fois !
14. Ne me raconte pas la fin du film !

8 Ajoute la ponctuation. Compare ton choix avec celui de tes camarades.

1. Faites votre choix
2. Pourquoi te passionnes-tu pour l'astronomie
3. Les promeneurs ne rentreront pas ce soir
4. Les premiers trains marchaient à la vapeur
5. Tu n'as pas compris l'histoire
6. Je peux compter sur toi
7. Ne vous approchez pas du bord de la falaise
8. Nos parents assisteront au spectacle
9. Les TGV dépassent 350 kilomètres à l'heure
10. Donnez-moi deux baguettes, s'il vous plaît

AUJOURD'HUI

J'ai appris que quand je dis une phrase, elle est déclarative, ou interrogative, ou exclamative, ou impérative. À l'écrit, c'est la ponctuation qui le montre.

LES TEMPS DU PASSÉ

L'imparfait et le passé composé

Souviens-toi

1 Pour chaque phrase, écris si elle indique le passé, le présent ou le futur.
1. Les alpinistes sont partis très tôt pour l'ascension des Drus.
2. Depuis longtemps, ils ont mis au point leur itinéraire et préparé leur équipement.
3. La nuit est claire et froide.
4. La journée sera très belle.
5. Ils vont arriver au pied de la paroi et commencer l'escalade.
6. Si tout va bien, ils seront au sommet vers onze heures.

COLLECTIF

Observe, réfléchis, essaie, discute

2 Voici des *brèves* de journaux.
Surligne les verbes qui indiquent le passé et écris leur infinitif.

Concours de beauté canine

Au moment où l'animateur annonçait la clôture des inscriptions, un dernier candidat s'est présenté, avec son caniche, très joliment apprêté.
C'est ce presque retardataire qui a remporté le prix !

Un pompier blessé

Il raconte :
« Nous intervenions sur un incendie d'immeuble lorsqu'une explosion s'est produite. J'ai reçu une poutre enflammée sur la tête. Mon casque m'a protégé. Je remercie tous ceux qui m'ont adressé des messages de sympathie. »

Découverte archéologique

Alors que les excavatrices creusaient le sol à l'endroit de la future route, une cave est apparue. On y a trouvé d'anciennes jarres, en très bon état de conservation. On sait que dans notre région des artisans fabriquaient ces grands récipients. En empêchant tout accès aux caves, l'éboulement des bâtisses a permis à ces objets de traverser les siècles.

3 Classe les verbes que tu as surlignés en deux colonnes.
Écris ton critère de classement.

…	…
il annonçait …	il s'est présenté …

LIS LA DÉFINITION
- **L'imparfait** et **le passé composé** sont deux temps du passé.
- Le passé composé est une conjugaison composée de deux parties.

(À SUIVRE)

4 Observe ces petits récits.

a) Pour chacun relève les verbes à l'imparfait et les verbes au passé composé.

b) Pourquoi y a-t-il deux temps de conjugaison dans ces récits ?
Échange tes idées avec tes camarades.

L'année dernière on avait un élevage d'escargots. Un jour on a oublié de mettre le couvercle et tous les escargots sont sortis.

c) À ton tour, raconte un événement. Utilise le passé.

LIS LA DÉFINITION

Quand tu racontes, tu sais utiliser ensemble l'imparfait et le passé composé.

- **L'imparfait sert à décrire ou à présenter les circonstances, le cadre des événements.**

On était sur le banc et on lisait tranquillement.

- **Le passé composé sert à raconter les événements.**

Il est arrivé et il a commencé à nous embêter.

(À SUIVRE)

Exerce-toi

5 **Voici les circonstances d'un récit. Continue. Écris brièvement un événement.**

Trois péniches remontaient la Seine et se préparaient à passer sous le pont. Il y avait beaucoup de brouillard …

6 **Voici le récit d'un événement. Présente brièvement les circonstances.**

… C'est alors que j'ai vu, en plein milieu de cette petite route, un taureau. Il a baissé la tête, et il a commencé à se diriger vers notre voiture. Puis il est reparti. On a eu chaud !

7 **Surligne en vert les verbes à l'imparfait et en jaune les verbes au passé composé.**

Au début de l'humanité, il n'y avait pas de lois écrites. Les coutumes se transmettaient oralement de génération en génération. Dix-huit siècles avant Jésus-Christ, un roi mésopotamien, Hammourabi, a gravé les lois de son pays sur de grandes tables de pierre polie. Il a rédigé aussi les sanctions correspondant à chaque délit.

Que t'apprend la partie du texte
– écrite à l'imparfait ?
– écrite au passé composé ?

8 **Recopie ce récit. Choisis la forme du verbe qui convient.**

La campagne (*était / a été*) silencieuse. Le chasseur (*marchait / a marché*) d'un pas calme, quand son chien (*s'arrêtait / s'est arrêté*). L'homme, qui (*avait / a eu*) confiance en son chien, (*armait / a armé*) son fusil. Bientôt un faisan (*s'envolait / s'est envolé*). Le chasseur (*épaulait / a épaulé*) et (*tirait / a tiré*).

AUJOURD'HUI

- J'ai appris à reconnaître l'imparfait et le passé composé.
- J'ai compris comment on les utilise pour raconter.

19

VOCABULAIRE

Dire le contraire (1)

Souviens-toi

1 **Remplace le plus de mots possible par des synonymes.**

Mon copain est très fainéant. Il entreprend beaucoup de choses mais il ne les finit jamais.

COLLECTIF Observe, réfléchis, essaie, discute

2 **Pour chaque mot souligné trouve un autre mot qui veut dire le contraire.**

Mes deux chats sont pareils.

1. Cet enfant est poli.
2. Ouvrez les volets.
3. Je monte les escaliers.
4. L'avion volait au-dessus des nuages.
5. Mon addition est fausse ; elle était difficile.
6. Cette écriture est lisible.
7. Dans mon quartier, on construit un grand immeuble.
8. Le nom de cet auteur est inconnu.
9. Cette punition est injuste.
10. Il y avait une bousculade habituelle dans le magasin.
11. Ce chien est triste et malheureux.
12. Les alpinistes sont au sommet de la montagne. Ils ont froid.

3 **Classe les mots que tu as trouvés et ceux qui étaient soulignés.**

Observe le tableau.
Que remarques-tu ?

	mot souligné	mot trouvé
nom	…	…
verbe	…	…
adjectif	…	…
autre mot	…	…

4 **Classe à nouveau les mots soulignés et ceux que tu as trouvés.**

mots qui appartiennent à la même famille	mots qui n'appartiennent pas à la même famille
…	…

5 **Observe les mots qui appartiennent à la même famille. Comment sont-ils construits ?**

6 **Pour chaque mot, cherche un mot de sens contraire qui appartient à la même famille.**

adroit – animé – attention – chance – faire – habile – légal – maquiller
patient – plaire – politesse – réel – régulier – respirable

LIS LA DÉFINITION

- **Parfois les mots de sens contraire appartiennent à la même famille :**

faire – défaire *sonore – insonore* *légal – illégal*

On forme ces mots en ajoutant devant le mot de base un préfixe qui indique le contraire (*in-*, *il-*, *ir-*, *dé-*, *mal-*).

- **Parfois ils sont tout à fait différents :**

grand – petit *pleurer – rire* *à gauche – à droite*

(À SUIVRE)

Laurel et Hardy

Exerce-toi

7 *Certains mots qui ont plusieurs sens ont aussi plusieurs contraires.*
Remplace l'adjectif *dur* par le contraire qui convient.

1. Cet exercice est trop dur !
2. À la cantine, le pain était dur.
3. L'entraîneur est dur avec les joueurs.
4. Le beurre dur est dur à tartiner !

8 Complète ces phrases avec des mots de sens contraire.

1. Le ... , l'épicier ... son commerce à 7 h 30. Le ... il le ... à 20 h.
2. Le clown faisait tellement ... les spectateurs, qu'ils en ... .
3. Chaque jour la mer ... et ... deux fois : c'est la marée.
4. En été, à cause de la pollution, l'air est parfois ... . On limite la circulation pour le rendre à nouveau ... .

COLLECTIF

Utilise tes connaissances pour étudier ce texte

Un jour qu'il faisait nuit un homme assis, debout, couché sur une pierre en bois lisait à la lueur d'une chandelle éteinte un journal qui n'était pas imprimé. Le soleil brillait dans la nuit où des nuages noirs et épais projetaient une ombre transparente sur le sol. Les éclairs sillonnaient le ciel sans qu'on les voie, le tonnerre roulait silencieusement.

Robert Desnos, in *Cahiers de l'Herne*, n°54, 1987 © Éditions de l'Herne.

1 Quelle règle d'écriture l'auteur a-t-il choisie ?

2 a) Fais la liste des couples de mots de sens contraires.
b) Quelles sont les autres manières de dire le contraire employées par l'auteur ?

3 Continue l'histoire.
Utilise la même règle d'écriture.

AUJOURD'HUI

- J'ai appris qu'il y a des mots de sens contraire.
Je savais déjà que des mots peuvent avoir le même sens.

POUR ÉCRIRE ET POUR LIRE

19

Exercices d'écriture

1 Écrire un texte prescriptif : une règle de jeu

Avec tes camarades, vous allez fabriquer un répertoire de jeux.

- Mettez-vous d'accord sur la liste des jeux que vous présenterez : des jeux de société, des jeux de cour, des jeux collectifs, etc.
- Choisis un jeu que tu connais bien et écris sa règle. Utilise des phrases impératives.
- Fais lire la règle à des camarades pour vérifier que tu n'as rien oublié et que tout le monde peut comprendre tes explications. Tiens compte de leurs remarques pour améliorer ton texte.

2 Utiliser des mots de sens contraire

Pour écrire des messages secrets, on peut dire exactement le contraire de ce que l'on veut dire.

Par exemple Sarah veut dire : *Je viendrai demain soir pour jouer.*
Elle écrit : *Je m'en irai demain matin pour travailler.*

- À ton tour : écris des messages secrets. Puis donne-les à lire à un camarade : comprend-il ce que tu as voulu dire ?

Chantier d'écriture

Décrire et comparer (1)

Voici deux châteaux, l'un du Moyen Âge, l'autre de la Renaissance.

- Compare-les : décris précisément leurs ressemblances et leurs différences. Pour trouver les mots précis, utilise une documentation (livre d'histoire, dictionnaire, encyclopédie, internet, etc.).

Château de Bonaguil, Lot et Garonne.

Château de Chambord, Loir et Cher.

N'oublie pas : pour apporter des précisions, les adjectifs, les compléments du nom et les expansions avec *qui* ou *que* sont bien utiles.

Tu as deux semaines pour faire ce travail.

COLLECTIF
D'un texte à l'autre

VIVRE AU MOYEN ÂGE

UNE DURE VIE DE LABEUR

Qu'il soit serf ou homme libre, les conditions de vie du paysan médiéval sont très dures.

Quel pain quotidien ?

Mal outillés, mal vêtus, mal nourris, les paysans travaillent dehors par tous les temps avec d'énormes efforts physiques. Dans ces conditions, rien d'étonnant que l'espérance de vie ne dépasse pas 25 ans vers 1300 et à peine 40, deux siècles plus tard !

FÊTES ET JOURS FÉRIÉS

Enluminure, 1325.

La société médiévale n'a pas inventé les congés payés mais le calendrier religieux prévoit tant de fêtes que le nombre de jours chômés correspond à plus d'un mois de vacances par an. Paysans et citadins attendaient impatiemment les grandes fêtes de Pâques et de Noël, célébrées par des services religieux, des processions et de nombreuses festivités. C'est autour de la fête d'un saint que se tenaient les grandes foires : Foire de la saint Romain à Rouen, de la saint Quiriace à Provins... Au village, on fêtait aussi les moments forts de la vie agricole comme la moisson ou l'abattage du cochon qui donnaient lieu à de grandes ripailles. La fête de Mai, le 1er Mai, célébrait le renouveau de la nature et de la jeunesse.

Bruegel l'Ancien, *Le Combat de Carnaval et Carême*, détail, 1559.

Le démon du jeu

L'Église interdisait les jeux d'argent. En vain ! Car les gens misaient de fortes sommes aux dés. Un des passe-temps favoris était aussi de parier sur le gagnant d'un combat de coqs ou de chiens.

Jeux d'adresse

Au Moyen Âge, toute fête digne de ce nom comportait des spectacles de baladins, de jongleurs et de montreurs d'ours.

- Avec ce texte et celui de la page 176, rassemble les informations qui permettent de comprendre : « Au Moyen Âge la vie est dure ».
- Comment s'amusait-on au Moyen Âge ?
- Aujourd'hui, qu'est-ce qui a changé ? Qu'est-ce qui n'a pas changé ?

Liberté (EXTRAIT)

Fernand Léger, 1953.

Sur mes cahiers d'écolier
Sur mon pupitre et les arbres
Sur le sable sur la neige
J'écris ton nom

Sur toutes les pages lues
Sur toutes les pages blanches
Pierre sang papier ou cendre
J'écris ton nom

Sur les images dorées
Sur les armes des guerriers
Sur la couronne des rois
J'écris ton nom

Sur la jungle et le désert
Sur les nids sur les genêts
Sur l'écho de mon enfance
J'écris ton nom

Sur les merveilles des nuits
Sur le pain blanc des journées
Sur les saisons fiancées
J'écris ton nom

Sur tous mes chiffons d'azur
Sur l'étang soleil moisi
Sur le lac lune vivante
J'écris ton nom

Sur les champs sur l'horizon
Sur les ailes des oiseaux
Et sur le moulin des ombres
J'écris ton nom

Sur chaque bouffée d'aurore
Sur la mer sur les bateaux
Sur la montagne démente
J'écris ton nom

Sur la mousse des nuages
Sur les sueurs de l'orage
Sur la pluie épaisse et fade
J'écris ton nom
[…]
Et par le pouvoir d'un mot
Je recommence ma vie
Je suis né pour te connaître
Pour te nommer

Liberté.

Paul Eluard, *Poésie et vérité,* in *Au rendez-vous allemand* © Éditions de Minuit.

COLLECTIF

Observe le texte pour mieux le comprendre

1 Quel nom le poète écrit-il ?

2 Ce poème a été écrit en 1943. Que se passait-il alors en France ?

3 Compare la fin du poème avec la Déclaration des Droits de l'Homme et du Citoyen (1789). Échange tes idées avec tes camarades.

> *Article 1.* Les hommes naissent et demeurent libres et égaux en droits.
> *Article 11.* La libre communication des pensées et des opinions est un des droits les plus précieux de l'homme.

4 Surligne en bleu les groupes sujets, en rose les groupes verbaux, en vert les compléments de phrase. Comment ce poème est-il construit ?

5 *Les poèmes sont toujours rythmés par quelque chose qui se répète : des sons, des rimes, des mots, ou l'organisation des phrases.*
Qu'est-ce qui rythme ce poème ?

6 Prépare le texte pour le lire à haute voix.
Marque les signes de ponctuation qui rythmeront ta lecture.

Mémorise l'orthographe

LES MOTS DU TEXTE

7 Recopie quelques mots que tu trouves difficiles à écrire.

8 Recopie et apprends quatre mots qui contiennent le son [j].

9 Recopie un mot pour chaque écriture.
[ɔ̃] = on : … – [ɔ̃] = om : … – [ɑ̃] = en : … – [ɑ̃] = an : …

COLLECTIF

LES SONS ET LEURS ÉCRITURES

10 Cherche un mot où tu entends le son [ɲ], comme dans *gagner*.
Encadre les lettres qui servent à écrire ce son : *gagner*.
Écris-le à sa place dans le tableau.

	gn	gne
[ɲ]	…	…

11 Classe ces mots dans ton tableau.
agneau – campagne – champignon – cigogne – compagne – compagnon – éloigner
magnifique – mignon – seigneur – poignet – signature – signe – signer – soigner

GRAMMAIRE

20 Phrases affirmatives et phrases négatives

Souviens-toi

1 Classe ces phrases dans le tableau.
Recopie une phrase par ligne. Saute une ligne après chaque phrase.

1. Ne cours pas !
2. Pourquoi ne lisez-vous pas ?
3. Tu veux jouer avec nous ?
4. Je suis prêt !
5. Le magasin ne ferme pas le lundi.
6. Ouvrez la fenêtre !
7. Je range toujours mes affaires.

phrases déclaratives	phrases impératives	phrases interrogatives	phrases exclamatives
...	...	...	...

COLLECTIF Observe, réfléchis, essaie, discute

2 Continue à remplir le tableau. Quand tu comprends qu'une phrase dit le contraire d'une phrase déjà classée, écris-la juste au-dessous.

8. Je ne suis pas prêt !
9. Pourquoi lisez-vous ?
10. Moi, je n'aime pas courir.
11. N'attendons pas.
12. Je ne pense plus à cette dispute.
13. Le magasin ferme le lundi.
14. Je ne range jamais mes affaires.
15. Cours !
16. Tu ne veux pas jouer avec nous ?
17. On n'a pas fini !
18. Pourvu qu'il ne pleuve pas !

3 Observe chaque colonne du tableau. Que remarques-tu ?

4 Complète le tableau. Écris les phrases qui manquent.

LIS LA DÉFINITION

- Toutes les phrases ont deux formes :
une forme affirmative et **une forme négative**.

- Pour transformer la phrase affirmative en phrase négative, on encadre le verbe par la négation :
ne (n') ... pas, ne (n') ... plus, ne (n') ... jamais, etc.

Vous [n'] aimez [pas] le chocolat ? – [Ne] dites [rien].

Je [ne] veux [plus] entendre un mot !

Quand on parle, on ne dit pas toujours le ne *de la négation.*
Quand on écrit, on ne doit pas l'oublier.

(À SUIVRE)

Exerce-toi

5 **Écris à la forme négative.**
Pour être sûr de bien écrire la négation, trace sa *paire de lunettes*.

1. On arrive ce soir.
On n'arrive pas ce soir.
2. Prenez la première route à droite.
3. On connaît le nom du vainqueur.
4. Vous mangerez avec nous ?
5. J'aime les jeux de société.
6. On en veut encore !
7. L'ordinateur est réparé.
8. On ira un jour sur Jupiter.

6 a) **Quel reproche son grand-père fait-il à Liselor ?**
b) **Liselor tient-elle compte de ce reproche ? Justifie ta réponse.**
c) **La dernière phrase est-elle une phrase négative ?**

Liselor, soudain, se frotte les yeux. Elle baille.
– Il faut aller au lit, commence Grand-père [...] – Pas du tout, interrompt Liselor. J'ai pas sommeil.
– Liselor ! À ton âge, on ne dit pas « j'ai pas », on dit : « je n'ai pas ».
– Ça revient au même, ça veut dire la même chose : je ne veux pas dormir.
Elle martèle ses mots. Grand-Père ne peut pas s'empêcher de rire. Chaque soir, le même rituel [...] Liselor refuse d'aller se coucher.

Anne-Marie Pol, *La reine de l'île*
© Hachette.

COLLECTIF
Utilise tes connaissances pour étudier ce texte

NE...

Ne touche pas au feu,
Me disait le grand oncle ;

[...]
Ne marche pas si vite,
Tu te mettras en nage ;

Ne cause pas en route,
Ne regarde pas en l'air ;

Ne regarde pas à droite,
Il y a la fleuriste ;

Ne regarde pas à gauche,
Il y a le libraire ;

Ne passe pas la rivière,
Ne monte pas la colline,
N'entre pas dans les bois.

Moi, j'ai pris mon chapeau
En éclatant de rire,
Mon manteau, mon bâton
En chantant : digue ! digue !

André Spire, in *Poèmes de Loire* © Grasset.

1 **Explique le titre du poème. Échange tes idées avec tes camarades.**

2 **Comment ce poème est-il construit ?**

3 *Les poèmes sont toujours rythmés par quelque chose qui se répète : des sons, des rimes, des mots, ou l'organisation des phrases.*
a) **Qu'est-ce qui rythme ce poème ?**
b) **Compare-le avec celui de Paul Eluard, page 186.**

AUJOURD'HUI
J'ai appris qu'il faut toujours deux mots pour faire la négation.

20 L'imparfait

Souviens-toi

1 **Relève les phrases qui contiennent des verbes au passé.**

En 1786, Jacques Balmat avait vingt-cinq ans. Depuis son enfance il rêvait d'escalader le Mont-Blanc et observait la montagne pour y chercher un chemin. Cette année-là, il décide le docteur Paccard à tenter l'ascension avec lui. Paccard, épuisé et les yeux brûlés, s'arrête en route. Balmat atteint le sommet seul, puis revient chercher son compagnon, le guide jusqu'au sommet et lui raconte tout ce qu'il ne peut pas voir.
Ils ont été les premiers à faire l'ascension du Mont-Blanc.

Jacques Balmat, gravure de Werner, XIXe siècle.

COLLECTIF Observe, réfléchis, essaie, discute

2 **Relève les verbes à l'imparfait.**
Recopie-les dans le tableau avec le pronom qui convient.

Chaque soir nous allumions un grand feu, et nous bâtissions la hutte de voyage avec une écorce élevée sur quatre piquets… Nous mangions des mousses, des écorces sucrées de bouleau et des pommes de mai qui ont le goût de la pêche et de la framboise. L'érable fournissait le vin à notre table. Quelquefois j'allais chercher parmi les roseaux une plante dont la fleur allongée en cornet contenait un verre de la plus pure rosée.

Chateaubriand, *Atala*.

premier groupe	deuxième groupe	troisième groupe
…	…	…

3 **Complète le tableau avec les verbes à l'imparfait de l'activité 1.**

4 *Quand tu parles, tu sais utiliser l'imparfait.*
Conjugue oralement ces trois verbes.
Aide-toi du tableau de l'activité 2 pour écrire les formes qui manquent.

parler		finir		venir	
je	parlais	je	finissais	je	…
tu	parlais	tu	finissais	tu	venais
il, elle	…	il, elle	…	il, elle	…
nous	…	nous	…	nous	venions
vous	parliez	vous	finissiez	vous	veniez
ils, elles	parlaient	ils, elles	finissaient	ils, elles	venaient

5 Comment forme-t-on l'imparfait des verbes ? Observe les terminaisons des trois groupes. Échange tes remarques avec tes camarades.

LIS LA RÈGLE

À l'imparfait, tous les verbes se conjuguent de la même façon.

je …ais	nous …ions
tu …ais	vous …iez
il, elle …ait	ils, elles …aient

6 Conjugue à l'imparfait :

a) le verbe *manger*. À quoi faut-il faire attention avec le son [ʒ] ?

b) le verbe *commencer*. À quoi faut-il faire attention avec le son [s] ?

7 Lis ces verbes à haute voix.
Trace leur bulle et observe leur écriture au présent et à l'imparfait.

bouillir		voir		essayer	
nous bouillons	vous bouillez	nous voyons	vous voyez	nous essayons	vous essayez
nous bouillions	vous bouilliez	nous voyions	vous voyiez	nous essayions	vous essayiez

payer		cueillir		trier	
nous payons	vous payez	nous cueillons	vous cueillez	nous trions	vous triez
nous payions	vous payiez	nous cueillions	vous cueilliez	nous triions	vous triiez

À quoi faut-il faire attention pour le son [j] ?

8 Écris le tableau de conjugaison des verbes *être*, *avoir* et *aller* à l'imparfait.

Exerce-toi

9 Trace la bulle des verbes à l'imparfait.

– Nous rangeons !
– Les cheminées fumaient.
– Je marchais.
– Le film commence.
– Nous rangions !
– On allait à la piscine.
– Je marche.
– Le film commençait.
– On va à la piscine.
– Les cheminées fument.

10 Écris à l'imparfait.

1. Quand nous (*être*) en vacances, je (*faire*) beaucoup de vélo.
2. Mon frère (*essayer*) de faire du surf, mais il (*tomber*) souvent à l'eau.

11 Conjugue à l'imparfait et retrouve le texte exact.

Lin (*être*) plus petit que tous les garçons de la classe. Je (*dépasser*) déjà les autres d'une tête, mais lui, je le (*dépasser*) de deux têtes. Il faut croire que je (*tenir*) de mon père. Quand nous (*être*) seuls, je (*porter*) souvent Lin sur mon dos car nous (*aller*) ainsi plus vite et, de toute façon, il (*dire*) qu'il (*voir*) mieux comme ça. […] Lin (*adorer*) pêcher. Il (*faire*) la roue pour exprimer son exultation quand il lui (*arriver*) de prendre un poisson.

Michael Morpurgo, *Le roi de la forêt des brumes*, traduction de Patrick Gador © Gallimard.

AUJOURD'HUI

J'ai appris que les terminaisons de l'imparfait sont les mêmes pour tous les verbes.

VOCABULAIRE

20 Dire le contraire (2)

Souviens-toi

1 Recopie en remplaçant le mot souligné par un mot de sens contraire. Attention ! Pour que le texte ait un sens, il faudra aussi changer d'autres choses !

Autour du château, le fossé est profond.
Il est infranchissable.

COLLECTIF Observe, réfléchis, essaie, discute

2 Récris chaque phrase deux fois :
– d'abord en la transformant en phrase négative,
– puis en remplaçant le mot souligné par un mot de sens contraire.

1. Il rentre dans sa chambre.
2. L'ordinateur facilite le travail.
3. Le bulldozer bloque la rue.
4. Le chocolat froid, c'est bon !
5. Cette écriture est régulière.
6. Ce travail était utile.
7. Son écriture est lisible.
8. J'aime défaire les paquets-cadeaux.
9. Les bols sont sur la table.
10. L'autoroute qui traverse la forêt est couverte.

3 Choisis la bonne réponse.

Je lis...	cela signifie...		
1. Il ne rentre pas dans sa chambre.	Il sort de sa chambre.	oui	non
2. La mer n'est pas agitée.	La mer est calme.	oui	non
3. Claude n'est pas un garçon.	Claude est une fille.	oui	non
4. Je n'ai pas perdu de billes à la récréation.	J'ai gagné des billes à la récréation.	oui	non

4 Fais le même travail pour toutes les phrases de l'exercice 2.
Échange tes remarques avec tes camarades.

LIS LA RÈGLE

- Quand tu veux dire le contraire de quelque chose, tu sais utiliser
– la forme négative de la phrase,
– un mot de sens contraire.
- Quelquefois le sens est exactement le même, quelquefois il est très différent.
Quand tu lis, il faut parfois réfléchir pour bien comprendre les phrases négatives.

Exerce-toi

5 Beaucoup d'expressions que l'on utilise souvent sont à la forme négative. Recopie chacune avec la phrase qui dit son sens et la phrase qui dit son contraire.

les expressions	leur sens	leur contraire
Il n'a pas la langue dans sa poche.	*Il est bavard.*	*Il est discret.*
1. Ça ne court pas les rues.	A. C'est absurde.	a) Il est méchant.
2. Ça n'est pas sorcier.	B. Il est maladroit.	b) C'est difficile.
3. Ça ne tient pas debout.	C. C'est rare.	c) Il est décidé.
4. Il ne ferait pas de mal à une mouche.	D. Il est indécis.	d) C'est logique.
5. Il ne sait rien faire de ses dix doigts.	E. Il est gentil.	e) C'est courant.
6. Il ne sait pas sur quel pied danser.	F. C'est facile.	f) Il est adroit.

COLLECTIF

Utilise tes connaissances pour étudier ce texte

La différence

Pour chacun une bouche deux yeux
deux mains deux jambes

Rien ne ressemble plus à un homme
qu'un autre homme

Alors
entre la bouche qui blesse
et la bouche qui console

entre les yeux qui condamnent
et les yeux qui éclairent

entre les mains qui donnent
et les mains qui dépouillent

entre les pas sans trace
et les pas qui nous guident

où est la différence
la mystérieuse différence ?

Jean-Pierre Siméon, in *À l'aube du buisson*
© Cheyne éditeur.

1 Comment le poète montre-t-il que tous les hommes se ressemblent ?

2 Retrouve dans le poème les noms des deux premiers vers.
Avec quels mots le poète montre-t-il la différence ?

AUJOURD'HUI

J'ai appris qu'il y a plusieurs façons de dire le contraire.

Exercice d'écriture

« Exercice de style » : varier les procédés d'écriture

Une poule sur un mur
Qui picote du pain dur
Picoti, picota,
Lève la queue
Et puis s'en va.

M. Christie, 1998.

Des élèves de CE2 ont récrit cette comptine.

- Lis le début de chaque travail et continue-le.

❶ Ce n'est pas une vache, ce n'est pas un chat, ce n'est pas un dinosaure, c'est une poule. Ce n'est pas un toit, ce n'est pas le capot d'une voiture, ce n'est pas le sommet d'une montagne, c'est...

❷ UN ÉVÉNEMENT
À COQUEVILLE

le 7 avril 2004 –
Hier matin, vers 10 heures, le facteur, qui faisait sa tournée, a aperçu une poule sur un mur. Étonné, il s'est approché pour voir ce qu'elle faisait...

- À ton tour, choisis une autre façon de récrire cette comptine.

Voici quelques idées : une carte postale que tu envoies – un dialogue entre le fermier et la poule – un reportage sportif – une petite annonce – en langage bébé

Chantier d'écriture

Décrire et comparer (2)

- Termine ton travail sur les châteaux.

Pour présenter clairement une comparaison :
– il faut l'organiser. Fais un plan : crée différentes parties, avec un titre pour chacune ;
– tu peux aussi la compléter par une illustration : aide-toi de ta documentation pour dessiner, en les agrandissant, quelques-unes des parties de ces châteaux (les toits, les ouvertures, etc.).

COLLECTIF

D'un texte à l'autre

La République
Liberté – Égalité – Fraternité

La devise républicaine trouve son origine dans la révolution de 1789. Liberté et égalité sont deux principes fondamentaux de la première Déclaration des Droits de l'Homme et du Citoyen, en opposition au régime féodal basé sur la division de la société entre les privilégiés et la grande masse du peuple. En 1848, à la suite d'une autre révolution, on a ajouté la grande idée de fraternité, liée à l'abolition de l'esclavage qui venait d'être enfin décidée dans les territoires d'outre-mer.

Deux siècles plus tard, la devise républicaine n'a rien perdu de sa force si l'on veut bien réfléchir à sa signification profonde. Elle reste un idéal vers lequel doit tendre la société.

La liberté, c'est comme le tronc d'un arbre d'où part une multitude de branches. Chacune d'elles représente un espace de liberté nécessaire : liberté de penser, de s'informer, de s'exprimer, liberté de croire ou de ne pas croire en un dieu, liberté de s'instruire, de choisir son habitation, son travail, liberté d'aimer qui on veut et liberté d'agir contre ce qui s'oppose aux libertés.

Pour que s'épanouissent ces libertés, pour assurer une réelle égalité dans un monde de fraternité où l'échange entre les individus remplacerait la loi du plus fort, il reste encore bien des changements à entreprendre.

En France et dans le monde.

Bernard Epin, *Le grand livre du jeune citoyen* © Rue du monde.

Le 14 juillet 1790, pour fêter le premier anniversaire de la prise de la Bastille, on plante un peu partout en France, mais aussi dans toute l'Europe, des arbres de la liberté.

- Autour de toi, où peux-tu voir la devise de la République ?
- Comment le texte fait-il comprendre que l'arbre est un symbole de la liberté ?
- Comment le poème d'Eluard, page 186, et ce texte nous aident-ils à comprendre que la liberté s'exerce dans la vie quotidienne ? Discute avec tes camarades.

Liancourt-Saint-Pierre (EXTRAIT)

La commune de Liancourt-Saint-Pierre se situe à la limite nord du plateau du Vexin français. Son territoire comprend trois parties :

– la vallée de la Troesne,

– la « côte », rebord du plateau,

– le plateau du Vexin, qui domine la vallée.

À l'âge de la pierre taillée et de la pierre polie, les hommes fréquentaient déjà la vallée de la Troesne : les nombreux outils de silex découverts à partir de 1930 en témoignent. La découverte de plusieurs sites gallo-romains dans la vallée et sur le plateau prouve que la vie y était active au début de notre ère.

Au cours des siècles, le village « a gravi la côte » pour atteindre le plateau avec la construction du lotissement ces dernières années.

Le nom de Liancourt est apparu au XIe siècle dans la charte de fondation du « Prieuré de Saint-Pierre » sous la forme *leonis curia* : le domaine de Léon. Mais c'est seulement en 1825 qu'un maire a signé pour la première fois un acte avec la mention « Maire et officier d'État-Civil de la commune de Liancourt-Saint-Pierre ».

Comme toutes les villes et les villages de France, Liancourt-Saint-Pierre a subi bien des épreuves au cours des deux millénaires de notre histoire : les habitants ont souffert des luttes qui ont opposé les rois de France et d'Angleterre au XIIe siècle, puis de la guerre de Cent Ans, des famines et des épidémies du XVIIe et du XVIIIe siècles. Beaucoup de ses jeunes gens ont servi et sont morts dans les armées du roi, de la République, de l'Empire, et dans les deux guerres mondiales du XXe siècle. La rue du Général Ménard rappelle qu'un fils de laboureur du village est devenu général des armées de l'Empereur Napoléon 1er.

Au XIXe siècle il y avait dans la commune des carrières à ciel ouvert où l'on extrayait le calcaire. On exploitait aussi des tourbières dans les marais de la Troesne. Sur la Troesne tournait le moulin de Liancourt. Mais l'agriculture a été la grande activité du village au cours des temps. Elle reste aujourd'hui encore l'activité principale.

D'après A. Forget, *Liancourt-Saint-Pierre*, Société historique et géographique du Bassin de l'Epte.

Le Vexin français est une région située au nord-ouest de Paris.

La Troesne Rivière du Vexin.

charte n.f. Au Moyen Âge, la charte était un écrit par lequel un seigneur accordait des droits ou des privilèges.

prieuré n.m. Couvent.

tourbière n.f. Marécage où l'on trouve des plantes en décomposition que l'on utilise pour faire du feu.

COLLECTIF

Observe le texte pour mieux le comprendre

L'Epte dans le Vexin.

1 Comment connaît-on l'histoire des premières populations du village ?

2 Toutes les maisons du village sont-elles à la même altitude ?

3 Écris un titre pour chaque partie : indique par un mot général quelles informations elle apporte.

4 Surligne en vert les verbes à l'imparfait, et en jaune les verbes au passé composé. Dans ce texte, à quoi sert :
- – l'imparfait ?
- – le passé composé ?
- – le présent ?

Échange tes remarques avec tes camarades.

Mémorise l'orthographe

LES MOTS DU TEXTE

5 Recopie quelques mots du texte que tu trouves difficiles à écrire.

6 a) Écris au pluriel : un silex – une fois – un fils
b) Écris au singulier : des marais – les temps – les plateaux

COLLECTIF

LES SONS ET LEURS ÉCRITURES

7 Recopie neuf mots du texte où tu entends le son [f], comme au début de *fils*. Encadre les lettres qui servent à écrire ce son : *[f]ils*.

8 Classe les mots que tu as recopiés dans ce tableau.

	f	fe	ff	ffe	ph
[f]	...	...	...	...	...

9 Classe ces mots dans ton tableau.
actif – affaire – affichage – affiche – chauffer – chiffre – différent – difficile effacer – effort – éléphant – fabriquer – facile – fleuve – fois – forêt – fort fourmi – frère – fruit – girafe – golf – griffer – offrir – orthographe – phrase soif – sportif – téléphone – vif

21

Les phrases interrogatives (1)

GRAMMAIRE

Souviens-toi

1 **Surligne de deux couleurs différentes les phrases déclaratives et les phrases interrogatives.**

Comment les dinosaures ont-ils disparu ? Beaucoup de savants se posent la question. Est-ce à cause d'une pluie de météorites géantes ? Certains le pensent. D'autres croient plutôt à une gigantesque et longue éruption volcanique.
Sais-tu que les oiseaux sont les plus proches descendants des dinosaures ?

COLLECTIF Observe, réfléchis, essaie, discute

2 **Lis le texte et réponds aux questions.**

1. Où le vanneau huppé vit-il ?
2. Avec quoi construit-il son nid ?
3. Combien d'œufs la femelle pond-elle ?
4. Quand les oisillons naissent-ils ?
5. Le vanneau huppé vit-il près des lacs ?
6. Est-ce que le mâle couve les œufs ?
7. Est-ce que le vanneau se nourrit de poissons ?
8. Le texte précise-t-il les couleurs du vanneau ?

Le vanneau huppé

Le vanneau huppé est un bel oiseau noir, vert et blanc. Il habite les prairies humides. On le trouve aussi dans les champs proches d'étangs ou de lacs. Il se nourrit d'insectes, de vers, de mollusques et de graines. Son nid est construit au ras du sol et tapissé d'herbes sèches. La femelle pond quatre œufs tachetés. Les deux adultes couvent pendant vingt-quatre jours.

3 **Observe tes réponses. Elles doivent t'aider à comprendre ce qui différencie les questions 1 à 4 et les questions 5 à 8. Échange tes remarques avec tes camarades.**

4 **Dans les questions 1 à 4, surligne le mot précis auquel tu as répondu.**

5 **Peux-tu faire la même chose pour les questions 5 à 8 ? Explique ta réponse.**

6 **Tu voudrais savoir d'autres choses sur le vanneau huppé ? Pose deux questions, une de chaque sorte.**

7 **On a développé la réponse à la question 5 de deux façons :**

– Oui, le vanneau huppé vit près des lacs.
– Oui, il vit près des lacs.

Fais la même chose pour les questions 6, 7 et 8.

LIS LA DÉFINITION

Il y a deux sortes de phrases interrogatives.

On peut répondre par *oui* ou par *non.*	On ne peut pas répondre par *oui* ou par *non.*
• **La question porte sur toute la phrase.** *Est-ce que les photos sont belles ?* On dit aussi : *Les photos sont belles ?*	• **La question porte sur une partie de la phrase.** ***À quelle date*** *l'été arrive-t-il ?* On dit aussi : *L'été arrive* ***à quelle date ?***
• **On répond : *Oui.*** Tout le monde comprend : *Les photos sont belles.*	• **On répond : *Le 21 juin*.** Tout le monde comprend : *L'été arrive* ***le 21 juin***. La réponse est une partie de la phrase.
• **On peut développer la réponse :** *Oui, les photos sont belles.* *Oui, elles sont belles.*	• **On peut développer la réponse :** *L'été arrive le 21 juin.* *Il arrive le 21 juin.*
Répondre à une question, c'est apporter l'information demandée. *Quand on parle, on répond souvent en donnant seulement cette information.*	

(À SUIVRE)

Exerce-toi

8 Réponds aux questions.
a) Donne juste l'information demandée.
b) Puis écris la réponse développée.

1. Est-ce que tu aimes ce film ?
2. Que mangent les carnivores ?
3. Où vivent les Esquimaux ?
4. Est-ce que la Seine traverse Paris ?
5. L'eau des torrents est-elle salée ?

9 Recopie ce questionnaire d'enquête ▶ et prépare la colonne *réponse* :
– quand on peut répondre par *oui* ou par *non*, fais deux cases : OUI NON
– quand on ne peut pas répondre par *oui* ou par *non*, trace une ligne pour la réponse.

1. Quel âge as-tu ?
2. As-tu des frères et sœurs ?
3. Si oui, combien ?
4. Aimes-tu les céréales ?
5. Bois-tu ton lait chaud ou froid ?
6. Manges-tu des tartines ?
7. Prends-tu des repas à la cantine ?
8. Quel dessert préfères-tu ?
9. Bois-tu des jus de fruits ?
10. Si oui, lesquels ?

AUJOURD'HUI

J'ai appris que l'on ne répond pas de la même façon à toutes les questions.

LES TEMPS DU PASSÉ

Le passé composé (1)

Souviens-toi

1 Relève les verbes conjugués à l'imparfait.

On marchait sur le trottoir quand le chien s'est jeté contre la grille. Il a aboyé si fort que mon frère a hurlé de peur. Il tremblait, il pleurait. On a couru jusqu'au jardin.

COLLECTIF

Observe, réfléchis, essaie, discute

2 Relève dans l'ordre du texte les verbes conjugués au passé composé. N'oublie pas d'écrire le pronom personnel qui convient. À côté de chaque verbe, écris son infinitif.

Lou, le petit vampire est devenu ce qu'il souhaitait, un garçon comme les autres. Ses parents l'ignorent encore.

Lou a refermé la grille et il est monté dans la chambre de ses parents. Ils dormaient toujours.

Puis il est redescendu dans le jardin [...]

Soudain, la cloche de la grille a tinté et Lou a bondi vers Antoine. Il était prêt à le suivre n'importe où.

Ils sont allés au parc. Là-bas, Lou a rencontré plein d'autres enfants. Avec eux, il a chahuté dans les bacs à sable, il a grimpé aux arbres [...]

La journée a passé à toute vitesse. Il était déjà 8 heures du soir quand Lou est rentré chez lui. Il s'est glissé dans son lit sans faire de bruit mais, deux heures plus tard, sa mère est venue le réveiller. Il a passé toute la nuit debout en compagnie de ses parents.

Le lendemain matin, Lou a couru rejoindre Antoine et les autres enfants.

Cette vie-là a duré trois semaines. Lou ne dormait presque plus.

Pascale Wrzecz, *C'est dur d'être un vampire* © J'aime lire, Bayard Jeunesse, 1990.

3 Observe la construction des verbes au passé composé. Échange tes remarques avec tes camarades.

4 Utilise vos remarques pour classer les verbes conjugués au passé composé. Écris le critère de classement en tête de colonne.

...	...
il est devenu ...	... ...

LIS LA DÉFINITION

- Un verbe conjugué au **passé composé** est **composé de deux parties** : le verbe *être* ou le verbe *avoir* conjugué au présent + le participe passé du verbe.
- Quand le verbe *être* ou le verbe *avoir* aident à conjuguer un autre verbe, on les appelle des **auxiliaires**.

5 Observe la conjugaison avec l'auxiliaire *être*. Que remarques-tu ?

monter			monter		
je	suis	monté	je	suis	montée
tu	es	monté	tu	es	montée
il	est	monté	elle	est	montée
nous	sommes	montés	nous	sommes	montées
vous	êtes	montés	vous	êtes	montées
ils	sont	montés	elles	sont	montées

venir			venir		
je	suis	venu	je	suis	venue
tu	es	venu	tu	es	venue
il	est	venu	elle	est	venue
nous	sommes	venus	nous	sommes	venues
vous	êtes	venus	vous	êtes	venues
ils	sont	venus	elles	sont	venues

Apprends à inscrire les verbes conjugués au passé composé dans la chaîne des accords.

- Avec l'auxiliaire *être*, le participe passé s'accorde toujours avec le sujet du verbe, exactement comme un adjectif.
Il faut donc se poser les questions : masculin ou féminin ? singulier ou pluriel ?

Mon frère est tombé. Les photos sont arrivées. Nous sommes sortis.

1. Je rassemble les deux parties du verbe.
2. Je trace la bulle du sujet.
3. Je trace la bulle de l'auxiliaire *être*. Il s'accorde avec le sujet.
4. Je trace la bulle du participe passé. Il s'accorde avec le sujet exactement comme un adjectif.

- Avec l'auxiliaire *avoir*, le participe passé ne s'accorde jamais avec le sujet du verbe.

J'ai refermé. Il a montré. Elle a couru. Ils ont chahuté. Nous avons fini.

(À SUIVRE)

Exerce-toi

6 Conjugue au passé composé.
1. grimper – courir – bondir
2. arriver – rester – partir

AUJOURD'HUI

J'ai appris à écrire le passé composé. C'est un temps que l'on utilise souvent quand on parle.

7 Écris au passé composé.

L'ascenseur tombe en panne.
Les habitants de l'immeuble montent à pied.
Le voisin du 3e étage ouvre sa porte.
Il propose à la vieille dame du 5e de lui porter son panier. Elle s'arrête quelques minutes chez lui pour se reposer.

VOCABULAIRE

21 Suivre un nom dans un texte

Souviens-toi

1 Trouve un synonyme pour chaque mot.
une bataille – un chat – envoyer – insupportable – malpropre – monter – placer

COLLECTIF Observe, réfléchis, essaie, discute

2 Fais la liste de tous les mots qui désignent Gaël.

La première fois qu'un couple chercha à l'adopter, Gaël avait sept ans. Il s'agissait du plus riche banquier de Paimpol et de sa femme, parée de bijoux merveilleux.

Le banquier examina le gamin et décida :

– Voilà un garçon sérieux et intelligent [...]

Sa femme ajouta :

– Qu'il est mignon ! Des yeux de saphir et des cheveux d'or...

Le banquier conclut :

– Et une tache de rousseur par jour de la semaine, ce qui est mathématique, utile et raisonnable.

Il se pencha vers l'enfant et affirma :

– Naturellement, plus tard, tu veux devenir un banquier très riche, spécialiste de la haute finance.

Gaël réfléchit un moment, sourit, et répondit poliment :

– Non, monsieur, pas du tout. Plus tard, je veux devenir cambrioleur, attaquer les banques, piller les diligences, m'échapper par les toits en soufflant dans une trompette, et me cacher dans les bois en grillant des saucisses !

La dame gémit :

– Quelle horreur...

Le banquier gronda :

– Quel voyou !

Paul Thiès, *La sorcière est dans l'ascenseur* © Rageot.

3 Fais la liste de tous les mots qui désignent le banquier et sa femme.

4 Classe en deux colonnes tous les mots que tu as trouvés.
Écris tes critères en tête des colonnes.

5 Conclus : comment peut-on continuer à parler d'un personnage sans se répéter ?

6 Continue : relève tous les mots qui désignent : • l'effraie • le hibou grand-duc

La dame de cœur

Malgré son nom, l'**effraie** n'a rien d'effrayant. Au contraire, elle a un joli masque en forme de cœur blanc, mais elle est bien bruyante : en vol, elle pousse des cris stridents, dans le nid… elle ronfle, et pendant la saison des amours, elle pousse de longs « chrrrrruh »…
Dans la nuit, peut-être as-tu déjà entendu, ou même aperçu au fond de ton jardin, la « dame blanche ».

Le « guépard de la nuit »

Le **hibou grand-duc** est le plus grand des rapaces nocturnes. Les Arabes l'appellent le « guépard de la nuit » : c'est un chasseur impressionnant. Aujourd'hui, il est rare. Il ne vit plus que dans des régions inaccessibles, loin des hommes, ou… dans des zoos. En captivité, il est très docile, mais quelle tristesse de voir ce roi de la nuit et des grands espaces en cage !

S. Girardet, C. Merleau-Ponty, A. Tardy, *Chouette, des hiboux !* © Bayard.

Ajoute ces mots dans le tableau de l'activité 4. Que remarques-tu ?

LIS LA RÈGLE

Dans un texte, un personnage, un animal, une chose peuvent être désignés par des mots différents : des pronoms, des groupes nominaux synonymes, des noms plus généraux.

7 Voici des groupes nominaux pour désigner la *chouette chevêche*. Retrouve les informations du texte qui ont permis de les construire.

l'oiseau au regard étrange – l'habitante des greniers et des granges
la croqueuse de souris – l'oiseau porte-malheur – la compagne des sorcières

La chouette chevêche

Très répandue en France, la chouette chevêche aime les régions parsemées d'arbres et de haies. C'est un oiseau plutôt petit, au plumage gris foncé tirant sur le roux pour le dos et plus clair pour le ventre, entièrement parsemé de taches blanchâtres. Ses yeux ronds, très rapprochés, à l'iris jaune lui donnent un regard étrange. […] Elle loge dans les greniers, les granges ou le creux d'un arbre. Bien qu'elle se déplace aussi bien le jour que la nuit, elle préfère chasser à l'aube et au crépuscule insectes, rongeurs et batraciens.
Au Moyen Âge on en fait la compagne maléfique des sorcières. Accusée à tort de porter malheur, à cause sans doute de son regard fixe et de son bec crochu qui lui donnent l'air cruel et des bruits presqu'humains, ronflements, chuintements, qu'elle émet, la chouette a été décimée. L'espèce est aujourd'hui protégée, car elle détruit souris et campagnols qui s'attaquent aux récoltes.

Évelyne Brisou-Pellen, *Le trésor des deux chouettes* © Rageot.

8 Quels groupes nominaux choisirais-tu pour parler de la chouette chevêche
– dans un texte documentaire ?
– dans un texte fantastique ?

9 Continue : crée d'autres désignations en utilisant les informations du texte.

AUJOURD'HUI

J'ai appris comment continuer à parler de quelque chose sans se répéter.

Chantiers d'écriture

1 Écrire un quiz

Un *quiz* est un jeu dans lequel on pose des questions à quelqu'un pour tester ses connaissances.

En voici un exemple. ▶

Quiz des fruits

- Le pamplemousse est un agrume : oui - non.
- Quel est le pays d'origine des abricots ?
- Quand a-t-on commencé à cultiver les framboises ?
- Depuis quand connaît-on le raisin ?
- Quelle vitamine contient le kiwi ?

etc.

Pour fabriquer un *quiz* :

- **Faites une liste des sujets** sur lesquels vous poserez des questions.
- **Répartissez ces sujets entre vous et groupez-vous par deux pour écrire.**
- **Constituez votre documentation :** dictionnaire, livres documentaires, articles de magazines, etc.
- **Rédigez les questions.**
Pour l'intérêt du jeu, variez les façons de poser les questions.
- **Rédigez aussi les réponses.**
Donnez toutes les explications nécessaires pour bien comprendre.
- **Recopiez vos questions sur de petites fiches cartonnées. Écrivez :**
– la question d'un côté de la fiche,
– la réponse de l'autre côté avec ses explications.

Vous avez deux semaines pour réaliser ce travail.

2 Écrire une scène de théâtre (1)

Tu vas écrire une scène de théâtre pour deux personnages.

- **Imagine d'abord une situation.**

Voici quelques idées. Tu peux aussi en inventer d'autres.

– Un enfant se réveille un matin dans une rue au Moyen Âge.
– Tu allumes ton ordinateur et il se met à te parler !
– Le loup des contes est mené devant le juge.
– Deux animaux de la maison se parlent.

- **Puis prépare le plan de la scène :**

– Quels seront les personnages en présence ?
– Que va-t-il se passer ?
– Où et comment la scène se déroulera-t-elle ?
– Comment finira-t-elle ?

Tu as trois semaines pour réaliser ce travail.

COLLECTIF D'un texte à l'autre

Dès le début de la préhistoire, à l'âge du paléolithique (âge de la pierre ancienne) les hommes taillaient le silex pour en faire des armes et des outils.

Vers 40 000 ans, la période que l'on appelle le Paléolithique supérieur débute par une véritable révolution technologique : au lieu de fournir un seul outil et des déchets, le même bloc de silex sert désormais à produire un grand nombre de lames plus ou moins fines [...]
Avec deux ou trois kilos de silex, le tailleur fabrique désormais non plus six ou sept outils... mais plusieurs ▶ centaines !

◀ L'âge néolithique signifie l'âge de la pierre nouvelle : il s'agit de la pierre polie, par opposition à la pierre simplement taillée du Paléolithique. Les outils polis, comme cette hache, sont beaucoup plus solides.

L'une des grandes révolutions du Néolithique est l'apparition de la poterie, qui permet de stocker les aliments à l'abri des rongeurs et de cuire les liquides directement sur le feu. On voit ici la reconstitution d'un foyer du Néolithique final (2 500 ans). ▼

D. Grimaud-Hervé, F. Détroit, R. Pigeaud, *Les origines de l'homme* © De La Martinière Jeunesse.

• Quelles traces de l'âge de la pierre taillée et de la pierre polie peut-on trouver dans les sites de fouilles comme celui de Liancourt-Saint-Pierre ?

UNITÉ 22

ATELIER DE LECTURE

Les contes de la Folie Méricourt (EXTRAIT)

On a cru, tout d'abord, que c'était une vieille dame comme les autres, un peu plus mal coiffée peut-être, mal habillée aussi, mais ce n'est pas un crime, avec des cheveux dans les yeux, une dent sur le devant, une bosse par derrière, et une goutte au bout du nez, qui ne voulait jamais tomber.

Elle habitait une petite maison avec un petit jardin autour et des grilles donnant sur la rue.

Et puis voilà qu'un jour un taxi a disparu, un beau taxi tout bleu avec un chauffeur russe. On a cherché partout, mais on n'a retrouvé ni l'homme ni la voiture. Mais le lendemain matin, tout le monde a vu derrière les grilles, dans le jardin de la sorcière, une belle citrouille toute bleue, et tout près d'elle un gros rat rouge, assis sur son derrière, avec une belle casquette bien coquette, posée sur sa tête. Alors il y a des gens qui ont fait des réflexions.

Deux jours après, c'est une couturière qui a disparu : une couturière comme au bon vieux temps, qui travaillait à domicile, reprisant les chaussettes, recousant les boutons, faisant même des robes neuves quand on lui fournissait les tissus. Et voilà qu'elle a disparu !

Cette fois, on l'a cherchée pendant toute une semaine. Et puis, la semaine passée, on s'est aperçu que la sorcière avait depuis peu une araignée mauve qui lui tissait des rideaux sur ses fenêtres, de beaux rideaux brodés [...] Et puis le mois suivant, ce sont trois personnes qui ont disparu : un agent de police, une femme de ménage et un employé du métro. On a fouillé toutes les caves, inspecté tous les égouts, et on n'a rien trouvé du tout.

Mais dans le jardin de la sorcière, il y a trois animaux nouveaux : un chien vert, une chatte rouge et une taupe orange, et celle-ci ne cessait de creuser des galeries. Alors, les gens de mon quartier se sont mis en colère.

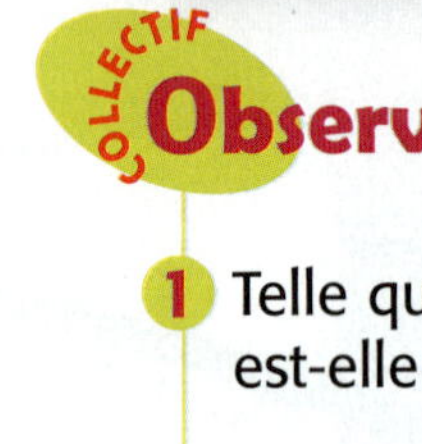

Pierre Gripari, *Les contes de la Folie Méricourt* © Grasset.

COLLECTIF Observe le texte pour mieux le comprendre

1. Telle que la présente l'auteur, la vieille dame est-elle vraiment comme les autres ?
2. Pourquoi les habitants ont-ils d'abord cru que c'était une vieille dame comme les autres ?
3. Imagine les réflexions des gens après la disparition du taxi.
4. Les habitants se sont mis en colère : formule les réflexions qu'ils ont pu se faire.

5 Que penses-tu des couleurs des objets et des êtres qui apparaissent dans le jardin ?

6 Une citrouille, un rat avec une casquette, des transformations, cela doit te rappeler un conte. Lequel ? Justifie ta réponse.

7 *Sois plus malin que les habitants du quartier !*
Il y a toujours au moins un trait commun entre les disparus et les créatures apparues dans le jardin. Complète le tableau.

le disparu	la créature qui est apparue	le trait commun
un taxi tout bleu avec un chauffeur russe	une belle citrouille…	…
…	…	…

8 Observe les temps du texte.
– Quand l'auteur utilise-t-il l'imparfait ?
– Quand utilise-t-il le passé composé ?

Mémorise l'orthographe

LES MOTS DU TEXTE

9 Recopie quelques mots du texte que tu trouves difficiles à écrire.

10 Recopie ces mots invariables et entraîne-toi à les écrire.
un peu – voilà – après – depuis

11 Écris au pluriel.
un agent de police – une femme de ménage – un employé du métro.

COLLECTIF

LES SONS ET LEURS ÉCRITURES

12 Recopie :
a) les cinq mots du texte dans lesquels le son [t] s'écrit *tte*.
b) les trois mots du texte dans lesquels le son [l] s'écrit *lle*.
c) les deux mots du texte dans lesquels le son [m] s'écrit *mme*.
d) les deux mots du texte dans lesquels le son [n] s'écrit *nn* ou *nne*.
e) le mot du texte dans lequel le son [r] s'écrit *rr*.

Apprends les mots suivants :

[t] → tt – tte	attacher – attention – attraper – battre – grotte – lettre – lunette – mettre
[l] → ll – lle	balle – bulle – colle – coller – mille – village
[m] → mm – mme	commencer – comment – gomme – sommeil – sommet
[n] → nn – nne	dictionnaire – panne – sonner
[r] → rr – rre	arriver – barre – barrière – beurre – marron – pierre – terre

22 Les phrases interrogatives (2)

GRAMMAIRE

Souviens-toi

1 **Récris la phrase en déplaçant un complément de phrase.**
Boucle d'Or, à la tombée de la nuit, découvrit dans la forêt une maison éclairée.

COLLECTIF Observe, réfléchis, essaie, discute

2 **Dans chaque phrase interrogative, surligne le mot ou les mots qui posent la question.**
Dans la réponse, surligne la partie exacte de la phrase qui répond à la question.

1. Qui a peint la Joconde ?	– Léonard de Vinci a peint la Joconde.
2. Que fait le couvreur ?	– Le couvreur couvre ou répare les toits.
3. Comment fait-on la mayonnaise ?	– On fait la mayonnaise en battant un jaune d'œuf avec de l'huile.
4. Où les anguilles vont-elles pondre ?	– Les anguilles vont pondre dans la Mer des Sargasses.
5. Quand les jours rallongent-ils ?	– Les jours rallongent au solstice d'hiver, le 21 décembre.
6. Que produit la vigne ?	– La vigne produit du raisin.
7. Qu'est-ce qui blatère ?	– Le chameau blatère.
8. Qui est-ce qui vote les lois ?	– Les parlementaires votent les lois.
9. Qui Alice suit-elle ?	– Alice suit le Lapin Blanc.
10. À quoi sert une patère ?	– Une patère sert à suspendre les vêtements.
11. Avec quoi fait-on le chocolat ?	– On fait le chocolat avec du cacao, du sucre et parfois du lait.
12. Où trouve-t-on le plan d'un livre ?	– On trouve le plan d'un livre dans la table des matières.
13. Que fait un joaillier ?	– Un joaillier fabrique des bijoux.
14. Qu'est-ce qui a une queue et pas de pattes et deviendra une grenouille qui a quatre pattes et pas de queue ?	– Le têtard a une queue et pas de pattes et deviendra une grenouille qui a quatre pattes et pas de queue.
15. De quoi les graines ont-elles besoin pour germer ?	– Pour germer, les graines ont besoin de chaleur et d'humidité.

3 **Pour chaque réponse, quelle est la partie de la phrase surlignée ?**
On a commencé, continue.

phrase 1. : le groupe sujet
phrase 2. : le groupe verbal
phrase 3. : le complément de phrase
...

4 Observe le lien entre le mot ou les mots qui posent la question et les parties de phrases qui répondent à la question posée. Complète ce tableau.

Développe les réponses	Quand le mot interrogatif est…	la partie de la phrase qui répond à la question est…
Qui a inventé le cinéma ? …	qui… ? qui est-ce qui ? …	le groupe sujet
Que fait le chat quand il est agressif ? …	…	le groupe verbal entier
Que collectionne un philatéliste ? … Qui les Français élisent-ils au suffrage universel ? … À quoi sert un télescope ? …	…	une partie du groupe verbal : un complément du verbe
Où peut-on voir des girafes ? … Quand cesse l'hibernation des ours ? …	…	un complément de phrase

(À SUIVRE AU CM1)

Récapitule tes observations : ajoute les mots interrogatifs de l'activité 2.

Exerce-toi

5 Pose trois questions sur ce texte.

Au XVIIe siècle, en Italie, Galilée a construit une lunette astronomique puissante. Grâce à elle, il a pu observer les satellites de Jupiter et les cratères de la Lune. Il a démontré ce qu'un autre astronome, Copernic, avait affirmé cent ans plus tôt : la Terre tourne autour du Soleil.

Réponds aux questions que tu as posées. Indique, comme dans le tableau, la partie de la phrase qui répond à la question.

Donato Creti, début XVIIIe siècle.

AUJOURD'HUI

J'ai mieux compris le lien entre la phrase interrogative et la phrase déclarative qui lui répond.

LES TEMPS DU PASSÉ

Le passé composé (2) : les verbes être, avoir et aller Le participe passé

Souviens-toi

1 Écris au passé composé.

1. Le plombier répare la fuite d'eau. 2. Nous gagnerons le match. 3. Les hirondelles arrivent.

COLLECTIF

Observe, réfléchis, essaie, discute

Quand tu parles, dans la plupart des cas tu ne te trompes pas.

2 Dis ces phrases au passé composé.

1. Nous sommes contents.
2. Vous avez beaucoup de chance.
3. Lundi on ira au musée.
4. On a besoin d'aide.
5. Tu es le meilleur à la course.
6. J'ai une angine. Je vais chez le médecin.
7. La journée est pluvieuse.
8. Ils vont s'entraîner au stade.

3 Reporte les formes conjuguées qui manquent.

être		avoir		aller			
j'	ai été	j'	...	je	...	je	...
tu	...	tu	as eu	tu	es allé	tu	es allée
il, elle	...	il, elle	...	il	...	elle	...
nous	...	nous	avons eu	nous	sommes allés	nous	sommes allées
vous	avez été	vous	...	vous	êtes allés	vous	êtes allées
ils, elles	ont été	ils, elles	ont eu	ils	...	elles	...

4 Observe les conjugaisons. Avec quel auxiliaire forme-t-on :

– le passé composé du verbe *être* ?
– le passé composé du verbe *avoir* ?
– le passé composé du verbe *aller* ?

LIS LA RÈGLE

● Le passé composé des verbes *être*, *avoir*, *aller* se forme comme celui de tous les autres verbes.

5 Quand on parle, on emploie souvent le passé composé du verbe *être* à la place du passé composé du verbe *aller*. On dit, par exemple : *J'ai été à la piscine.*

Vérifie en mettant le verbe au présent : on ne dit pas exactement la même chose.

1. J'ai été à la piscine. — Je suis allée à la piscine.
2. Nous avons été en vacances à la mer. — Nous sommes allés en vacances à la mer.

6 Relève les verbes au passé composé dans l'ordre du texte et écris leur infinitif. N'oublie pas le pronom personnel de conjugaison qui convient.

Il était une fois un Chat Botté,
qui a suivi dans la forêt le Petit Poucet,
qui a semé des petits cailloux,
qui ont guidé ses frères chez le Petit Chaperon Rouge, qui a vu le loup,
qui a réussi à échapper au Brave Petit Tailleur
et qui est passé par la cheminée des Petits Cochons,
qui l'ont rôti et qui l'ont mangé avec les Sept Nains, qui sont sortis de la forêt,
qui ont prévenu Blanche Neige,
qui malgré cela a ouvert la porte à la sorcière,
qui a bondi sur elle puis qui a rejoint le Chat Botté, qui…

7 Classe les verbes que tu viens de relever.

1er groupe	2e groupe	3e groupe
il a semé …	… …	… …

Continue : dans chaque colonne écris deux autres verbes de chaque groupe.

8 Observe les terminaisons des participes passés. Que remarques-tu ?

LIS LA RÈGLE

- Le **participe passé** des verbes du **1er groupe** se termine toujours par ***-é***.
- Le **participe passé** des verbes du **2e groupe** se termine toujours par ***-i***.
- Pour les verbes du **3e groupe**, il y a plusieurs terminaisons du participe passé.

(À SUIVRE)

Exerce-toi

9 *Être* ou *avoir* ?
Choisis et conjugue au passé composé.

1. Ce matin en arrivant nous … une surprise.
2. J'… peur que l'orage éclate cette nuit.
3. Toute la classe … fière de la récompense obtenue au concours de dessin.
4. Le maître nous a dit : « Vous … des difficultés, mais vous … persévérants ».
5. Nos parents … des enfants. Ils …, eux aussi, des leçons à apprendre.

10 Récris au passé composé.
Pense que c'est toi qui dis *je*.

Je vais assister au spectacle des CM.
Je suis heureux de voir ma sœur jouer.

AUJOURD'HUI

J'ai appris à écrire les verbes être, avoir et aller au passé composé. Je sais utiliser ce temps quand je parle.

22 Les registres de langue

Souviens-toi

1 Trouve un synonyme pour chaque mot.

arroser – bavarder – commencer – envie – étourdi – laid – secours

COLLECTIF Observe, réfléchis, essaie, discute

– Police. Vous avez un problème ?
– J'ai été kidnappé, dit Madison.
– Je vois, monsieur. D'où me téléphonez-vous ?
– Je ne sais pas.
– Vous ne savez pas où vous êtes ?
– Non. [...]
– Voyons – à propos de ce kidnapping – monsieur, qui vous a kidnappé ?
– Écoute, mon pote, dit Madison, et écoute bien. J'ai pas beaucoup de temps. Le gars qui m'a enlevé habite ici. Avec le numéro de téléphone, vous le retrouverez. C'est un voyou à la petite semaine, du nom de Silver, et je suppose qu'il y a chez lui de quoi vous intéresser. [...]
– Pourrais-je avoir quelques détails supplémentaires, monsieur ? Êtes-vous attaché ?
– Non, aussi libre qu'un oiseau.
– Êtes-vous enfermé dans une pièce ?
– Non, la porte n'est pas fermée à clef.
– Pourquoi ne l'ouvrez-vous pas ?
– Parce que je n'arrive pas à la poignée, malin ! Je ne suis pas assez grand.
Il y eut un silence. Quand le policier parla à nouveau, sa voix avait monté d'un cran.
– Récapitulons, et calmement, dit-il d'un ton où perçait une certaine fatigue. Tu me racontes que tu te trouves seul et pour ainsi dire libre dans une pièce dont la porte n'est pas fermée, mais que tu es incapable d'ouvrir parce que tu n'arrives pas au loquet : c'est bien ça ? Et si tu me disais maintenant combien tu mesures exactement ?

Madison commençait à être las de cet interrogatoire. Le ton du policier l'agaçait et il était impatient d'en finir. Aussi, il laissa tomber de sa voix la plus grave :
– OK, mon pote ! C'est toi qui l'as demandé. Je mesure neuf pouces.
À cet instant précis, Madison entendit une porte qui claquait en bas, suivie d'un bruit de pas montant l'escalier.
– Désolé, mais je dois filer, dit-il.
– Par la cheminée, je suppose ? ajouta le policier d'un ton sarcastique.
– Vous ne pourriez pas mieux dire, monsieur, répondit poliment Madison avant de s'envoler.

Dick King-Smith, *Harry est fou*, traduction Michelle Esclapez © Gallimard.

2 Dans sa dernière phrase Madison répond *poliment*. Qu'est-ce qui le montre ?

3 Relève ce que dit Madison lorsqu'il ne parle pas *poliment*. Comment pourrait-il le dire pour parler poliment ?

4 Le policier ne parle pas toujours de la même façon à Madison.
a) Quand change-t-il sa manière de parler ? Pourquoi ?
b) À ce moment-là, parle-t-il comme Madison lui parle ?

LIS LA DÉFINITION

- À l'oral comme à l'écrit, nous pouvons tous utiliser différentes façons de parler. Ce sont des **registres de langue**.
- Selon les circonstances, selon la personne à qui l'on s'adresse, on peut employer :
– le **langage ordinaire**, courant : *un copain – un ami*
– un **langage familier** : *un pote*
– un **langage soutenu**, où l'on fait très attention à bien parler : *un camarade*.

Exerce-toi

Les synonymes sont souvent bien utiles pour surveiller ce que l'on dit.

5 Pour chacun de ces mots familiers, écris un synonyme qui n'est pas familier.
la bouffe – il flotte – les fringues
une bagnole – les tifs

6 Complète avec le synonyme le moins familier.
1. *bourré – plein*
Je ne sais pas pourquoi, mais aujourd'hui le bus était ..., plus que d'habitude.
2. *le boulot – le travail*
Avant de partir au ..., mon frère me fait toujours un petit signe d'au revoir.
3. *la baraque – la maison*
Il y a des nouveaux habitants dans la ... près du pont.
4. *rigoler – rire – se tordre*
Quand on me raconte des histoires drôles, je n'arrête pas de ....

7 Souligne tout ce qui est familier. Puis récris cette lettre en langage courant.

Cher Damian,

Moi, j'aime ça, lire. Avant, j'allais à la bibliothèque en bas de la rue, mais je me suis fait virer parce que j'ai arraché une étiquette sur la couverture d'un livre. Je me rendais même pas compte que j'étais en train de faire ça, c'était parce que j'étais énervée à cause de mon interro d'histoire. J'ai eu une note pourrie et M. Ramsden (notre maître) était en pétard après moi. Je trouve que l'histoire, c'est vraiment de la perte de temps. [...] Je viens juste de terminer un bouquin vraiment drôle qui s'appelle *Champi, l'homme-éponge* !

Frankie

Hazel Townson, *Les lettres de Mortemart* © Casterman.

AUJOURD'HUI

J'ai appris qu'il y a plusieurs façons de parler. Cela dépend de la personne à qui l'on s'adresse.

Exercices d'écriture

1 Rédiger son carnet de lecture (3)

• Un personnage d'un livre que tu as lu écrit à son auteur pour se plaindre.

Hubinon, Charlier, *Tout Buck Danny, Missions « Top Secret »* 10 © Dupuis. « Les Aventures de Buck Danny ont été créées par Georges Troisfontaines, Victor Hubinon et Jean-Michel Charlier. »

– Choisis un personnage.
– Fais la liste de toutes les difficultés, les situations désagréables, les ennemis, etc. qu'il rencontre dans le livre.
– Fais aussi la liste des défauts que l'auteur lui a donnés.

• **Écris la lettre de réclamation qu'il adresse à son auteur. Imagine les propositions qu'il lui fait pour de nouvelles aventures.**

2 Écrire un récit au passé

• **Invente en quelques lignes une histoire extraordinaire, fantastique... Utilise le passé composé.**

Voici quelques idées pour commencer. Tu peux en inventer d'autres.
En me lavant les dents... – En rangeant ma chambre...
En marchant sur le trottoir...
Je montais les escaliers... – Je venais de m'endormir...
J'étais avec ma mère au supermarché...

Chantier d'écriture

Écrire une scène de théâtre (2 et 3)

• Groupez-vous par deux : **chacun présente son scénario, son plan et ses personnages.**
Quel est leur caractère ? Quels sont leurs sentiments ? Que leur arrive-t-il ?

• **Répartissez-vous les rôles et improvisez les dialogues en vous aidant du scénario.**

• **Après l'improvisation, note tes nouvelles idées. Écris tes dialogues.**
Pour chaque réplique, indique en début de ligne le personnage qui parle.

• **Si tu as des recommandations à faire aux acteurs (les gestes, l'expression, la voix, la position sur la scène, etc.), écris-les entre parenthèses avant la réplique.**

• **Soigne la ponctuation : elle permet aux acteurs de bien interpréter ton texte.**

COLLECTIF D'un texte à l'autre

• Lis le texte page 215.

• Fais la liste des ressemblances et des différences entre les sorcières de Roald Dahl et la sorcière de Pierre Gripari (page 206).

Voici ce que vous devez savoir sur les *vraies sorcières* :

Les vraies sorcières s'habillent normalement, et ressemblent à la plupart des femmes. Elles vivent dans des maisons, qui n'ont rien d'extraordinaire, et elles exercent des métiers tout à fait courants.

Voilà pourquoi elles sont si difficiles à repérer !

Une *vraie sorcière* déteste les enfants d'une haine cuisante, brûlante, bouillonnante, qu'il est impossible d'imaginer. Elle passe son temps à comploter contre les enfants qui se trouvent sur son chemin. Elle les fait disparaître un par un, en jubilant. Elle ne pense qu'à ça, du matin jusqu'au soir. Qu'elle soit caissière dans un supermarché, secrétaire dans un bureau ou conductrice d'autobus.

Son esprit est toujours occupé à comploter et conspirer, mijoter et mitonner, finasser et fignoler des projets sanglants. [...]

Laquelle des deux femmes est une sorcière ? Question difficile !

Et pourtant, tous les enfants devraient pouvoir répondre sans hésitation. [...]

– Aujourd'hui, commença Grand-mère, je vais t'apprendre les détails qui permettent de reconnaître une sorcière.
– À coup sûr ? demandais-je.
– Pas vraiment, répondit-elle. C'est bien là le problème.
Mais cela pourra t'être utile.

Elle laissa tomber les cendres de son cigare sur sa robe, et j'espérai qu'elle ne prendrait pas feu avant de m'avoir fait ses révélations.
– D'abord, dit-elle, une sorcière porte des gants.
– Pas toujours, dis-je. Pas en été, lorsqu'il fait chaud.
– Même en été, dit Grand-mère. Elle *doit* porter des gants.
Veux-tu savoir pourquoi ?
– Bien sûr, répondis-je.
– Parce qu'une sorcière n'a pas d'ongles. Elle a des griffes, comme un chat, et elle porte des gants pour les cacher. Remarque que beaucoup de femmes portent des gants, surtout en hiver. Donc, ce détail est insuffisant.
– Maman portait des gants, dis-je.
– Pas à la maison, dit Grand-mère. Les sorcières portent des gants, même chez elles. Elles ne les enlèvent que pour aller dormir.
– Comment sais-tu tout ça, Grand-mère ?
– Ne m'interromps pas sans cesse, dit-elle. Écoute-moi jusqu'au bout.
Ensuite une sorcière est toujours chauve.

Roald Dahl, Quentin Blake, *Sacrées sorcières*, traduction Marie-Raymond Farré © Gallimard

CHIEN ET BÉBÉ (EXTRAIT)

LA MÈRE. – Ça, c'est un beau bébé, ça, madame !
BÉBÉ. – Aheu ! Aheu !
LA MÈRE. – Un beau bébé tout neuf, tout propre, avec sa couche bien sèche !
BÉBÉ. – Boudoudoudou !
LA MÈRE. – Il sera sage, mon beau bébé ? Il ne va pas crier ? Il ne va pas salir tout de suite sa belle coucouche bien sèche ? Guiliguili ?
BÉBÉ. – Aaah ! Aaah !
LA MÈRE. – Alors on va lui donner son biberon ! *(Elle lui donne le biberon, puis se tourne vers le chien.)* – Et ça, qu'est-ce que c'est ? C'est mon beau toutou, ça, madame !
LE CHIEN. – Hi ! Hi ! Hi !
LA MÈRE. – Et qu'est-ce qu'il veut, mon beau toutou ? Il veut un nonos ?
LE CHIEN (*jappant*). – Yap ! Yap ! Yap !
LA MÈRE. – Mais oui, bien sûr, il veut un nonos ! Hmmmm ! C'est bon ! *(Le chien fait le beau et prend l'os.)* – Alors, maintenant, maman va faire la cuisine, et nous, pendant ce temps-là, nous restons là, bien sages ! Compris ? *(Elle sort.)*
BÉBÉ (*après un temps*). – Elle est partie ?
LE CHIEN *(coup d'œil en coulisse)*. – Oui. Je la vois dans la cuisine.
BÉBÉ. – Enfin ! On peut parler normalement !
LE CHIEN. – C'est vrai que c'est fatigant, la conversation, avec eux ! Mais que faire ? On est bien obligés de se mettre à leur portée… Dites-moi, cher bébé…
BÉBÉ. – Oui ?
LE CHIEN. – Vous n'êtes pas tenté, quelquefois, de leur parler vraiment ? Je veux dire : pour de bon ?
BÉBÉ. – Si. Une fois, je l'ai fait.
LE CHIEN. – Il y a longtemps ?
BÉBÉ. – Oh oui, assez longtemps. Il y a bien trois semaines… J'avais alors deux mois et demi, pas plus… Mon père m'a pris dans ses bras, maladroitement, comme toujours… Il m'a fait mal, et je lui ai dit… Enfin quoi, je lui ai dit zut !
LE CHIEN. – Zut ? Vraiment ?
BÉBÉ. – Non, pas vraiment. Le mot était plus fort.
LE CHIEN. – Et qu'est-ce qu'il a dit ?
BÉBÉ. – Lui ? Rien. Il est resté la bouche ouverte, et puis il m'a reposé comme si je le brûlais, comme si j'étais je ne sais pas quoi…
LE CHIEN. – Il n'a rien dit à votre mère ?
BÉBÉ. – Non. Il n'a pas osé. J'ai eu de la chance !
LE CHIEN. – Pourquoi ?
BÉBÉ. – Voyons, vous ne les connaissez pas ? S'ils savaient que je parle, ils me colleraient tout de suite au boulot ! J'ai intérêt à ne parler que le plus tard possible !
LE CHIEN. – Vous avez bien raison !

Pierre Gripari, *Sept farces pour écoliers* © Grasset et Fasquelle.

Bill et balle

Roba, *60 gags de Boule et Bill* © Dupuis.

COLLECTIF

Observe les textes pour mieux les comprendre

1. Compare les personnages du texte et de la bande dessinée.
2. Observe les paroles de la mère et du monsieur : explique comment on parle quand on *parle bébé*.
3. Pour le bébé et le chien, *parler normalement*, est-ce parler en langage familier ? en langage courant ? en langage soutenu ? Justifie ta réponse.
4. Examine les yeux de Bill. Dans chaque image, que font-ils comprendre ?
5. Décris tout ce que Bill est capable de faire avec ses oreilles.
6. Observe les bulles avec un point d'interrogation. Que pense Bill ? le monsieur ?
7. Compare la réaction du monsieur dans la dernière image avec celle du père du bébé.

1 Surligne le groupe sujet.

1. Le livre que je lis est passionnant.
2. Le public applaudit les musiciens qui reviennent sur la scène.
3. Je ne connais pas le nom de ces poissons bleus et jaunes.

2 Surligne le groupe sujet. Trace la bulle des verbes.

1. Un policier que les enfants connaissent bien surveille la sortie de l'école.
2. Notre exposé sur les animaux préhistoriques a intéressé nos camarades.
3. Un élève de ma classe qui descendait les escaliers en courant est tombé.

3 Surligne en bleu le groupe sujet, en vert le groupe verbal. Trace la bulle des verbes.

1. Le passage de la Lune entre la Terre et le Soleil provoque une éclipse de Soleil.
2. Les pirates anglais attaquaient les navires espagnols qui passaient dans la mer des Antilles.

4 Complète avec un groupe sujet.

1. … regardent le dompteur.
2. … sont arrivés tôt.

5 Surligne en bleu le groupe sujet et en vert les compléments de phrase.

Aujourd'hui on peut marcher le long des canaux sur les anciens chemins de halage. Autrefois, sur ces chemins, des chevaux très robustes remorquaient les bateaux à l'aide de cordes.

6 Étends la phrase avec des compléments de phrase.

Les jeunes enfants font des châteaux de sable.

7 Relève la phrase déclarative.

Connais-tu la ville de Tournus ? Elle domine la Saône. Quel merveilleux endroit et quelle belle abbaye !

8 Pour chaque phrase, écris si elle est *interrogative, impérative, déclarative,* ou *exclamative.*

1. Que préfères-tu ?
2. Je ne sais pas comment tu t'appelles.
3. Cette histoire est incroyable !
4. Quelle jolie fleur !
5. Combien as-tu de frères et de sœurs ?
6. Claire ne veut pas répondre.
7. Viens ici !
8. Comment feras-tu ?
9. Arrête de parler !
10. Elle est malade.

9 Récris les phrases suivantes à la forme négative.

1. Les marins déchargent le poisson.
2. Tu apporteras ton ballon.
3. On organise la fête de fin d'année.
4. Je vois quelque chose.
5. Le jeudi, nous avons toujours un cours d'anglais.

10 Imagine des questions qui correspondent aux réponses.

1. Il fait beau temps.
2. Elle a neuf ans.
3. Il a duré deux heures.
4. Non.

11 Écris trois questions auxquelles on peut répondre par *oui* ou *non*.

12 Écris les réponses qui correspondent à ces questions.

Les moustiques peuvent-ils transmettre des maladies ?
Tous les serpents sont-ils venimeux ?

1 Trace la bulle des verbes conjugués au futur simple.

j'ai – tu écouteras – nous jouons – nous jouerons – ils viennent – vous étirez – elles choisiront – nous mesurons – j'offrirai – elle va – on ira – ils auront – vous prendrez

2 Conjugue les verbes entre parenthèses au futur simple et retrouve le texte exact.

– Attention : c'est un coffret de magie qu'il faut mériter. Il peut vous apporter d'immenses satisfactions ! Cependant si vous n'êtes pas consciencieuses, il vous (*jouer*) des tours ! … Alors c'est sûr, mesdemoiselles, vous (*être*) bien vigilantes ?

– Oui, répond Anaïs subjuguée. Nous (*prendre*) soin de votre coffret, promis.

– Quand vous aurez assimilé tous les tours, vous (*avoir*) de mes nouvelles.

P. Perrier, *Les petits génies de la magie* © Rageot.

3 Conjugue au présent, au futur simple, à l'imparfait et au passé composé.

aller : vous – *être* : nous
faire : je – *grandir* : elles
rendre : tu – *trouver* : elle

4 Surligne en vert les verbes conjugués au passé composé, en jaune les verbes conjugués à l'imparfait.

Connais-tu le jeu des osselets ?
Tes grands-parents ont joué à ce jeu d'adresse qui consiste à lancer et rattraper de différentes façons des petites pièces en forme d'os.
Il y a cinquante ans, les écoliers faisaient des compétitions dans les cours de récréation. Mais les anciens Grecs jouaient déjà aux osselets, il y a plus de deux mille cinq cents ans. On le sait car ils ont représenté des joueurs sur des poteries. Et dans leur littérature ils ont raconté des parties qui ont mal tourné. Toute la jeunesse aimait ce jeu. Les Grecs croyaient même que les osselets permettaient de deviner l'avenir.

5 Conjugue au passé composé et retrouve le texte exact.

Puis les abeilles (*venir*). Elles (*partir*) tôt de chez elles, des ruches tout en bas de la vallée. Elles (*visiter*) toutes les fleurs sauvages, dans les champs, entre les amas de roches. […]
« Écoute-nous », disent les abeilles, « nous (*voir*) beaucoup de fleurs, dans la vallée, nous (*aller*) jusqu'au bout de la vallée sans nous arrêter, parce que le vent nous portait, puis nous (*revenir*), d'une fleur à l'autre. »
« Qu'est-ce que vous (*voir*) ? » demande Petite Croix. « Nous (*voir*) la fleur jaune du tournesol, la fleur rouge du chardon, la fleur de l'ocotillo qui ressemble à un serpent à tête rouge. »

J.M.G. Le Clezio, *Peuple du ciel* © Gallimard.

6 Choisis entre l'imparfait et le passé composé et retrouve le texte exact.

Notre table (*se trouver*) au premier rang, proche de l'estrade de M. Labourdette, qui (*avoir*) l'oreille fine. Il (*convenir*) d'être prudent si l'on (*vouloir*) converser. […]
– Qu'est-ce que tu (*faire*) ce matin, après avoir quitté ta maison ?
– Je (*venir*) ici.
– Directement ?
– Non, je (*s'arrêter*) chez les demoiselles Quincampoix.
– Tu (*rester*) longtemps dans la boutique ?
– Pas très longtemps. J'(*acheter*) deux pipes en sucre rouge.

Pierre Gamarra, *On a mangé l'alphabet* © Bordas.

1 **Quel est le nom général qui définit :**

1. barque, voilier, chalutier, péniche
2. épée, lance, fusil, canon
3. sardine, thon, dorade, sole, merlan
4. marteau, pince, scie, rabot

2 a) **On a transformé une expression bien connue en remplaçant un nom par sa définition. Retrouve l'expression.**

Donner sa langue au petit mammifère carnivore au poil doux, aux longues moustaches et aux griffes qui se rétractent.

b) **Transforme de la même façon ces deux expressions :**

– Marcher à pas de loup.
– Trembler comme une feuille.

c) **Choisis deux expressions et transforme-les.**

3 **Écris un synonyme pour chacun des sens du verbe *sauter*.**

1. Le chat saute sur le fauteuil.
2. Un camion a sauté sur une mine.
3. Le coureur sautera-t-il la haie ?
4. En recopiant, j'ai sauté une phrase.

4 **Fais le même travail pour les différents sens du verbe *trouver*.**

1. Si vous trouvez un trèfle à quatre feuilles, cueillez-le, c'est un porte-bonheur.
2. Les chercheurs ont trouvé un nouveau remède contre la grippe.
3. Tu trouves toujours de bonnes excuses !

5 **Remplace le verbe en gras par le synonyme qui convient.**

réviser – retrouver

1. Est-ce que vous **avez revu** la leçon de géographie ?
2. J'aimerais **revoir** mes copains de l'année dernière.

6 **Dans chaque liste, recopie le synonyme du nom en gras.**

colis : poste – paquet – lourd – valise
muraille : talus – rempart – pierre – fermer

7 **Écris le contraire de :**

arriver – nu – triste – clarté – réussir – rapide

8 **Remplace les mots en gras par des mots de sens contraire.**

1. Le bus est en retard. Les voyageurs qui attendent sont **patients**.
2. Nous avons regardé un film **passionnant**.
3. L'ascenseur est tombé en panne pendant que nous **montions**.
4. Nous allons écouter un **nouveau** disque.
5. Beaucoup d'enfants mènent une vie **malheureuse**.
6. En vieillissant, cet homme est devenu très **pauvre**.
7. Le match d'hier s'est terminé par un **succès**.
8. L'avion **atterrira** à dix heures.

9 **Récris ces phrases :**

a) **à la forme négative**

b) **en remplaçant le mot en gras par son contraire.**

Les deux phrases ont-elles le même sens ?

1. J'**ai sali** mes chaussures.
2. On **construit** beaucoup d'immeubles dans mon quartier.
3. En ce moment les résultats de notre équipe sont **réguliers**.
4. À la fin du repas, nous **avons plié** nos serviettes.
5. La machine à laver est **branchée.**

Infinitif	Indicatif – Temps simples – Présent	Imparfait	Futur	Temps composé – Passé composé	Impératif – Présent
chanter	je chante	je chantais	je chanterai	j'ai chanté	
	tu chantes	tu chantais	tu chanteras	tu as chanté	chante
	il, elle chante	il, elle chantait	il, elle chantera	il, elle a chanté	chantons
	nous chantons	nous chantions	nous chanterons	nous avons chanté	chantez
	vous chantez	vous chantiez	vous chanterez	vous avez chanté	
	ils, elles chantent	ils, elles chantaient	ils, elles chanteront	ils, elles ont chanté	
finir	je finis	je finissais	je finirai	j'ai fini	
	tu finis	tu finissais	tu finiras	tu as fini	finis
	il, elle finit	il, elle finissait	il, elle finira	il, elle a fini	finissons
	nous finissons	nous finissions	nous finirons	nous avons fini	finissez
	vous finissez	vous finissiez	vous finirez	vous avez fini	
	ils, elles finissent	ils, elles finissaient	ils, elles finiront	ils, elles ont fini	
dire	je dis	je disais	je dirai	j'ai dit	
	tu dis	tu disais	tu diras	tu as dit	dis
	il, elle dit	il, elle disait	il, elle dira	il, elle a dit	disons
	nous disons	nous disions	nous dirons	nous avons dit	dites
	vous dites	vous disiez	vous direz	vous avez dit	
	ils, elles disent	ils, elles disaient	ils, elles diront	ils, elles ont dit	
être	je suis	j'étais	je serai	j'ai été	
	tu es	tu étais	tu seras	tu as été	sois
	il, elle est	il, elle était	il, elle sera	il, elle a été	soyons
	nous sommes	nous étions	nous serons	nous avons été	soyez
	vous êtes	vous étiez	vous serez	vous avez été	
	ils, elles sont	ils, elles étaient	ils, elles seront	ils, elles ont été	
avoir	j'ai	j'avais	j'aurai	j'ai eu	
	tu as	tu avais	tu auras	tu as eu	aie
	il, elle a	il, elle avait	il, elle aura	il, elle a eu	ayons
	nous avons	nous avions	nous aurons	nous avons eu	ayez
	vous avez	vous aviez	vous aurez	vous avez eu	
	ils, elles ont	ils, elles avaient	ils, elles auront	ils, elles ont eu	
aller	je vais	j'allais	j'irai	je suis allé(e)	
	tu vas	tu allais	tu iras	tu es allé(e)	va
	il, elle va	il, elle allait	il, elle ira	il, elle est allé(e)	allons
	nous allons	nous allions	nous irons	nous sommes allé(e)s	allez
	vous allez	vous alliez	vous irez	vous êtes allé(e)s	
	ils, elles vont	ils, elles allaient	ils, elles iront	ils, elles sont allé(e)s	

Ce tableau va t'aider :

– **à te rappeler les différentes écritures des sons ;**

– **à chercher des mots dans le dictionnaire.**

[e]	é	mon **é**cole
	hé	le **hé**ron
	ai	je dir**ai**
	ée	la f**ée**
	ez	vous av**ez**
	er	un cahi**er**
	Et aussi : et	

Pour trouver dans le dictionnaire un mot commençant par le son [e], tu cherches à ***é*** ou ***hé***.

[ã]	an	une **an**tenne
	am *devant* b *et* p	une l**am**pe
	en	**en**t**en**dre
	em *devant* m, b *et* p	la t**em**pête, **em**mener
	ant	le vol**ant**
	ent	le v**ent**, seulem**ent**
	end	il pr**end**
	Et aussi : d**an**s, le t**emps**, un ch**amp**, qu**and**…	

Pour trouver dans le dictionnaire un mot commençant par le son [ã], tu cherches à ***an, am, en*** ou ***em***.

[i]	i	une **i**mage
	hi	un **hi**bou
	y	le m**y**stère
	hy	un **hy**dravion
	is	gr**is**
	it	mon l**it**
	ie	la v**ie**

Pour trouver dans le dictionnaire un mot commençant par le son [i], tu cherches à ***i*** et quelquefois à ***hi*** ou ***hy***.

[ɛ]	è	la cr**è**me
	ê	la temp**ê**te
	ai	un **ai**mant
	ei	tr**ei**ze
	et	un poul**et**
	e *devant* l *ou* ll	le s**e**l, la vaisselle
	e *devant* nn	une ant**e**nne
	e *devant* r *ou devant* rr	un c**e**rcle, la t**e**rre
	e *devant* s *ou devant* ss	l'**e**space, la rich**e**sse
	e *devant* tt	la raqu**e**tte
	Et aussi : No**ë**l	

Pour trouver dans le dictionnaire un mot commençant par le son [ɛ], tu cherches à ***e*** ou à ***ai*** et quelquefois à ***he***.

[k]	c	la **c**olle, don**c**
	k	le **k**araté
	q	le co**q**
	qu	fabri**qu**er
	qu'	quel**qu'**un
	que	magi**que**
	ch	l'é**ch**o

Pour trouver dans le dictionnaire un mot commençant par le son [k], tu cherches à ***c, k*** ou ***qu*** et quelquefois à ***ch***.

[ɔ] [o]	o	**o**ffrir, Lé**o**
	ho	un **ho**mme
	au	le pré**au**
	hau	la **hau**teur
	eau	le taur**eau**
	ô	**ô**ter
	hô	l'**hô**pital
	ot	le p**ot**
	Et aussi : tr**op**, aussit**ôt**, un hér**os**, un s**aut**…	

Pour trouver dans le dictionnaire un mot commençant par les sons [ɔ] et [o], tu cherches à ***o***, ***au***, ***ho*** ou ***hau***.

[j]	i	un p**i**ano
	il	pare**il**
	ill	me**ill**eur
	ll	un papi**ll**on
	y	un ra**y**on
	ille	une mura**ille**
	lle	une coqui**lle**
	ye	une papa**ye**
	Et aussi : h**i**er, les a**ï**eux…	

Très peu de mots commencent par le son [j], dans le dictionnaire tu cherches à ***i*** ou ***y***.

[t]	t	le ma**t**in, un kar**t**
	te	une car**te**
	tt	a**tt**acher
	tte	la bo**tte**
	th	le **th**éâtre

Pour trouver dans le dictionnaire un mot commençant par le son [t], tu cherches à ***t*** ou ***th***.

[z]	s	le hasard
	se	la ruse
	z	le zoo, une dizaine
	ze	quinze
	x	le dixième

Très peu de mots commencent par le son [z], dans le dictionnaire tu cherches à ***z***.

[s]	s	surprendre
	ss	passer
	sc	les sciences
	c	les sciences
	ç *devant* a, o *et* u	le laçage, le glaçon
	se	je traverse
	sse	je passe
	ce	une hélice
	t *devant* ion	la nationalité
	x	dix

Pour trouver dans le dictionnaire un mot commençant par le son [s], tu cherches à ***c*** ou ***s***.

[ɛ̃]	in	l'informatique, un brin
	im *devant* b *et* p	imbattable, simple
	ain	le vainqueur, lointain
	aint	le saint
	ein	plein, la ceinture
	eint	il peint
	en	moyen
	Et aussi : lynx, synthétique, le thym, sympathique	

Pour trouver dans le dictionnaire un mot commençant par le son [ɛ̃], tu cherches à ***in*** ou ***im***.

[ɔ̃]	on	bonjour
	om *devant* b *ou* p	l'ombre, un pompier
	ont	le mont
	ond	le bond
	Et aussi : long, le plomb, la honte…	

Pour trouver dans le dictionnaire un mot commençant par le son [ɔ̃], tu cherches à ***on*** ou ***om***.

[œ]	eu	seul
	heu	heurter
	Et aussi : un œuf, le cœur, l'œil, une œuvre	
[ø]	eu	l'Europe
	heu	heureux
	eux	heureux
	Et aussi : un vœu, les œufs, un nœud, les yeux	

Très peu de mots commencent par les sons [œ] et [ø], dans le dictionnaire tu cherches à ***eu*** ou ***heu***.

[g]	g	un escargot
	gu *devant* e *ou* i	un déguisement, fatigué
	gg	aggraver
	Et aussi : le second	

Pour trouver dans le dictionnaire un mot commençant par le son [g], tu cherches à ***g***.

[ʒ]	j	aujourd'hui
	g	l'argent
	ge	un bagage, il nageait

Pour trouver dans le dictionnaire un mot commençant par le son [ʒ], tu cherches à ***g*** ou ***j***.

[ɲ]	gn	gagnant
	gne	la montagne

Très peu de mots commencent par le son [ɲ], dans le dictionnaire tu cherches à ***gn***.

TABLE DES ILLUSTRATIONS

Page		Crédit
11	ph ©	DR
14	ph ©	F. Hanoteau
16	©	Joan Steiner, 1998
17	©	Abba Richman
23-h	ph ©	Archives Hatier
23-b	ph ©	Akg-Images
25-1,h,g	ph ©	A. Matt / Bios
25-1,h,d	ph ©	F. Gilson / Bios
25-1,b,g	ph ©	A. Matt / Bios
25-1,b,d	ph ©	S. Freund / Phone
25-2,h,g	ph ©	P. Danna / Phone
25-2,h,d	ph ©	L. Campbell / Sunset / NHPA
25-2,b,g	ph ©	G. Lacz / Sunset
25-2,b,d	ph ©	F. Gilson / Bios
26		Coll. Kharbine-Tapabor
27	ph ©	Akg-Images
28	ph ©	R. Tidman / Corbis
32		Coll. Christophe L
34	©	Dictionnaire Super Major CM1-CM2 -6e © Larousse,1994
41	©	Editions Hatier
44		Coll. Christophe L
47	ph ©	H. Silvester / Rapho
53	©	Editions Gallimard
56	©	Bayard Editions Jeunesse / Un ami pour la vie, texte d'Eric Sablé, illustrations de Ginette Hoffmann
58	ph ©	T. Allofs / Corbis
69	©	Anne Bozellec / Illustration extraite de Maxime des neiges, Rageot
71	ph ©	Royalty - Free / Corbis
72	ph ©	DR
73	©	Didier Jeunesse
78	ph ©	D. Delfino / Bios
81	ph ©	F. Hanoteau
82	©	Jacques Carelman, illustration extraite du Catalogue d'objets introuvables / © Adagp, Paris 2006
86	ph ©	E. Lessing / Akg-Images / © Adagp, Paris 2006
87-1, 2	ph ©	Klein / Hubert / Bios
87-3	ph ©	M. Hazan / Bios
87-m	ph ©	Archives Charmet / Bridgeman - Giraudon
90	©	Dictionnaire Maxi Débutants CE1-CE2 / CM1-CM2 © Larousse, 1997
93	©	Editions Autrement, 1999 / Collection Quand ils avaient mon âge
100-h	ph ©	B. Bennet / OSF / Bios
100-m	ph ©	O. Franken / Corbis
100-b	ph ©	D. Aures / Jacana / Hachette Photos Illustrations
103	©	Avec l'aimable autorisation des Editions Nicole Lambert
104		Coll. Jonas / Kharbine-Tapabor
111	ph ©	Photothèque R. Magritte - Adagp, Paris 2006
112	ph ©	Bridgeman - Giraudon / © Adagp, Paris 2006
113	ph ©	Klein / Hubert / Bios
114	©	Adagp, Paris 2006
117	©	Rageot
126	©	Adagp, Banque d'Images, Paris 2006
127	ph ©	Bianchetti / Leemage
128-g,m,d	©	Editions Larrey, Toulouse
129	©	Editions Milan, 2002 / La beauté et la laideur / Brigitte Labbé, Michel Puech, Jacques Azam / Collection Les Goûters philo
130, 131	©	Editions Ouest-France / Jacques Dary, Compostelle, carnet d'un pèlerin
132	©	Rageot
133	ph ©	C. Larrieu / RMN
137-1	ph ©	D. Cavagnaro / GPL / Bios
137-2	ph ©	A. Matt / Bios
137-3	ph ©	M. Hazan / Bios
137-4	ph ©	F. Merlet / Bios
139	©	Editions du Seuil / Seuil Jeunesse
142	ph ©	G. Sioen / Rapho / Hachette Photos Illustrations
143	ph ©	Kervella / Hoa-Qui / Hachette Photos Illustrations
144	ph ©	P. Allard / REA
147	ph ©	P. Rocher / Phone
151	ph ©	Photothèque R. Magritte - Adagp, Paris 2006
156-E,g	ph ©	Akg-Images
156-E,d	ph ©	The Art Archive / Musée Carnavalet / G. Dagli Orti
156-E,m,g	ph ©	Akg-Images / Visioars
156-E,m,d	ph ©	Akg-Images
161	©	Rageot
164-h	ph ©	E. Lessing / Akg-Images / © Adagp, Paris 2006
164-b	©	Editions de la Réunion des Musées Nationaux, Paris 2001
168	ph ©	D. Scott / Age Fotostock / Hoa-Qui / Hachette Photos Illustrations
171	ph ©	G. Hellier / Imagestate / Hachette Photos Illustrations
174	ph ©	Charles & Josette Lenars / Corbis
175	ph ©	C. Thiriet
176-g	ph ©	G. Blot / RMN
176-d	ph ©	British Library / Akg-Images
177	ph ©	H. Lewandowski / RMN
180-g	ph ©	AP / Sipa Press
180-d	ph ©	DR / RMN
183	ph ©	The Kobal Collection
184-g	ph ©	Bruno Barbier / Robert Harding World Imagery / Corbis
184-d	ph ©	P. Gleizes / REA
185-g	ph ©	British Library / Akg-Images
185-d	ph ©	Nimatallah / Akg-Images
186	ph ©	Archives Hatier / © Adagp, Paris 2006
189	ph ©	Akg-Images
190	ph ©	Harlingue / Roger-Viollet
194	ph ©	Bridgeman - Giraudon
195	ph ©	E. Lessing / Akg-Images
197	ph ©	A. Devouard / REA
198	ph ©	Hellio / Van Ingen / Phone
203	ph ©	De Meo / Panda Photo / Bios
204	ph ©	M. Franck / Magnum Photos
205-h,g	ph ©	F. Raux / RMN
205-h,d	ph ©	J-G. Berizzi / RMN
205-b	ph ©	J. Primault / Eurelios
209	ph ©	Bridgeman – Giraudon
211-g		Coll. Kharbine-Tapabor
211-d	ph ©	Fototeca / Leemage
214	©	World Créations et Dupuis © G. Troisfontaines, V. Hubinon et J-M. Charlier
215	©	Quentin Blake
217	©	Studio Boule et Bill - Jean Roba, 2006

Iconographe : Brigitte Célérier / Hatier Illustration

PRINCIPE DE MAQUETTE : Véronique Lefebvre - Graphismes

MISE EN PAGE ET PHOTOGRAVURE : Nord Compo

ILLUSTRATEURS : Christel Espié - Bernard Isselin - Laurent Kling - Isabelle Maroger - Jaouen Salaün - Volker Theinhardt